本书为广东省教育厅 2020 年度省级一流本科课程认定的地理教学论课程、嘉应学院 2020 年重点类课程思政建设改革示范项目立项的地理教学论课程及 2021 年度基础教育研究课题 JCJY20212011 的建设成果

本书由广东省教育厅 2020 年度省级一流本科课程认定的地理教学论课程建设经费、嘉应学院出版基金等共同资助

高等师范院校学科教学技能训练教材

地理
教学技能美学

李 红◎编著

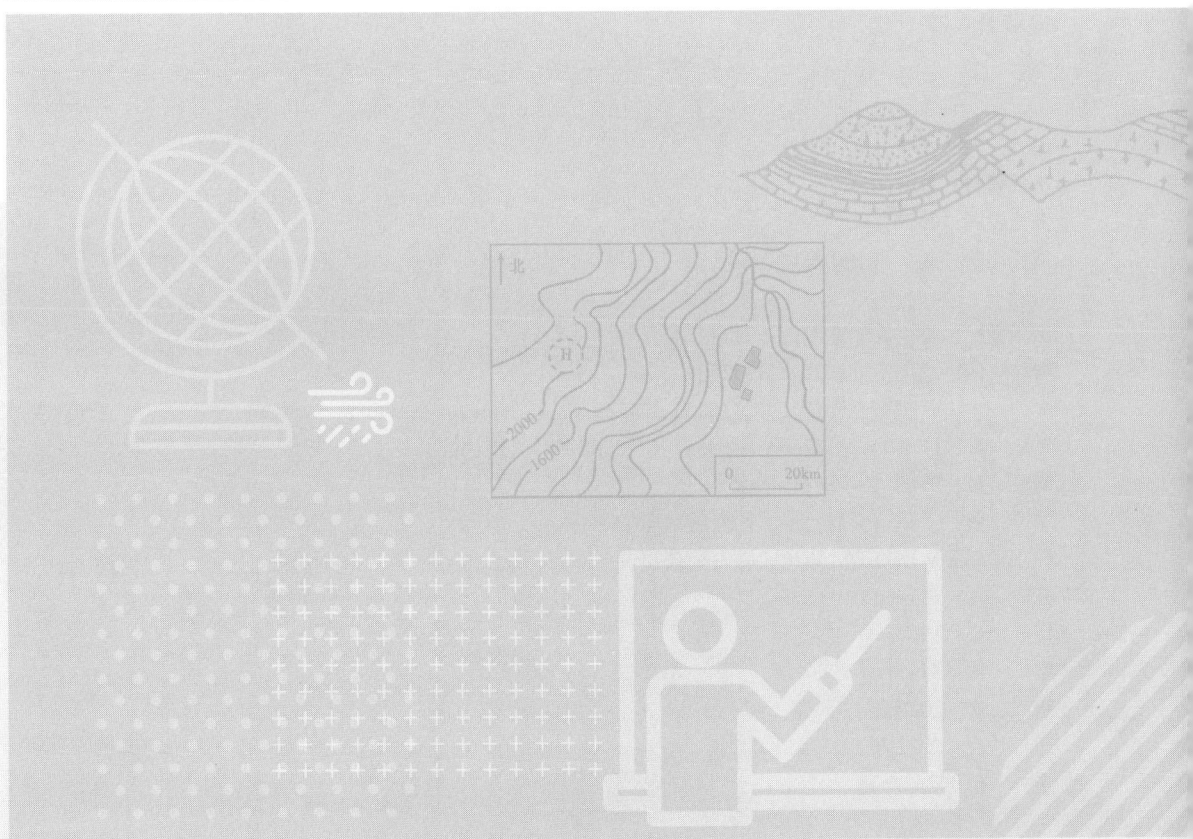

暨南大学出版社
JINAN UNIVERSITY PRESS

中国·广州

图书在版编目（CIP）数据

地理教学技能美学/李红编著. —广州：暨南大学出版社，2022.12
ISBN 978 - 7 - 5668 - 3544 - 4

Ⅰ. ①地…　Ⅱ. ①李…　Ⅲ. ①地理教学—教学研究　Ⅳ. ①K9

中国版本图书馆 CIP 数据核字（2022）第 209496 号

地理教学技能美学

DILI JIAOXUE JINENG MEIXUE

编著者：李　红

出 版 人：张晋升
责任编辑：黄　球
责任校对：孙劭贤
责任印制：周一丹　郑玉婷

出版发行：暨南大学出版社（511443）
电　　话：总编室（8620）37332601
　　　　　营销部（8620）37332680　37332681　37332682　37332683
传　　真：（8620）37332660（办公室）　37332684（营销部）
网　　址：http：//www. jnupress. com
排　　版：广州市天河星辰文化发展部照排中心
印　　刷：佛山市浩文彩色印刷有限公司
开　　本：787mm×1092mm　1/16
印　　张：15. 75
字　　数：344 千
版　　次：2022 年 12 月第 1 版
印　　次：2022 年 12 月第 1 次
定　　价：49. 80 元

前 言

　　地理课堂教学技能训练是地理科学（师范）专业本科生（以下简称地理师范生）教育技能类必修课程，具有很强的实践性和应用性。近年来，地理课堂教学技能训练课程教材建设取得了长足发展，我国地理教育专家所编写的相关教材已有多种版本，它们从不同角度对地理课堂教学技能训练进行了研究，结构编排上各有特色。地理师范生将是中学地理教育的生力军，中学地理新课程改革向纵深方向的发展，对地理师范生的教学技能水平提出了新的要求和挑战。然而，从中学地理课堂教学观摩可见，新入职地理教师的课堂教学技能普遍存在不足，主要表现在：教学语言、教态、"三板"（板书板图板画）不够"美"；不能对学生的地理核心素养培养进行整体规划和设计；不能选择适当的教学方式方法培养学生的地理核心素养；驾驭课堂、调动学生课堂学习积极性等方面仍存在一定的适应难度；教学反思和教研能力不够强，等等。因此，对地理课堂教学技能训练课程与教材进行改革，寻找突破口，已迫在眉睫。

　　"美学之父"鲍姆加登于1750年出版《美学》第一卷，标志着"美学"这门新学科的诞生。1795年，德国古典主义美学家席勒在其出版的《审美教育书简》中提出了美育的概念，他主张只有培养品格完善、境界崇高的人，才能够进行彻底的社会变革。1999年6月13日，中共中央国务院在《关于深化教育改革全面推进素质教育的决定》中着重指出："美育不仅能陶冶情操，提高素养，而且有助于开发智力，对于促进学生全面发展具有不可替代的作用。要尽快改变学校美育工作薄弱的状况，将美育融入学校教育全过程。"近年来，由于将美育渗透到各科教学中，注重开展学生发现美、欣赏美、感悟美、体验美、表现美及创造美的活动，学生得以在轻松愉快、和谐美丽的课堂教学中，身心愉悦地尽情翱翔在知识的海洋中，深深地体会到学习的乐趣，从而极大地提高了教学质量。

　　地理教育是美的教育。美的地理教育必然是符合规律、讲求和谐、有利于学生发展和成长的教育。何为美？这是课堂教学技能训练课程所要研究的基本问题之一。亚里士多德认为和谐是美的特性。战国中期的庄子提出"技兼于道"的技能美学思想，认为道的贯彻有"广大"与"微妙"两个方面，技能展示主要体现道的"微妙"之趣。"微妙"使技能得到诗性提升，达到美化为"游"的境界。技能诗化的条件包括静定、忘适、兆变、自然、融通等五个方面，其总的美学旨趣是技入化境、神与物游。"和谐"及"技兼于道"等思想将对地理师范生课堂教学技能训练产生较大的启发和借鉴作用。

地理课堂教学技能训练实践性很强，其学科归属、课程定位、体系建构、根本目标以及方法改进等方面，决定了哲学、地理学、教育学、心理学等学科知识和方法应成为其主要借鉴之源。从宏观视野审视地理课堂教学技能训练的课程建构，可以看出其对美学学科借鉴不够。这不仅造成课程内容上的缺失，也在一定程度上制约了地理教学技能培养与训练实效性的充分发挥，使地理师范生教学技能培养与训练水平难以得到突破性的提高。因此，地理课堂教学技能训练与美学的融合正是地理课堂教学技能训练课程与教材改革的一大突破口。

"美育"的实施，也迫切要求对高等师范院校现开设的地理课堂教学技能训练课程进行改革。地理课堂教学技能训练需要借鉴审美理论和方法，从诸多美学理论中获取丰富资源，着力探索如何促使地理教育按照美学的规律构建与实施，以提高当代教育教学的质量和水平。因此，地理师范生教学技能培养迫切需要建设一门以审美理论来统辖地理师范生教学技能培养与训练模式的地理教师教育课程。借鉴发达国家和我国师范生教学技能培养的成功经验，以及教学实践改革的成功案例，我们深刻地认识到地理教学技能美学课程并不仅仅是为了构建恢宏严谨的地理课堂教学技能"理论大厦"，而且还要吸取古今中外一切能促使地理教育变得更和谐、更合乎规律、更富有智慧、更美好的教育思想及教育实践成果。

高等师范院校要想培养胜任中学地理教学教研工作的高质量师资，需要改革地理科学（师范）专业课程，优化地理教师教育课程体系，提升地理师范生的地理科学专业水平和现代教育理论水平；重视地理教育实践课程的理论学习与实践训练，加强与中学教育实习基地的合作培养，提高地理师范生的教学技能、反思能力和教研能力；促进地理师范生信息技术与地理教学的整合，从而使地理师范生的潜能在"地理美味"课堂中得到开发。这才有利于真正体现重实践、强能力、高素质、全面发展的地理教师教育培养理念。

有关地理教学论和美学关系的研究自 20 世纪 80 年代就有所显现，地理新课程标准中也已列入了美育的维度，提出了审美的要求。到目前为止，不少地理教育专家和地理教师也积极投入地理教育美学方面的理论研究与实践探索之中，但研究内容多集中于地理教育美学方法的功能理论和实践应用等方面，缺乏基础理论的支撑及对理论和实践体系的总体把握。专门研究地理美育的著作仅有黄京鸿主编的中学地理教师继续教育选用教材之一：《中学地理教育中的美育》（西南师范大学出版社，2001 年）。总的来说，我国地理教学技能培养中的审美教育仍较为薄弱，以审美来统辖地理教学技能培养的理论研究更是很少有人问津。就目前而言，研究地理教学技能与美学相互融合的地理教学技能美学相关课程与教材仍未出现。

为此，笔者编著了地理教学技能美学课程的配套教材《地理教学技能美学》，此教材也可以作为地理课堂教学技能训练课程的配套教材。本教材根据教师专业化发展的要求，运用美学理论的原理和方法，以现当代教育学、心理学、美学、信息科学、系统论及地理教学论等理论为指导，以中学地理美育实践成果为素材，全面而系统地阐释地理师范生教学技能培养与训练的美学现象，揭示其美学规律，构建其美学主体结构，拓展地理教育的理论视野，力求成为地理师范生学习地理教学论、掌握地理教学基本技能后，进一步更新教育理念，提升教学审美能力和教学艺术水平，达到教学技能美的境界，形成个性化教学艺术风格的地理教师教育课程教材。总体来说，本教材主要突出以下三个方面的特色：

第一，科学性。本教材是在教师教育改革和基础教育课程改革的广阔视野中，在深入分析地理学、地理教学论、地理教学技能训练及美育研究现状的基础上，以教育美学理论和系统论等理论为指导，以高师地理教育、中学地理美育实践成果为素材，以"真善美融合"为核心教育理念，对地理师范生教学技能培养与训练模式作全方位的审美透视。除了保证教材内容必须正确、严谨之外，还特别注意处理好理论研究与实践经验之间的相互关系。本教材力图使所设计的地理教学技能美学案例既来源于地理教学技能美学实践又高于这种实践，超越单纯的地理教学技能美学实践经验，是对同一类别的实践个案归纳总结后的呈现，是具有代表性、典型性、有迁移价值的地理教学技能美学实践案例。

第二，创新性。在现代社会中，教师教育的专业化对地理师范生的全面发展起了极大的影响作用。地理教学技能美学是在审美观照下以人为本位开展教育，在提高地理师范生教学技能水平的同时，着眼于提升其境界，着力将其铸造成为"求真""向善""崇美"的、具备完整和谐人格的创新型人才。经"熏陶渐染，潜移默化"的审美理论教育的地理师范生，在走上讲台时，便有着较强的审美素养，具有一定的教学审美能力，能够运用美学法则，体现对中学生生命发展的终极关怀，探寻提高地理教学效率的最佳途径。

因此，本教材的出版将创新地理课堂教学技能训练课程研究的新视角，提高地理师范生及在职地理教师的审美意识和审美能力，使其形成自觉的爱美、护美行动。本教材从美学视野即东方美学真善美合一的理念、西方美学真善美统一的理念、马克思主义美学真善美同一的理念及社会主义核心价值观等来观照地理课堂教学技能训练，将指导地理师范生如何立足地理学科本位，创设地理美育教学情境，开展真善美相融合的美的地理教育活动，演绎一种热烈的师生共同实现生命价值的生命追求。

第三，应用性。美是一种人生境界，审美是一种人生实践。本教材的编写能鲜明地体现应用性，注重对地理教学技能美学实践与成果的研究，这有助于全面提升高等师范院校地理师范生的教学技能、实践能力和综合竞争力；对地理教师更新教育理念、提高自身的职业综合素养具有较大的帮助作用；对整个高等师范院校师范学生教学技能培养也具有一定的借鉴价值。

本书共 11 章，30 余万字，对培养合格的中学地理教师具有重要作用。其基本定位是高等师范院校地理师范生地理教学技能美学课程或地理课堂教学技能训练课程用书，同时，也可作为地理教师、地理教研人员的继续教育用书或参考资料。

本书是第一部系统介绍地理教学技能美学方面的教材。由于作者水平和条件的限制，不当之处在所难免，敬请各位读者提出宝贵的意见和建议。

李 红

2022 年 6 月

目录
Contents

第一章　绪　论

中学地理新课程改革向纵深方向发展，对地理师范生的教学技能水平提出了新的要求和挑战。改革、创新地理师范生教学技能培养课程——地理课堂教学技能训练课程，开发地理教学技能美学课程，已成为必然。古今中外的教育思想家早就发现，美有着特殊的育人功能和育人价值。高校需要运用美学理论的原理和方法，创新地理师范生教学技能培养模式——以美育人，在提高地理师范生教学技能水平的同时，着眼其人生境界的提升，将其铸造成为"求真""向善""崇美"的、具备完整和谐人格的创新型人才。就目前而言，以美育人虽然取得了不少成绩，但地理师范生教学技能培养与美学的结合仍然是薄弱环节。如何结合，才能使经过"熏陶渐染，潜移默化"的审美理论教育的地理师范生，在其走上中学讲台时，能运用美学法则，在地理教育实践中体现对中学生生命发展的终极关怀，从而使师生生命潜力在沁人心脾的"地理美味课堂"中得到开发，是地理教学技能美学所需研究的问题。

作为本书的起点，希望同学们通过本章的学习，能对地理教学技能美学的学科性质与学科地位、起源与发展、研究对象与研究内容、研究意义与研究方法、研究的理论基础与实践基础以及在美学视野下如何对地理教学技能培养模式进行创新等方面有一个较为全面而科学的了解。

第一节　地理教学技能美学的学科性质与学科地位

一、地理教学技能美学的学科性质

（一）地理教学技能美学是一门边缘学科

2011 年，国务院学位委员会、教育部公布了修订后的《学位授予和人才培养学科目录（2011 年）》，又于 2018 年 4 月发布更新，我国高等学校本科教育专业按"学科门类""学科大类（一级学科）""专业（二级学科）"三个层次来设置。

学科门类"哲学"下设哲学一个一级学科,一级学科"哲学"下设马克思主义哲学、中国哲学、外国哲学、逻辑学、伦理学、美学、宗教学、科学技术哲学八个二级学科。因此,"美学"是"哲学"这个学科门类理论体系中的一个二级学科分支,即属于哲学(学科门类)—哲学(一级学科)—美学(二级学科)。

学科门类"教育学"下设教育学、心理学、体育学三个一级学科,一级学科"教育学"下设教育学原理、课程与教学论、教育史、比较教育学、学前教育学、高等教育学、成人教育学、职业技术教育学、特殊教育学、教育技术学十个二级学科,二级学科"课程与教学论"又下设课程论、教学论、学科教学论等三级学科。因此,"地理教学论"是"教育学"这个学科门类理论体系中的一个三级学科分支,即属于教育学(学科门类)—教育学(一级学科)—课程与教学论(二级学科)—地理教学论(三级学科)。

就目前而言,有不少专家学者认为,地理教学论应属于地理教育学的三级学科,而地理教育学应属于一级学科地理学的一个二级学科,与自然地理学、人文地理学、地理信息科学、经济地理学、区域分析与规划、环境科学等并列为二级学科,这样划分是否科学合理,还有待进一步探讨。

本书认为,"地理教学技能美学"是一门"在美学视野下,研究地理师范生教学技能培养与训练的理论及其应用的学科",是以审美理论来统辖地理师范生教学技能培养与训练模式的地理教师教育系列课程之一,是地理教学论分支学科"地理课堂教学技能训练"与"美学"高度融合的边缘学科。地理教学技能美学是根据地理教师专业化发展的要求,运用美学理论的原理和方法,以地理学、教育学、心理学、美学、信息论、系统论及地理教学论等理论为指导,以高师地理教育、中学地理美育实践成果为素材,以"真善美融合"为核心教育理念,谋求全面而系统地阐释地理师范生教学技能培养与训练的美学现象,揭示其美学规律,构建其美学主体结构,拓展地理教育的理论视野,力求成为地理师范生学习地理教学论、掌握地理教学基本技能后,进一步提升教学审美能力和教学艺术水平、达到教学技能美的境界,从而形成个性化教学艺术风格的一门教师教育课程。

(二)地理教学技能美学具有学科二重性

地理教学技能美学是一门理论性的学科,更是一门实践性很强的应用性学科。本课程并不只是为了构建恢宏严谨的地理课堂教学技能"理论大厦",而是还要吸取古今中外一切能促使地理教育变得更和谐、更合乎规律、更富有智慧、更美好的地理教师课堂教学技能的教育理论精髓及教育实践成果。把握地理教学技能美学的理论性,有利于研究者防止地理教学技能美学研究与训练的经验主义倾向,自觉地提高自己的理论思维水平,掌握科学的研究与训练方法,遵循地理教学技能美学研究的基本原则;明确地理教学技能美学的实践性,有利于研究者始终坚持把地理师范生教学技能训练中出现的问题,以及中学地理教师课堂教学中存在的地理教学技能问题作为地理教学技能美学研究的着眼点和立足点。

地理教学技能美学课程，既重视地理师范生教学技能培养实践，又关注中学地理教师课堂教学技能美学活动，但地理教学技能美学的任务不仅仅是反映地理教学技能美学实践，还要在美学视野观照下影响、干预地理教学技能美学实践，改革和完善地理教学技能美学实践[①]，不断提高地理教学理论和教学实践水平。

二、 地理教学技能美学的学科地位

（一）促进地理教师教育技能类课程的发展

"地理教学技能美学"课程是地理师范生的教师教育课程中的教育技能类课程，是地理教师教育的核心课程。"地理教学技能美学"课程的设置目的可概括如下：使高师院校地理师范生树立现代教育理念，在美学理念即东方美学真善美合一的理念、西方美学真善美统一的理念和马克思主义美学真善美同一的理念观照下掌握地理教学技能的基本理论和基本技能[②]，善于进行地理教学技能美学理论思考，不断提高自己从事中学地理教育和进行地理教育研究工作的能力，力求实现知识与能力并重、理论与实践统一。

（二）促进教育学的发展

"地理教学技能美学"是"教育学"学科门类体系中的一门分支学科，是地理课堂教学技能训练与美学高度融合的边缘学科，教育学的理论对地理教学技能美学的研究具有普遍的指导意义，在某种程度上影响了地理教学技能美学的发展。同时，地理教学技能美学对教育学的发展又具有积极的促进作用。

1. 促进教育学基本理论的发展

没有美学的教育是不完整的教育。地理教学技能美学是在美学视野下，探究地理教学技能教育规律，总结地理教学技能培养实践经验，上升到教育美学理论，丰富和发展教育学的理论内容，充实教育学实践改革的成功典型案例，从而提高教育学的科学化水平。

2. 加强教育学对教育实践的指导作用

地理教学技能美学具有引领、推进、引导中学地理教学方法与手段改革的功能，促使中学地理教育注重"真善美"的有机融合。因此，这在一定程度上要求教育学与时俱进，探索教育学与美学的有机融合，进一步推进构建能对学科教学技能美学的教育实践活动予以理论和原则上有效指导的新的学科内容体系，以便加强教育学对教育实践的指导作用。

（三）促进美学的发展

地理教学技能美学既是美学在地理教学技能教育中的应用，又是地理教学技能教育向

① 蔡伟，孙娜. 困境与突围：对教学论"理论指向"研究的反思［J］. 教育导刊，2013（1）：9-12.
② 杨道麟. "真善美融合"的语文教育观摭谈［J］. 焦作大学学报，2010（2）：4-6.

美学的升华。就目前而言，我们经调查发现：凡是成功的地理教育实践活动，实质上都离不开地理教育的审美创造，都是自觉地抑或不自觉地运用了有关美学原则的结果。人们对地理教学技能审美价值的重视和对地理教学技能审美属性的发掘与利用，是教育美学建立的最深刻的现实基础之一①，从而促进美学的进一步发展。

三、 地理教学技能美学的学科特点

地理教学技能美学是地理教学论分支学科"地理课堂教学技能训练"与"美学"高度融合的边缘学科。其研究除需借鉴教育学、心理学等学科的相关理论外，还需注意保持地理学的学科特性（综合性、区域性、社会性、开放性和实践性等）和地理学的独特思维方式（综合思维、空间思维、天人合一思维以及动态思维等地理思维方式）；不仅要把握地理教学技能美学研究的美学取向、创新取向、技术取向、信息化取向、案例取向、应用取向及动态取向等②，还要借鉴教育美学的主要特征：真实性、生动形象性、情感愉悦性、自由创造性、和谐统一性、感染性和教育性等③，力求实现感性与理性的统一、个性与共性的统一、思想与情感的统一、内容美与形式美的统一。

第二节　地理教学技能美学的起源与发展

古今中外的教育思想家早就发现，美有着特殊的育人功能和育人价值，他们关于教育美学的认识和实践，为我们今天对地理课堂教学技能训练课程的后续发展提供了有益的启示和借鉴。④ 中国的智慧是审美型的，是审美而非宗教成为中国哲学的最高境界。⑤ 地理教学技能美学是地理课堂教学技能训练进一步发展的结果，而地理课堂教学技能训练是地理教学论衍生出来的新的学科领域和方向。地理教学技能美学作为地理师范生的一门专业主干学科，在我国经过了一个多世纪的发展演变历程，该课程先后经历了地理教学论（地理教授法→地理教学法→地理教材教法、地理教学法→地理教育学、地理教学论）→地理课堂教学技能训练（地理教学论的分支学科）→地理教学技能美学等几个发展阶段，每一个发展阶段都有其特定的研究对象和研究领域，人们的认识水平和研究能力也随着地理教育实践的发展及研究反思而不断提高，研究对象和研究领域也不断地趋于合理⑥，地理课堂教学技能训练与美学的融合也随着地理教育实践的发展及研究反思而不断地向纵深方向发展。

---

① 何齐宗. 对教育美学几个问题的探讨［J］. 江西师范大学学报（哲学社会科学版），1993（2）：76-80.
② 李红. 地理教学论［M］. 广州：暨南大学出版社，2017：3.
③ 黄京鸿. 中学地理教育中的美育［M］. 重庆：西南师范大学出版社，2001：41-42.
④ 李红. 以美育人——地理师范生教学技能培养模式创新研究［J］. 地理教育，2018（3）：60-61.
⑤ 冉铁星. 20世纪中国教育美学的走向及其意义［J］. 教育评论，1997（2）：22-24.
⑥ 李红. 地理教学论［M］. 广州：暨南大学出版社，2017：3.

一、　地理教学论阶段　（1904—2001 年）

（一）地理教授法阶段的地理教学技能美学（1904—1922 年）

萌芽阶段的地理教学论，是以"地理教授法"名称出现的。地理教授法阶段的地理教育是以单纯传授地理知识为主要目的的，教师只要能了解地理教材的内容就可以"教书"了，地理教授法的研究对象主要是地理教学的具体内容、教授方法及技巧，缺乏构建系统地理教育理论体系的意识。①

因此，此阶段的地理教学技能与美学的融合研究是较低水平的、零碎的，远未形成自觉的研究。

（二）地理教学法阶段的地理教学技能美学（1922 年—20 世纪 50 年代末）

地理教学法阶段对地理教学的研究由重"教"向重"教和学"转变。在注重教材建设的同时，也由单纯研究教学方法与技巧，发展到研究如何在传授地理知识的基础上培养学生的能力。受教育学研究水平及苏联地理教学理论的影响，地理教学过程是这一阶段地理教学法的主要研究对象。②

因此，此阶段的地理教学技能研究有了可喜的发展，是一种自觉的研究，但只是一种朴素的地理教学技能研究，没有与美学进行自觉融合，仍处于一个比较低水平的研究阶段。

（三）地理教材教法、地理教学法阶段的地理教学技能美学（20 世纪 50 年代末—1992 年）

此阶段的研究内容除了地理教学内容、地理教学方法、学生能力培养外，还扩展到地理教学目的、地理课程与教材、地理教学原则、地理教学手段、地理课外活动等；研究层次也由地理教学经验总结提升到地理教育理论探索，初步构建了地理教学论的学科框架体系。③

1992 年《地理教育国际宪章》问世，地理学科被列为核心学科，标志着地理教育在整个教育学科体系中的地位得到了提高。《地理教育国际宪章》强调学生必须发展有助于解决当前和未来空间组织问题的地理技能，这样，地理课程便得以在政治、社会、道德、人道、审美和环境教育上发挥实质性的作用，引导学生欣赏自然世界的美。

20 世纪 90 年代以来，国际地理学界不断发出重视地理美育的呼吁，掀起了地理教育

---

①　李红. 地理教学论［M］. 广州：暨南大学出版社，2017：3 - 4.

②　李红. 地理教学论［M］. 广州：暨南大学出版社，2017：4.

③　李红. 地理教学论［M］. 广州：暨南大学出版社，2017：5.

与美学关系的研究高潮。国外地理教学论专家开始探寻如何培养地理师范生成为美的地理教师、如何使教学对象成为美的地理学生、如何创设美的地理教学环境、如何选择美的地理教学内容及开展美的地理教学活动等，构建真善美相融合的美的地理教育，研究美学与地理教育的关系问题。地理师范生教学技能培养与美学的融合研究也被提到议事日程上来。

因此，此阶段的地理教学技能研究有了进一步的发展，是一种自觉的研究，并注重理论与实践相结合，地理教学技能与美学的融合研究也处于初步嫁接阶段。

（四）地理教育学、地理教学论阶段的地理教学技能美学（1992—2001 年）

此阶段的地理教学论与地理教育学的演变轨迹，体现了地理学科教育研究已由单纯研究地理教学"方法"发展到研究地理教学的"法则""规律"，由"具体的、操作性功能"研究过渡到"理论性和应用性研究并重"的学科发展方向。[①] 地理教学技能与美学的融合研究也取得了较好的成绩。

我国第一部以中学地理学科美育为主题的教材——《中学地理教育中的美育》，对中学地理美育作了系统和全面的阐释，重点放在地理学科美育价值、美育目标确定、美育内容选择及审美化地理教学的基本原理与操作。这有助于中学地理教师更新地理教育理念，提高审美化地理教学能力，促进师生地理素养的全面发展。但其关于地理教育审美观、地理美育的本源问题等还有待进一步深入研究。[②] 我国不少地理教育专家和地理教师也已积极投入地理教育美学或美育方面的理论研究与实践探索之中，但研究的视域多集中于地理教育美学方法的功能理论和实践应用等方面，缺乏基础理论的支撑，缺乏理论和实践体系的总体把握。[③] 此外，也有一些地理教育专家发表了地理师范生教学技能训练方面的论文，虽然操作性较强，但与美育的融合还远远不够。

地理教学论作为高师院校地理师范生的一门必修课程，自 20 世纪 80 年代以来有了很大的发展。然而，随着基础教育地理新课程改革的全面启动、不断深化，新的教育理念、教学目标、教学内容和教学形式等对地理教师教育提出了严峻的挑战，对地理教学论的理论研究和实践指导方面提出了更高的要求。地理教学论如何才能与时俱进，进一步发展，这是地理教育界需要进一步思考的课题。[④]

二、 地理课堂教学技能训练阶段 （2001—2022 年）

随着地理教育改革向纵深方向发展，地理课堂教学技能训练课程从地理教学论课程中

① 李红. 地理教学论［M］. 广州：暨南大学出版社，2017：6.
② 褚亚平. 欣读地理美育创新之作——评介《中学地理教育中的美育》一书［J］. 地理教育，2002（3）：60-61.
③ 李红. 地理美育教育瓶颈及破解路径研究［J］. 教书育人·高教论坛，2018（11）：32-35.
④ 李红. 地理教学论［M］. 广州：暨南大学出版社，2017：7.

独立出来，不少高师院校除继续开设地理教学论课程外，还纷纷开设了地理课堂教学技能训练课程。我国一些地理教育研究专家陆续出版了与该课程相关的教材，其中以陈澄主编的《地理课堂教学技能训练》（华东师范大学出版社，2001 年）为标志。近年来，我国地理教育专家编写的地理课堂教学技能训练方面的教材已有多种版本，均能从不同角度对地理课堂教学技能训练进行研究。结构安排各有特色，各有所长，对地理师范生的教学技能培养起了很大的促进作用，提高了人才培养质量。如：段玉山主编的《地理新课程课堂教学技能》（高等教育出版社，2003 年），江晔、刘兰主编的《地理课堂教学技能训练》（华东师范大学出版社，2008 年），李家清主编的《新理念地理教学技能训练》（北京大学出版社，2010 年），黄勤雁主编的《新课程课堂教学技能指导与训练·初中地理》（东北师范大学出版社，2010 年），陈实主编的《新课程地理课堂教学技能训练》（华中师范大学出版社，2011 年），刘恭祥主编的《地理微格教学（第三版）》（厦门大学出版社，2019 年）等。

三、 地理教学技能美学阶段 （2022 年—　）

社会的进步与发展对高师院校人才培养的质量标准与规格提出了更高的要求。如何更好地提高人才培养的质量和效率这一问题重新摆在人们的面前，特别是"美育"的实施，迫切需要对高师院校开设的地理课堂教学技能训练课程进行纵深改革，迫切需要解决地理师范生教学技能培养与美学的融合发展问题。因此，建设一门以审美理论来统辖地理师范生教学技能培养与训练模式的地理教师教育课程，一门由地理科学、地理课堂教学技能训练、美学和教育学等学科交叉的边缘学科——地理教学技能美学，这是地理课堂教学技能训练课程后续发展构建的一个具体方向，是地理教师教育主干课程发展的必然诉求，是高师院校地理师范生及中学地理教师教学技能培养与训练水平得到突破性提高的必然诉求。此课程正是顺应探寻如何构建美的地理教师、美的学生、美的地理课堂教学等真善美相融合的美的地理教育这一要求而产生的。此课程继承、更新和发展原有地理课堂教学技能训练课程体系，从而构建一个地理师范生教学技能培养模式的全新体系，展开一片宏大的地理教育理论视野，演绎一种热烈的师生共同实现生命价值的生命追求[1]，促使地理教育按照美的规律运作与发展，从而通向至美纯美的境地，以提高当代地理教育的整体质量[2]。

第三节　地理教学技能美学的研究对象与研究内容

为了更好地认识和了解地理教学技能美学的研究对象与研究内容，首先要了解美的本

① 杨道麟.语文教育美学研究［M］.北京：现代教育出版社，2011：1.
② 逄金一，庄新红.关于教育美学学科建设的初步构想［J］.中国成人教育，2005（2）：58–59.

质、美学的起源与发展、美育的起源与发展、教育美学的起源与发展等问题。

一、 美的本质

美的本质问题，是美学中最基本的理论问题。但人们对美的本质和特性的理解却存在差异，可谓是仁者见仁，智者见智，从而造成美学研究中的观点分歧，形成不同的美学学派，这直接影响了人们的审美实践活动。[①] 因此，探讨和弄清美的本质问题尤显重要和关键。

（一）美是难的[②]

1. 柏拉图之叹

柏拉图的《文艺对话集》中的《大希庇阿斯篇》是西方第一篇系统地讨论美的著作。这是一篇专门以美为主题的对话，对话双方是柏拉图的老师苏格拉底和以教辩论为职业的诡辩者希庇阿斯。首先是苏格拉底发问："什么是美？"希庇阿斯给出三个答案："美就是一位年轻漂亮的小姐""黄金是使事物成其为美的""恰当的就是美的"。希庇阿斯只是拿个别事物的美试图回答"美是什么"，而苏格拉底要求的是美本身的定义，因而三个定义都被一一否定了。苏格拉底自己也试图给出美的定义：美就是有用的；美就是有益的，用于善的方面，产生好效果的；美就是视觉和听觉所生的快感。经过讨论，也被一一否定了，均不能解释"美是什么"。后来经过成千学者的讨论，他们给美下了数以百计的定义，但"美是什么"至今仍然是一个谜。因此，"美是难的"在美学上被称为"柏拉图之叹"或"柏拉图之问"。

2. 为什么"美是难的"

造成美的难以理解，可以从以下三个方面进行分析：

（1）美存在的普遍性、多样性。

法国罗丹说过："生活中不是缺少美，而是缺少发现美的眼睛。"无论是在自然界还是人类社会，美都是普遍存在的，且是发展变化的，甚至是稍纵即逝的，使人难以捉摸的，所以要找出美的共同的质的规定性，确实是一件不容易的事情。

（2）审美主体的复杂性、差异性。

"爱美之心，人皆有之。"但每个人的审美观不尽相同，审美评价也会存在差异，要得到大部分人认同的美是难的，这给认识与把握美的本质造成困难。如面对一束红玫瑰，对于它的颜色，人们不会有任何的分歧意见；但对于它是否美，人们的看法很可能就会大相径庭。特别是社会生活中某些怪异的审美现象，更使很多美学家感到棘手，难以给出科学

① 刘叔成，夏之放，楼昔勇，等. 美学基本原理［M］. 上海：上海人民出版社，2010：23.
② 吴家荣. 美学与美育［M］. 合肥：安徽大学出版社，2012：25 - 27.

的美学解释。

（3）"美"字含义的宽泛性、多重性。

从日常生活方面看，"美"字有三种既相互联系又相互区别的含义：一是感官愉快的强形式，如酷热难耐时喝瓶汽水，会觉得"很美"，常用"美"这个词——美食、美味、美酒等。二是伦理判断的弱形式，如对某件事表示赞赏时，也常用"美"这个词——美称、美谈、美德等。三是专指使人产生审美快感的事物或对象，如听音乐、看画展、观赏旅游景点等，都常用"美"这个词——美声、美展、美景等。从美学方面看，"美"一般在四种意义上被使用：具体的审美客体、审美对象所具有的特征、美感、美的本质与根源。由此可见，无论是日常生活中使用的"美"字，还是美学上运用的"美"字，都有含义的宽泛性、多重性。

（二）美是可以认识的[①][②]

要想回答什么是美是极其困难的，但并不是说美是不能被认识的。了解中西方美学史上关于美的本质探讨的代表性观点对我们认识美具有较大的帮助作用。

1. 西方美学史上关于美的本质的主要观点

（1）在物质世界中探索美的本质。

①"美在形式"说。主张美是客观事物外在形式上的某些特性。古希腊的毕达哥拉斯学派首倡"美在形式"的理论。认为美是和谐与比例，提出了"数的和谐"的观点，甚至认为，一切立体图形中最美的是球形，所有平面图形中最美的是圆形。[③] 这种观点为许多美学家所接受。古希腊哲学家亚里士多德认为和谐是美的特性。

②"美在典型"说。主张美是事物的典型性。苏格拉底认为，画家在创作时，应"从许多人物形象中把那些最美的部分提炼出来，从而使所创造的整个形象显得极其美丽"。苏格拉底问画家巴拉苏斯："如果你想画出美的形象，却又很难找到一个人身体各部分都很完美，你是否从许多人中选择，把每个人最美的部分集中起来，使全体中每一部分都美呢？"巴拉苏斯的回答是肯定的，这可以说是"美在典型"说的滥觞。艺术来源于生活而又高于生活，艺术模仿包含提炼、概括的典型化过程。

（2）在精神世界中探索美的本质。

①"美在理念"说。古希腊哲学家柏拉图认为，美的本质在于"理式"（或"理念"），把理念作为美的根源。"理式"论是柏拉图美学的哲学基础。柏拉图把世界分成三种：第一种是理式世界，它是先验的、第一性的、唯一真实的存在，为一切世界所自出；第二种是现实世界，它是第二性的，是理式世界的摹本；第三种是艺术世界，它模仿现实

---

① 吴家荣. 美学与美育 ［M］. 合肥：安徽大学出版社，2012：27 - 37.
② 赵魏. 西方美学史对美的本质的探讨 ［J］. 理论导刊，1993（11）：40 - 42.
③ 北京大学哲学系外国哲学史教研室. 古希腊罗马哲学 ［M］. 北京：商务印书馆，1982：36.

世界，与理式世界相比，它不过是"摹本的摹本""影子的影子"，和真实"隔着三层"。柏拉图在《理想国》第十卷中以床为例说明他的观点：床有三种，第一种是床的理式，它是真实体，统摄许多个别的床；第二种是木匠制造的床，木匠不能制造"床之所以为床"的理式，只能制造个别的床，个别的床只是近乎真实体的东西；第三种是画家画的床，画家画的床和真实体相去更远。

19 世纪德国古典唯心主义哲学家和美学家的集大成者黑格尔，发展并完善了"美在理念"说，提出了其美学的中心思想：美是"理念的感性显现"。黑格尔以哥特式建筑艺术为例，具体说明了美是一种精神的外化，即理念的感性显现。黑格尔认为哥特式建筑符合基督教崇拜的目的，而建筑形体、结构又与基督教的内在精神协调一致，各种形式的设计，并不是单纯出于实用的需要，而是为了显现一种宗教精神。美是"理念的感性显现"这个定义的最大价值在于强调了美是理性和感性的统一、普遍和特殊的统一、内容和形式的统一、主体和客体的统一。

②"美在主观"说。"美在主观"说认为，美是由人的心灵主观决定的。德国美学家康德是哲学美学的代表人物，他的美学是建立在先验论的基础上的，认为美"只能是主观的"。康德说审美是一种趣味判断或鉴赏判断，没有目的而又合目的形式。美是"直觉"的，正如意大利美学家克罗齐说："美不是物理的事实，它不属于物，而属于人的活动，属于心灵的力量。"

（3）从主客观关系中探索美的本质。

①"美在关系"说。主张从事物的关系中探寻美的本质。"美在关系"说的创导者是18 世纪法国唯物主义美学家狄德罗。他指出，人们对于美的本质的把握，应当突破个别因素、个别事物，而着眼于事物内部的关系以及事物与事物之间的关系。所处的关系不同，事物的审美价值也就有了变化。他还认为，"美总是随着关系而产生、而增长、而变化、而衰退、而消失"。

②"美是生活"说。主张美与人类社会生活联系起来，认为"美是生活"。俄国19 世纪著名的美学家车尔尼雪夫斯基坚持从现实生活出发去研究美和艺术的问题，提出了"美是生活"的著名论断。[①] 他在《生活与美学》中提出艺术的本质是"再现现实，并不是为了消除它的瑕疵，并不是因为现实本身不够美，而是正因为它是美的"。如太阳及其光之所以美得可爱，正是因为它们是自然界一切生命的源泉。总之，只要对人类生活有意义的自然界的事物，就有美的价值。

关于美的本质只有以上所述的六种论断显然是不够全面的，而且每一种论断均不能辩证地探讨美的本质，要么太过强调主观，要么太过强调客观，但对人们认识美具有较大的

---

① 王文哲. 西方美学史上关于美的本质问题的各种探索［J］. 河南师范大学学报（哲学社会科学版），1994（1）：26-29.

帮助和启示作用。

2. 马克思主义美学史上关于美的本质的主要观点

自马克思在《1844 年经济学哲学手稿》中提出"劳动创造了美"以及人的本质力量对象化的美学论断之后，关于美的本质问题的探讨有了新的突破，有了一个新的起点。

（1）"劳动创造了美"。

"劳动创造了美"是马克思关于美的著名论断，主要体现在：劳动创造了审美主体，劳动体现了人和动物的根本区别，人类通过"按照美的规律"的生产劳动创造了审美客体，劳动在对象中反观人自身。马克思说："全部人的活动迄今都是劳动。"美也不例外，也起源于劳动，是劳动创造的产物。劳动产生了美和美感。马克思同时也指出在私有制条件下，由于劳动、劳动产品及劳动者的"异化"，使"劳动者成为畸形"。马克思认为异化劳动阻碍了美和美的创造与发展，只有到共产主义社会，人成为全面发展的人，才能自由地创造美和艺术。[①]

"劳动创造了美"表现在生产实践、社会生活和阶级斗争等各个方面，是主体与客体的统一，客体决定主体。

（2）"人化的自然"。

"人化的自然"是马克思在黑格尔"环境人化"的影响下提出的美学观点。马克思认为人类主体通过自己的实践活动，对对象进行加工和改造，使对象成为人的创造物和人的本质力量的确证，这就是美的本质之所在。从主体的角度来说，这是"人的本质力量的对象化"；从客体的角度来说，这是"人化的自然"。自然事物之所以美，就在于"人化的自然"。例如有名的神女峰、望夫石、阿诗玛岩等，之所以具有很高的审美价值，是因为人们在自然界偶然具有的形式中，通过观察和想象，寄托了人们美好的理想和愿望。这时的自然物被充分地人化了。

"人化的自然"还表现在人的劳动实践的结果上。马克思说："劳动与劳动对象结合在一起，劳动物化了，而对象被加工了。"这样，生产对象在被加工的同时，也就打上人的印记，表现人的物化劳动，表现人的目的和需要，表现人改造自然的创造力量、智慧和才能。如沙漠变绿洲、劈山引水、开荒造林等。

3. 中国美学史上关于美的本质的主要观点

（1）中国古代关于美的本质的主要观点。

①结合善（功利）研究美。先秦时期，孔子等人都有关于美的论述。诸子论美，都是与善相结合进行的。认为对民有利的，就是美的；对民不利，使民贫困而"瘠民"的，就是不美的。"万民之利"才是美的标准。美是有功利的，美与善密不可分。

②结合艺术研究美。中国从先秦以后，结合艺术创作、艺术鉴赏来论美的著作十分丰

---

① 邱明正，朱立元. 美学小辞典：增订本 ［M］. 上海：上海辞书出版社，2007：481.

富，其探索美的途径包括：从主客观关系研究美，如我国古代诗歌、绘画等艺术中诗人和画家通过客观的描写，表达主观情感，使主客观相统一、融会贯通，形成意蕴丰富的艺术境界，即意境；从内容与形式的统一研究美，如唱歌要声情并茂，强调艺术美是内容与形式二者的有机结合；从风格上研究美，如唐代司空图的《诗品》中论述诗歌的风格美分为雄浑、冲淡、洗练、劲健、绮丽、自然、含蓄、豪放等二十四种，认为风格是一个时代、一个民族、一个流派或一个人的文艺作品所表现的主要思想特点和艺术特点。

③结合现实研究美。中国古代探索美的根源，常常涉及现实的美，主要表现在两个方面：一是在自然万物中寻求美。认为天和地都是自然之道，都是美的。二是在人物品藻中展示美。人物品藻的标准从强调群体性的伦理道德开始向强调个体性的聪明才智转化。

综上所述，中国古代美学史上对美的本质的探讨是朴素的，与世界观的联系不是那么直接、紧密，如气韵、风骨、意境等，具有独特的审美范畴。

（2）中国近代关于美的本质的主要观点。

中国近代美学家影响深远的有梁启超、王国维和蔡元培等，他们的共同特点是热心学习和介绍西方美学，主要介绍的是德国美学，并且尝试把西方美学和中国美学结合起来。梁启超视美为人生自由之所在，王国维、蔡元培欲以美育代宗教，蔡元培是中国提出美育的第一人。"美育"一词，最早是由蔡元培从德文翻译过来的。他毕生不遗余力地倡导美育，在北京大学亲自开设、讲授的一门课程，就是"美育"。蔡元培在提倡美育方面产生的影响一直持续到现当代。

（3）中国第一次美学大讨论形成的关于美的本质的主要观点。

1956年，《文艺报》在"百花齐放，百家争鸣"方针的影响下，发动了一场关于朱光潜美学思想的批判与讨论，开展了中国思想界对美学问题的第一次大讨论，由此催生了四派观点。

①以蔡仪为代表的客观派——美是典型。"劲直的古松"为什么是美的？蔡仪认为，它显示了生物形体上的普遍必然的种类属性——均衡与对称。那么，"偃卧的古松"又为什么是美的？蔡仪认为，它们"虽然不能表现生物形体上的普遍性，却能表现着它们枝叶向荣不屈不挠的欣欣生意，就是表现了生物的最主要的普遍性了"。这就是把美或典型归结为一种不依存于人类社会而独立存在的自然属性或条件。

②以吕荧为代表的主观派——美产生于美感。吕荧认为："美是人的一种观念。""美，这是人人都知道的，但是对于美的看法，并不是所有人都相同的。同是一个东西，有的人会认为美，有的人却认为不美，甚至于同一个人，他对美的看法在生活过程中也会发生变化，原先认为美的，后来会认为不美；原先认为不美的，后来会认为美。所以美是物在人的主观中的反映，是一种观念。""自然界的事物或现象本身无所谓美丑，它们美或不美，是人给它们的评价。""美是人的社会意识。""美和善一样，是社会的观念。""辩证唯物论者认为美不是物的属性或者物的种类典型，它是人对事物的判断或评价。"

③以朱光潜为代表的主客观统一派——一半在物，一半在心。朱光潜在大讨论之前，认为美是主观的，"美是心灵的创造"。后来提出了美是主客观相统一的观点，朱光潜认为："美是客观方面某些事物性质和形状适合主观方面意识形态，可以交融在一起而成为一个完整形象的那种特质。"如琴声是美的，它的美的形成既需要具有某种构成美的"潜能"的客观对应物，更需要有作为主体的人的参与及创造，二者缺一不可。

④以李泽厚为代表的社会派——美是客观性与社会性的统一。认为美是一种人类社会生活的属性、形象、规律，客观地存在于人类社会生活之中，是人类社会生活的产物，而社会存在是客观的，所以美是客观性与社会性的统一。20 世纪 80 年代，演化成实践美学。实践美学从人的社会性物质实践活动的角度出发，肯定了美与审美主体都是社会实践的产物，凸显了审美的主体性、社会性，张扬人在改造世界的能动作用，在一定程度上突破了传统美学"主客对立"的二元结构。

由上可见，美的本质繁复多样又充满着矛盾。美的本质不是绝对的，而是相对的；不是永恒的，而是发展的。今天我们已经不能靠"美是典型""美是生命""美是生活"这样的简单抽象定义来回答美的本质问题了。正如人的本质是一种"总和"一样，美的本质也是一种"总和"，一种逻辑上、历史上的"总和"。[①]

（三）美的基本特征

1. 客观性

美的客观性是指美所具有的超越于人的主观之外的客观存在的属性。美的客观性强调事物本身的美。美是客观存在的，是不以人的意志为转移的，就如某一审美主体说黄山不美否定不了黄山的美。

2. 相对性

美是绝对性和相对性的统一，绝对的美寓于相对的美之中。《淮南子》中说："嫫母有所美，西施有所丑。"美的相对性还表现在时代、环境等差异上。中国古代妇女以缠足为美，现代认为缠足是对人体的摧残；泳装在浴场穿是美的，穿着走在大街上就不合适。

3. 形象性

形象性是指美所具有的具体可感的属性。美的事物和现象总是形象的、具体的，总是凭借欣赏者的感官就可以直接感受到的。例如，我们说花是美的，指的一定是具体的花，而不是抽象的花，它的美也必须通过具体的花瓣、花蕊、花茎以及花的各种颜色表现出来。如果离开了这些构成花的感性形式，花只能成为一个抽象的概念，也就谈不上美与不美了。

---

① 孙伟科."美本质"的思辨——兼论马克思主义方法论对美学的变革意义 [J]. 南都学坛（哲学社会科学版），2000，20（5）：50 - 51.

4. 感染性

感染性是指美所具有的令人喜悦、同情、爱慕，能在情感上感染人的属性。美可以直接诉诸人的情感，使人在精神方面获得愉悦及满足，因而具有很强的感染力，这主要归因于其内容和形式。如五星红旗是中华人民共和国的国旗，是成千上万的先烈用鲜血和生命换来的，它象征着自由、解放，标志着国家的尊严和民族的团结，所以具有强烈的感人力量；五星红旗还具有色彩美、图案美、样式美、线条美等，这种形式美也同样是具有感染性的。美是一个整体，它的内容和形式是相互依存、缺一不可、和谐统一的，美的感染性就存在于这种和谐完美的统一之中。

5. 社会性

社会性是美所具有的特定社会内容的属性。美是一种社会现象，人是一切社会关系的总和。自然美和形式美只有经过人的实践活动被"人化"，赋予一定的社会内容后，人才能感受到它是美的；社会美和艺术美则更是人实践创造的产物，体现了人的思想、情感、品格、才能，具有鲜明的社会性。①

6. 独创性

美具有新颖、独特、与众不同的属性。美的独创性源于人的自觉、自由、具有创造性的实践活动，是人的本质力量丰富性、发展性的独具特色的体现。内容的进步性、深刻性、新颖性，形式的完美性、独创性，是艺术美的重要标志。当人类通过自己的实践活动使自然物、社会物对人可亲、于人有利时，这些自然物、社会物才具独特的审美价值。美具有独创性才能显示事物的独特性，才能给人以强刺激，引起人的注意和探究，以满足人的发展的多样的审美需要。②

二、 美学的起源与发展

美学真正作为一门独立的学科是从被誉为"美学之父"的德国哲学家、美学家鲍姆加登开始的，鲍姆加登的美学思想主要集中在其1735年的博士论文《关于诗的若干前提的哲学默想录》以及其1750年的专著《美学》第一卷等著作中。而美学学科的产生是建立在自古希腊以来历代思想家关于美的理论探讨以及人们审美欣赏和审美创造活动基础之上的。鲍姆加登通过为美学命名和定义，使美学成为一门独立学科，这个定义将美学界定为研究感性认识的科学，并给予以下解释：自由艺术的理论、低级认识论、美的思维的艺术及与理性类似的思维的艺术。这个定义取得了与逻辑学相互区别和并列的地位，是对哲学和人类思想史的重要贡献。他克服理性主义局限，肯定了美学作为感性认识的科学价值，认为美的认识是"类似理性的思维"，能够达到"审美的真"，表现出理性认识与感性认

① 吴家荣. 美学与美育 [M]. 合肥：安徽大学出版社，2012：37-39.
② 邱明正，朱立元. 美学小辞典：增订本 [M]. 上海：上海辞书出版社，2007：15-18.

识相调和的倾向；同时又突破新古典主义束缚，强调诗的感性化和个性化特征，充分肯定想象、情感对于诗的作用，促进了欧洲美学和文艺思想的新变。①

从美学的发展来看，它作为一门独立的学科自鲍姆加登首次提出以来，已发生了巨大的变化。由于其他学科的不断渗透，美学不断走向分化与综合。美学分化与综合的结果，一方面使基础美学逐步走向成熟，另一方面也促使各美学分支学科纷纷出现。解释美学、分析美学、比较美学、存在主义美学、结构主义美学、后现代主义美学、信息论美学、接受美学等众多新的美学学科不断产生。至于像绘画美学、音乐美学、书法美学、舞蹈美学、戏剧美学、电影美学、摄影美学、建筑美学、雕塑美学、广告美学、科学美学、生态美学、技术美学、设计美学、劳动美学等交叉性的应用美学学科更是层出不穷。当代美学分支学科的极大丰富"不仅给了教育研究走向美学以方向上的启示，而且亦将在不同方面为教育美学的形成发展提供必要的理论基础"②。

三、 美育的起源与发展

（一）美育的起源

鲍姆加登建立"美学"学科体系之后，德国古典主义诗人、美学家席勒在其《审美教育书简》（1795 年）中指出："要想在实践中解决政治问题，就必须通过美育的途径，因为正是通过美，我们才能达到自由。"席勒主张只有培养品格完善、境界崇高的人，才能够进行彻底的社会变革。

美育是近代教育的特有范畴，是解决近代工业化社会给人类提出的诸多课题的重要手段之一。我们要深刻理解美育的现代意义并建立美育的学科理论，就必须从美育的情感教育本质和它作为近代教育范畴的事实出发。③ 什么是美育？至今尚无完全统一的概念。综合各家观点，本书认为：美育就是运用审美形象的感染作用，通过审美手段，培养学生感受美、表现美、鉴赏美、创造美的能力，实现人的全面发展，进行完美人格的建构。

从实施效用看，美育是一种作用于知情意的能力教育。美育对人的塑造不仅作用于情感，而且推动知情意等能力的全面提高，它同时辩证地融会了认识、意志和情感三个方面。第一，以美启真，以美的形象去传达真理的内涵。第二，以美导善，以美的形象去引导人心弃恶从善，培养完善人格。第三，以美化情，以美的形象去感化人的情感。④

（二）美育的发展

美育的进一步发展就是审美教育学，乃至现在的教育美学。教育美学的应用研究就是

---

① 彭立勋. 鲍姆加登的美学思想及其历史贡献 [J]. 湖北大学学报（哲学社会科学版），2008, 35（2）：35 - 41.
② 钟以俊. 教育美学简论 [J]. 教育研究，1991（6）：15 - 19.
③ 王涛. 蔡元培美育思想的现代意义 [J]. 宁夏社会科学，2008（5）：149 - 151.
④ 王一川. 美学与美育 [M]. 北京：中央广播电视大学出版社，2008：151.

美育研究。

20 世纪初，破旧立新的社会浪潮一浪高于一浪，政治、经济、文化和教育均处于大动荡大变革时期。王国维、蔡元培等受到西方哲学、美学、教育学、心理学等的启发，开始在我国倡导美育。20 世纪 50 年代前，虽然表面上看起来只是较简单的美育思想及其传播，但实际上已形成美育理论的雏形，开启了我国美育和教育美学的先河。20 世纪 50 年代后，尤其在 20 世纪后 20 年里，美育—审美教育学—教育美学在原来的基础上进一步展开，获得了较大的发展，基本上形成了教育美学学科体系的框架。后期复兴中许多观点在早期已讨论形成，后来者有的虽然并无早期的材料，却不谋而合地再现同一思想的光辉。所以，前后两个阶段的关系，从历史的角度看，是一种螺旋式的上升；从逻辑的角度看，是由简单和抽象上升至丰富和具体。[①]

四、 美育学与教育美学的关系

美育学与教育美学之间既存在内在的联系，也存在本质的区别。①从研究对象看，美育学关注的是如何运用自然美、社会美和艺术美对学生进行审美教育，归根结底它是研究如何"借美育人"，而教育美学则是研究教育自身的美的特点及其创造的规律，它关注的焦点是如何立足于教育本身的美来培养人，是研究如何"立美育人"。②从研究范围看，教育美学要研究整个教育（教育的各个环节和各个方面）的审美化问题，其中当然也包括研究美育的审美化问题，而美育学则只是研究教育的一个部分或一个方面即审美教育的问题。③从研究任务看，美育学主要是为指导美育这一种教育活动服务，目的是培养和提高个体的审美素质；教育美学的任务则更为复杂，具有整体性和综合性的特征，它要指导各个教育教学环节、各种教育教学活动的有效开展，目的是更好地培养和提高个体的整体素质，当然也包括审美素质。[②]

五、 我国教育美学的发展趋势[③]

（一）迫切需要成熟的教育美学

未来的现代化进程中，防止和消除人的片面发展必须通过教育来实现。无论是学校教育，还是社会的生产、生活教育，都必须按照人与自然和谐发展的规律——"美的规律"来构建和实施，这就需要美的教育和教育美学。此外，随着时间的推移，教育科学的学科体系建设将从雏形走向成熟和完善，因此，作为教育科学体系中不可或缺的重要组成部分——教育美学，其建设将走向稳定、规范和成熟。

---

① 冉铁星. 20 世纪中国教育美学的走向及其意义［J］. 教育评论，1970（2）：22 - 24.
② 何齐宗. 中国教育美学研究三十年：回顾与反思［J］. 教育研究，2014（9）：16 - 23，32.
③ 冉铁星. 20 世纪中国教育美学的走向及其意义［J］. 教育评论，1970（2）：22 - 24.

（二） 从多元混合到多层次统一体的教育美学学科体系建设

从教育美学的走向可以看出，广义的教育美学呈现出一种多元混合的状况，这也是学科生长初期的必然现象和必经之路，即从一种无序的"耗散"状态准备达到一种有序的结构状态。近些年来有关教育美学的一些争论及商榷，实际上就是多元混合状态下的碰撞，就是一种从无序到有序的过程。

（三） 重建狭义的教育美学

中国的智慧是审美型的，是审美而非宗教成为中国哲学的最高境界。在未来中国，教育美学将努力走向规范化，逐步达成逻辑结构完整的范畴体系。而且，在价值意义上应争取成为中国教育哲学的最高境界。

教育美学这门古老而又年轻的学科，将同教育科学的其他学科一样，不断获得新的发展和进步。但它要想真正地在教育科学的百花园中亭亭玉立，还须经过一次艰难的"凤凰涅槃"才能获取新的生命、新的意义。

六、 地理教学技能美学的研究对象与研究内容

（一） 地理教学技能美学的研究对象①

"美学究竟是研究什么"一直是一个引起人们热议的问题，但迄今为止仍没有统一的观点，只是基本形成了五种倾向性的意见：

第一种，"感性认识"说。代表人物为美学之父鲍姆加登，他说："美学的对象就是感性认识的完善（单就它本身来看），这就是美；与此相反的就是感性认识的不完善，这就是丑。"② 第二种，"美以及美感"说。这种说法比较普遍，认为美学要讨论的问题不是具体的美的事物，而是所有美的事物所共同具有的美本身，那个使一切美的事物之所以美的根本原因。第三种，"艺术"说。此观点在西方美学史上得到了一批美学家的认同，认为美学就是艺术的哲学等。第四种，"审美关系和审美活动"说。此种观点认为美学是研究人对现实审美关系的学问。与这种观点接近，有一些美学家认为美学的研究对象是审美活动。第五种，"三部分"（美的哲学、审美心理学和艺术社会学）说。李泽厚认为："所谓美学，大部分一直是美的哲学、审美心理学和艺术社会学三者的某种形式的结合。比较完整的形态是化合，否则是混合或凑合。"③ 他认为"已经没有任何统一的美学或单一的美学，美学已经成为一张不断增生、相互牵制的游戏之网，它是一个开放的家族"④。

① 陈望衡. 当代美学原理 [M]. 北京：人民出版社，2007：7－8.
② 朱光潜. 朱光潜美学文集 [M]. 上海：上海文艺出版社，1984：313.
③ 李泽厚. 美学四讲 [M]. 北京：生活·读书·新知三联书店，1989：11.
④ 李泽厚. 美学四讲 [M]. 北京：生活·读书·新知三联书店，1989：14.

　　以上关于美学研究对象的各种意见虽都有一定的道理，但亦有各自的不足，因而均难以获得学术界的公认。相对而言，我们比较倾向于第二种意见。我们认为以美本身作为美学的研究对象，一是比较符合美学学科的性质；二是无论对艺术还是审美经验的解释，都有赖于对美本身的解释。这对我们确定地理教学技能美学的研究对象有较大的启发作用。

　　本书认为地理教学技能美学的研究对象是：在教师教育变革和基础教育课程改革的广阔视野中，在深入分析地理学、地理教学论、地理课堂教学技能训练及美育研究现状的基础上，运用教育学、美学理论的原理和方法，在美学视野下，全面而系统地阐释地理师范生教学技能培养与训练的美学现象，揭示其美学规律，以审美理论统辖地理师范生教学技能培养与训练的美学模式，对地理师范生教学技能培养与训练模式作全方位的审美透视，并进行相应的实验实践研究，从而构建地理师范生教学技能培养与训练的美学主体结构，拓展地理教育的理论视野。因此，本课程是一门理论与实践相结合的地理教师教育技能类课程。

（二）地理教学技能美学的研究内容

1. 构建地理师范生教学技能美培养的理论体系

　　现代社会分工的细密化和教育的专门化，阻碍了人的全面发展。为了更好地实现地理教学技能美学课程目标，根据教师专业化发展的要求，本书以审美理论对地理师范生教学技能培养与训练模式进行统辖，对地理师范生教学技能培养与美学的融合进行研究，在教师教育变革与基础教育课程改革的广阔视野中，在广泛吸收当代世界教师教育改革的最新理论与实践成果，深入分析地理教师教育课程的研究现状，全面了解高师院校地理师范生综合素质状况等的基础上，以中学地理教育为立足点，以现当代教育学、心理学、美学理论、教育美学理论、学科教学论及系统论等理论为指导，以高师地理教育、中学地理美育科研成果为素材，以"真善美融合"为核心教育理念，运用美学理论的原理与方法，主要从地理教学技能美学概述、地理教师自我形象设计技能美学、地理教学媒体应用技能美学、地理课堂教学设计技能美学、地理课堂教学技能美学、地理课堂教学质量评价技能美学、地理说课技能美学、地理说题技能美学、地理微课教学技能美学、地理校本课程开发技能美学及地理教育美学研究十一个方面构建地理教学技能美学理论体系，力图全面而系统地阐释地理师范生教学技能培养与训练的美学现象，揭示地理师范生教学技能培养与训练的美学规律，传承地理师范生教学技能培养与训练的成熟的美学实践经验，并进行相应的实验实践研究，力求拓展地理教育理论视野，探寻提高地理师范生教学技能培养与训练效率的有效方法和途径，从而构建体现新世纪教师专业发展理念，与我国基础教育课程改革相适应并形成互动关系的新型地理教师教学技能美学的主体结构。这一结构主要包括三个系统：地理教学技能美学基本理论系统、地理教学技能训练系统、地理师范生教育实践系统，突出课程结构的整体性、实践性、开放性、选择性和时代性，力求成为地理师范生学习地理教学论、掌握地理教学基础知识和基本技能后，进一步提升教学审美能力、掌握教学艺术、达到教学技能美的境界、形成个性化教学艺术风格的教师教育技能类课程教材。

希望通过本课程的教学，促使地理师范生教学技能培养在审美观照下以人为本位展开，在提高地理师范生教学技能水平的同时，着眼其人生境界的提升，铸造其形成完整而和谐的人格。希望经过"熏陶渐染，潜移默化"的审美理论教育的地理师范生，在其走上中学讲台时，能具备较强的审美素养和一定的教学审美能力，能运用美学法则，探寻提高地理教学效率的最佳途径。地理教学技能美学课程的开设，将有助于全面提升高师院校地理师范生的教学技能，对中学地理教师更新教育理念，提高其自身的职业综合素养也具有较大的帮助作用。[①]

2. 探索地理师范生教学技能美培养的有效方法和途径

主要体现为用教育美学观点，探索在地理师范生教学技能培养中师生如何共同发现美、感知美、理解美、创造美，如何培养地理师范生现代教育理念和教学技能等专业素养的有效方法和途径。在教育美学的指导下，对中学地理教育作全方位的审美透视，通过师范技能的培养和训练，使地理师范生认识、实践、再认识、再实践，感受到美的真谛，充分认识到地理教育活动并非只有艰辛和劳苦，更有欢乐和满足，从而自觉地追求地理教育的审美价值，发现美、创造美，体验美和幸福，把"美"带到中学地理课堂，充分发挥地理教育在人才培养方面不可替代的作用。

第四节 地理教学技能美学的研究意义与研究方法

一、 地理教学技能美学的研究意义

美育仍然是整个教育事业中的薄弱环节。2020 年 10 月，中共中央办公厅、国务院办公厅印发了《关于全面加强和改进新时代学校美育工作的意见》（以下简称《意见》）。《意见》指出：美是纯洁道德、丰富精神的重要源泉。美育是审美教育、情操教育、心灵教育，也是丰富想象力和培养创新意识的教育，能提升审美素养、陶冶情操、温润心灵、激发创新创造活力。强调以习近平新时代中国特色社会主义思想为指导，全面贯彻党的教育方针，坚持社会主义办学方向，以立德树人为根本，以社会主义核心价值观为引领，以提高学生审美和人文素养为目标，弘扬中华美育精神，以美育人、以美化人、以美培元，把美育纳入各级各类学校人才培养全过程，贯穿学校教育各学段，培养德智体美劳全面发

---

① 杨道麟. 语文教育美学研究［M］. 北京：现代教育出版社，2011：1.

展的社会主义建设者和接班人。《意见》同时指出：树立学科融合理念。加强美育与德育、智育、体育、劳动教育相融合。充分挖掘和运用各学科蕴含的体现中华美育精神与民族审美特质的心灵美、礼乐美、语言美、行为美、科学美、秩序美、健康美、勤劳美、艺术美等丰富美育资源。有机整合相关学科的美育内容，推进课程教学、社会实践和校园文化建设深度融合，大力开展以美育为主题的跨学科教育教学和课外校外实践活动。

教师素养是课程改革成功的关键。新课程改革对中学地理教师的综合素养提出了更高的要求，可现代社会分工的细密化和教育的专门化，阻碍了人的全面发展。针对目前高师院校培养出来的地理师范毕业生与新课改的要求还存在一定距离的现状，高师院校应采取积极有效的对策和措施，完善地理教师教育课程设置，以培养符合新课程改革要求的新型高素质地理教师。由于地理教学技能美学是从美学视野来观照地理教育，地理学科的研究对象蕴藏着丰富的美育资源，地理教学技能美学既是美学在地理师范生教学技能培养中的应用，又是地理教育向美学的升华，因此，本教材的出版能为中学地理教师提供教学及研究参考，这将有利于更新中学地理教师的教育理念，影响、推进基础教育课程改革。

由上可见，以美育人——地理师范生教学技能培养模式创新研究是时代发展的要求，是高师院校地理教师教育主干课程"地理教学论"的分支学科"地理课堂教学技能训练"后续发展的必然诉求。

二、 地理教学技能美学的研究方法

（一） 综合研究法

地理教学技能美学教学内容的编排要以大范围的教育调研为基础，以马克思主义关于人的全面发展理论、系统论、美学理论、地理课程与教学论、辩证唯物主义原理等为指导，运用对立统一、理论联系实际、具体问题具体分析等观点，采用理论研究法、观察—调查法、文献资料分析法、比较研究法、实验法、经验总结法等，将文献研究与问卷调查相结合，综合分析与比较研究相结合，理论研究与实证研究相结合，定性分析与定量分析相结合，并借助现代信息技术与互联网技术等进行综合研究。

地理教学技能美学学科的研究方法应体现跨越多学科界限的跨学科特征，这就需要研究者拓宽知识面，从多学科途径加以综合研究。研究者需要认真学习当代世界教师教育改革的最新理论成果，吸收我国基础教育课程改革的新理念、新经验，全面了解地理教育、美学、教育学、心理学、教育美学、地理教育美学、地理师范生教学技能培养美学等领域的国内外研究现状，地理教育美育等方面的典型教学案例及教育行政部门有关文件。广泛收集来自全国各地骨干教师的课堂教学录像，以及一些高校的教育学专家、地理教学论专家对新课改的精辟论述视频，并定期到中学听课，全面了解中学地理教师执行新课改的情况、收获与困惑，为本学科的内容设置积累大量宝贵的第一手资料。

（二）环境濡染育人研究法

为了更好地实现培养目标，高师院校需要拥有较完备的教育资料中心；配备微格教室、摄录像设备和电脑设备等；有先进的地理教育实验室；建立中学地理教育见习、教育实习基地；与所在地级市教育局等共同实施"名师互聘、干部互派、科研互动、资源互通"的"双进工程"，聘请中学地理名师为高校兼职指导教师，在中学实体课堂为地理师范生开示范课，让中学地理名师到大学课堂给地理师范生作有关教学方法和教学技能技巧、多媒体课件制作与使用方法等方面的讲座。地理师范生认真学习不同教学风格教师在各种教学实践中的教学策略、教学技巧及教学评价等，并与指导教师探讨，认真领悟，运用到自己的试教和教育实习实践活动中去。学院要支持学生自主组织一些融思想性、鉴赏性、知识性、专业性、学术性、娱乐性等为一体的大型活动，锻炼学生的组织能力，营造浓郁的教学教研氛围，提高学生的学习兴趣，增强学生的审美能力，培养学生的综合素养。[1]

（三）体验研究法

体验研究法，是指地理教学技能美学论述过程中采用的个人亲身直感对象或设身处地地感受对象的方式。中国古典美学历来主张摈弃逻辑思维而注重以个人体验去把握审美对象，从而形成独特的体验美学传统。现代西方美学家如德国的叔本华、尼采、狄尔泰，法国的柏格森等均注重个人直觉或体验。体验研究法的特点是：美学表述简短、灵活、具体，注重当下直觉和情感投入。"中国人抚爱万物，与万物同其节奏：静而与阴同德，动而与阳同波（庄子语）。我们宇宙既是一阴一阳、一虚一实的生命节奏，所以它根本上是虚灵的时空合一体，是流荡着的生动气韵。"[2] 宗白华喜欢舍弃严密的概念分析和逻辑演绎方法，希望通过这种体验法，直接抓取和享受人的生命的"节奏"，这正是体验研究法的体现。

（四）思辨研究法

思辨研究法，是指地理教学技能美学思考过程中，通过对概念、命题进行逻辑演绎推理以认识事物本质特征的研究方法。笛卡尔、鲍姆加登、康德、黑格尔等主要运用这种方法。思辨研究法的特点是，讲究内在概念明晰、逻辑严密、推理规范，注重从概念到具体现象的演绎。黑格尔的著作《美学》可以视为思辨研究法的代表作。

（五）实验研究法

实验研究法，是指地理教学技能美学研究过程中采用的审美心理测试、调查及统计方

---

① 李红. 以美育人——地理师范生教学技能培养模式创新研究 [J]. 地理教育, 2018（3）：60-61.
② 宗白华. 宗白华全集：第二卷 [M]. 合肥：安徽教育出版社, 1994：441.

式。自费希纳于 1871 年创立"实验美学"开始，实验法便成为美学研究方法。例如，要知道哪个旅游景点最美，可靠的方法就是测试各个被试者的心理反应。实验研究法的特点是：反对内在的思辨演绎路线，寻求具体事实的实证。①

第五节　地理教学技能美学研究的理论基础与实践基础

一、 地理教学技能美学研究的理论基础

教育是一种复杂的社会现象，它是一个多因素、多层次的整体系统。② 地理教学技能美学是一门综合性很强、横跨多学科的边缘学科，其学科性质、目标、内容等因素，决定了其进一步发展需要广泛吸收各类自然科学及社会科学的优秀研究成果，如除了地理学、教育学、信息科学、系统科学、传播学、社会学、行为科学、思维科学等学科的知识与方法应成为其主要的借鉴之源外，美学、伦理学、艺术学及现代心理学等学科也应成为其重要的理论基础。

（一）以美学理论为理论基础

地理教学技能美学的学科性质、体系建构、根本目标以及方法改进等，决定了其需要借鉴审美理论和方法，从诸多美学理论中获取丰富资源，着力探究如何使地理教育按照美的规律运作与发展，从而通向至美纯美的境地，以提高当代教育的整体质量。③

（二）以伦理学理论为理论基础

地理教学技能美学与伦理学的关系是由美与善的关系所决定的。伦理学又称道德哲学，以道德现象为研究对象。"善"是伦理学的核心概念。在《美学与艺术批评杂志》创刊号（1941 年）上，撰稿人范·麦特·埃姆斯（Van Meter Ames）曾充满自信地断言："教授伦理学而不提到美学就像教授伦理学而不涉及善，那是不可思议的。"④ 可见，美学与伦理学之间有密切相关性。美与善二者的关系应该是辩证统一的关系。首先，善是美的先决条件。人类以为美的东西，必须是于人类有益、有用的东西即善的东西。任何于人类有害无益，即不善的东西，就不可能是美的东西。其次，道德的发展伴随着美的发展而来。人首先得有审美的观念，然后才能谈得上有德性，正如席勒所说："若要把感性的人

---

① 王一川. 美学与美育 ［M］. 北京：中央广播电视大学出版社，2008：12 - 13.
② 王道俊，王汉澜. 教育学（新编本）［M］. 3 版. 北京：人民教育出版社，1999：29.
③ 逢金一，庄新红. 关于教育美学学科建设的初步构想 ［J］. 中国成人教育，2005（2）：58 - 59.
④ P. 拉马克，章建刚.《英国美学杂志》40 年（续）［J］. 哲学译丛，2001（3）：43 - 51.

变成理性的人，唯一的途径是先使他成为审美的人。"如此，才能使人们的审美与道德和谐统一。最后，善是美的归宿。研究美学的同时，注意对以善为内容的伦理学的研究，可以促使人们对美的深入思考和认识，从而促进美学的发展。

随着实践的发展和人类社会的发展，人们对客观世界的规律（真）的掌握更精确、更自如；对自己的目的性（善）更有觉悟、更能实现，人们也就更能"按照美的规律来建造"。真善美的统一愈来愈完满，美学与伦理学的关系也必然越来越清楚地展示在人们的眼前。①

（三）以艺术学理论为理论基础

如果说，哲学代表着人类理性认识的最高形式，艺术则代表着人类感性认识的最高形式，它们共同构成了人类精神王国的两座高峰，那么，架在哲学与艺术这两座精神高峰之间的桥梁便是美学。② 有人把美学叫作艺术哲学。

地理教学技能美学与艺术学有着共同的研究对象。因此，它们研究的问题常常会有某些交错，譬如文学艺术作品中所表现出来的审美意识、审美理想、审美创造和审美欣赏的一般规律等既是地理教学技能美学又是文艺学所要研究的问题。③ 文艺学关注具体的文学艺术经验和现象，可以为地理教学技能美学研究提供丰富的经验材料。

（四）以现代心理学理论为理论基础

我国南朝文学理论家刘勰在其创作的文学理论著作《文心雕龙·神思》中写道："登山则情满于山，观海则意溢于海。"英国经验主义美学集大成者休谟认为："美与价值都只是相对的，都是一个特别的对象按照一个特别的人的心理构造和性情，在那个人心上所造成的一种愉快的情感。"④ 英国经验主义美学家柏克认为："美指的是物体中能够引起爱或类似的感情的一种或几种品质。"⑤ 美国美学家桑塔耶那认为：美是在快感的客观化中形成的，美是客观化了的快感。⑥ 可以说，美的发生离不开人的心理因素的参与。地理教学技能美学与心理学密切相关。

二、 地理教学技能美学研究的实践基础

（一）以中学地理教育为实践基础

基础教育课程改革既为高师地理教学技能美学的研究带来前所未有的机遇，同时也带

① 欧阳朗. 谈美学与伦理学的关系［J］. 青海师范大学学报（社会科学版），1992（2）：64-67，86.
② 彭吉象. 艺术学概论［M］. 3 版. 北京：北京大学出版社，2006：2.
③ 成旭梅. 中学语文，你怎样"人文"？［J］. 语文月刊（学术综合版），2010（7）：9-13.
④ 北京大学哲学系美学教研室. 西方美学家论美和美感［M］. 北京：商务印书馆，1980：109.
⑤ 柏克. 关于崇高和美的观念的根源的哲学探讨［M］//古典文艺理论译丛（五）. 北京：人民文学出版社，1963：38.
⑥ 北京大学哲学系美学教研室. 西方美学家论美和美感［M］. 北京：商务印书馆，1980：286.

来更多亟待解决的新问题。高师地理教学技能美学的研究要扎根于中学地理教育的土壤，直面中学地理课程改革中所遇到的问题。研究的问题来源于基础教育，研究的宗旨服务于基础教育，研究的基石扎根于基础教育，始终是高师地理教学技能美学研究的特色。①

（二）以高师院校地理师范生教学技能培养为实践基础

地理师范生将是中学地理教育的生力军，中学地理新课程改革向纵深方向发展，对地理师范生的教学技能提出了新的要求和挑战。我们通过中学地理课堂观摩，发现新入职地理教师的课堂教学技能普遍存在较严重的问题，主要表现在：教学语言、教态、"三板"不够"美"；不能对学生的地理核心素养培养进行整体规划和设计；不能选择适当的教学方式方法达成核心素养目标；驾驭课堂、调动学生课堂学习积极性等方面仍存在一定的适应难度；教学反思和教研能力不强。要想提高地理师范生的师范技能美学水平，势必要对我国地理教师职前教育的人才培养模式、培养方法及手段进行改革。如此一来，便很自然地要以高师教育作为其发展的实践基础。

研究者需要运用美学法则进行地理师范生教学技能培养实践，如每年均要担任地理师范生的教育见习、试教、教育实习及各类地理师范技能大赛指导教师；担任学校地理卓越班导师。对地理师范生试教、教育实习表现和地理师范生毕业走上教学工作岗位适应能力等进行追踪调查、研究。不断学习，不断实践，不断总结，不断提高自己运用美学理论、方法及手段等培养地理师范生教学技能的能力。

（三）以社会教育为实践基础

每个地理师范生在日常生活中，都会或多或少具有一定的美学思考和美育实践能力。随着审美与人们生活的联系愈益密切、广泛和深入，美学与美育问题变得愈来愈复杂而又重要了。② 地理学科在社会教育中具有明显的优势地位，并且会随着人们交往领域的全球化和地理科学应用的逐渐成熟而日益凸显其优势。因此，社会教育将为地理教学技能美学的发展提供丰富的实践需求和实践依据。

第六节　美学视野下的地理教学技能培养模式创新

地理师范生教学技能培养的教学任务除需要在地理教学技能美学课程或地理课堂教学技能训练课程完成外，还需运用美学理论的原理和方法，坚持贯彻理论与实践相统一原

① 张建珍. 创新，让地理教师教育更具专业水准——记2010年全国高师地理课程与教学论学术研讨会 [J]. 地理教学，2010（17）：4-5.
② 邓福田. 论视觉文化时代高校美学课的重构 [J]. 美与时代（上），2013（4）：9-12，1.

则、科学性与艺术性相统一原则、全面性与针对性相统一原则、一贯性与阶段性相统一原则，从地理师范生入学起，立足"分年级、分层次、全程化"教师教育培养理念，运用自主、合作、探究的教学方式，有计划、有步骤地对学生进行师范技能的培养与训练，使地理学科教学与专业能力训练有机结合，融为一体。[①] 具体措施如下：[②]

一、 教师教育课程应各司其职

地理教学技能美学训练（包括"地理三板一言训练""地理多媒体课件制作"等）课程应该在大学一、二年级开设，使学生练就扎实过硬的地理教师基本功。地理师范生三年级上学期开设的教师教育类课程，如"地理教学论"（应包括"说课指导与训练""课堂指导与训练""中学地理新课程改革专题研究""教育研究方法""教育论文写作"等）、"教学艺术论"（应包括"教育美学"）、"中学地理教材分析"、"地理微格教学"等应各司其职，在美学视野下，注重培养学生的备课技能、说课技能、上课技能、评课技能和教育研究技能，将教、训、习、研等多元活动贯穿于各课程的教学过程中。这对进一步加强师范生新课标的学习，提高师范生的地理课堂教学技能和创新能力、审美能力均有着非常重要的促进作用。

二、 地理专业课程教学应体现师范性

高师院校地理专业课程课堂教学内容应融专业性、学术性和师范性于一体，充分反映中学地理教育改革与发展趋势。为此，高师院校地理教师应研究中学地理新课改，熟悉中学地理新课程体系；注意整合教材，精心选择课堂教学内容，教师在课堂上应增添对中学地理教学知识点的梳理及原理解释，对于一些与中学地理教学内容联系比较密切的知识点，教师应该细讲，并拓宽拓深知识，让准教师们对知识点知其然且知其所以然。各地理专业课程的考试内容要注重体现师范性，命制试题时，与中学地理教学相关的内容可占一定的比例。

美国当代著名美学学者赫尔伯特·里德说："美育不仅已成为当今素质教育中的重要组成部分，而且大有可能成为整个教育的基础和整个教育改革的突破口。"五彩缤纷的大千世界都是地理课程资源，地理学科中涉及自然美、人文环境美的内容十分丰富。[③] 因此，高师地理教师还要挖掘专业教材内容之美，提高地理师范生感受美、鉴赏美、追求美、创造美的能力。

---

① 黄翠红，李彬，方达伟. 当代师范生教师能力培养的研究与实践 [J]. 教育探索，2009，215（5）：84-85.
② 李红. 地理师范生教学技能培养对策新探 [J]. 地理教育，2014（9）：59-61.
③ 李红. 新课改背景下提高高师地理课堂教学效率研究 [J]. 黑龙江教育学院学报，2013，32（4）：39-41.

三、 建立校外导师负责制

从地理师范生入学起，就可以根据成绩好、中、差搭配，性格外向与内向搭配，男女同学搭配等成立4~5人/组的学习小组，每小组配备1名实践教学基地学校的美学素养较高的地理骨干教师作为指导教师，参与地理师范生师范技能美的培养。指导教师每周至少安排2小时对地理师范生提供针对性的帮助。此外，地理师范生还可以不定期地观摩指导教师的美的地理课堂教学，并学习其班主任工作艺术，帮其批改作业、试卷等，扮演"助教"角色。

四、 以竞赛促学习促提高

地理科学学院可举办一年一度的"地理风情节"系列活动，如"明日之师"、"三字一话"（钢笔字、粉笔字、毛笔字，普通话）、地理教学模型制作、地理教学课件制作、地理板书板图板画竞赛等活动，鼓励学生踊跃报名参加。高师院校还可以举办一年一度的、由各专业选拔出的优秀学生参与的全校性师范技能竞赛活动。省教育厅可组织举办一年一度的地理师范技能竞赛活动等。要想提高学生的竞赛水平，就必须提高学生感受美、表现美、创造美的能力。为此，竞赛前，学院可开设相关教师教育方面的讲座，请专业教师指导学生等。通过这些活动，达到以竞赛促训练、促交流、促学习、促教学能力提高的目的。

五、 集中时间进行教育见习、试教活动

（一） 做好教育见习、试教活动前期工作

实践证明，教师教育课程如"地理教学论""教学艺术论"等要求在第5学期完成教学任务。教育见习、试教活动安排在第6学期的第5~8周进行是比较合适的。在教育见习、试教期间，除安排"地理微格教学""课堂教学技能训练""中学地理教材分析"外，其他课程均需停课让位于教育见习、试教活动。这样安排有利于地理师范生在教育见习、试教之前全面系统地掌握在美学视野下如何备课，如何编写教案，如何撰写教学设计、模拟课堂讲稿及说课稿，如何制作地理说课及授课课件；初步了解如何运用美学原则组织模拟课堂、授课、说课及说题等；初步学会评课，学会判断怎样的课才叫作好课等。

（二） 精心组织教育见习、试教活动

采取灵活多样，学生喜闻乐见的教育见习、试教活动方式，一般以学生自主训练与小组合作学习及教师指导相结合的试教组织形式进行。具体要求如下：

1. 观摩学习促成长

（1）走出去。

第6学期第5~8周，组织地理师范生到中学进行地理课堂教学及班主任工作观摩，

参加中学地理教研组会议等，多看多听多问多思，认真领悟，理解美、体验美、表现美，提高自己的试教水平。

（2）请进来。

请中学名师到大学讲台分别给地理师范生作有关如何上课、如何指导学生进行探究性学习、如何做好班主任工作及新时期优秀地理教师的素质要求等方面的讲座。通过听讲座，使地理师范生不但学习到中学名师丰富的教育教学第一线经验，而且儒雅的中学名师美的形象、高尚的品德、为人师表及不懈追求的精神等均使地理师范生学有榜样，行有示范。

（3）优秀学生示范表演。

如请上一届优秀学生及优秀实习生分别作模拟课堂、说课、试教（多媒体教学手段试教及传统教学手段试教两种方式）等方面的示范表演，并组织学生进行分组讨论、评课，派代表发言，最后由地理教学技能美学课程教师进行点评等。

（4）观摩录像。

组织地理师范生观摩、分析中学优秀地理教师课堂教学录像并分小组讨论，派代表发言，最后由地理教学技能美学课程教师进行点评等。

教育见习期间，要求每位学生听课前，均要认真熟悉所听课教学内容，自己先行试讲，听课时认真观摩，找出自己与优秀教师和上一届优秀学生的差距，认真思考、分析他们的课堂"美"在哪里，不断总结提高；每位地理师范生都要参与试教小组的评课、讨论、总结等。

2. 躬身实践悟提升

严把试教关。采取个人试教、小组互听、教师指导相结合的试教组织形式。第六学期第5周，学生个人认真试教，学会分析教材，编写、修改教案，撰写教学设计、说课稿、模拟课堂讲稿；制作模拟课堂、说课、试教课件；掌握组织教学、语言表达、"三板"等课堂教学技能。第6~7周，在每位学生对自己的试教效果都感到非常满意，自己觉得几乎无法再提高的情况下，各小组长负责安排本小组成员互听，并按要求互相评课，互相帮助，共同提高。当小组成员之间均认为彼此都很不错了，对彼此的试教效果感到非常满意，都觉得几乎无法再提高的情况下，才算通过小组试教关。实践证明试教小组每组4~5人比较合理，有利于兼顾各年级教材的试教安排。要求试教小组学生试教内容不能有重复，各试教小组安排1人教学初中地理，内容可选自七年级上、下册或八年级上、下册；安排2人分别教学地理1、地理2（必修课程），安排1人或2人教学选择性必修课程。每位学生选择一节课的内容编写教案、制作课件，分别采用传统教学手段和多媒体教学手段进行试教。这样有利于学生熟悉各年级教材内容，较深刻地认识到不同年级的教学策略是不同的，并提高运用教学媒体的技能。每位学生在小组内试教不能少于5次。第8周，每位学生通过个人试教及在试教小组内试教后，自我感觉已经无法再提高时，各小组长负责邀请指导教师对小组内每一位学生的试教进行深入细致的指导及考核。指导教师指导时，要求小组其他成员均得参加，扮演中学生和评委，思考课堂"美味"浓不浓。指导教师对教学能力较差的学生，应严格把关，认真指导，反复训练，提升其审美能力，促其提高，直至通过试教关。

六、 集中时间进行教育实习活动

教育实习时间可安排在地理师范生第 7 学期整个学期。教育实习活动内容包括教学工作实习、教育工作实习（如班主任工作实习）和对基础教育教学工作的调查研习，贯穿教育实习全过程。教育实习期间，每位学生需撰写关于地理教学及班主任工作方面的论文各 1 篇。要求学生动手写论文之前要阅读大量相关书籍、期刊论文等，结合教育实习积累的第一手材料，根据地理教学技能美学课程教学的相关教育科研方法，在指导教师的帮助下，认真撰写，反复修改直至满意为止。对优秀论文，教师可鼓励学生大胆投稿发表，这既能锻炼学生独立思考的能力，又能进一步激发学生撰写论文的兴趣。[①]

美是一种人生境界，审美是一种人生实践。地理教学应回归本真，运用美的教学方法和手段去寻找地理课原初的美，让中学生学到对生活有用的地理，对终身发展有用的地理，实现师生生命潜力在高效、沁人心脾的"地理美味"课堂中得到开发，实现生命价值。要培养能胜任这样的地理课堂教学的地理教师，高师院校必须将师范生师范技能培养作为一项重要工作常抓不懈，强化实践教学主体地位，注重师范生实践性知识和能力的强化和锻炼[②]，积极创新地理师范生教学技能培养方式，通过各方面训练培养地理师范生自主学习能力、教学能力、科研能力，提高学生从教的素养，提升学生从教的信心[③]，使学生毕业后，能以一个"美"的、较为成熟的教师形象走上讲台。

思考与探究

1. 地理教学技能美学的研究对象。
2. 地理教学技能美学的研究内容。

---

① 方丽. 浅谈高校师范生教学技能的培养［J］. 人力资源管理（学术版），2009（9）：166 – 167.
② 黄翠红，李彬，方达伟. 当代师范生教师能力培养的研究与实践［J］. 教育探索，2009，215（5）：84 – 85.
③ 方丽. 浅谈高校师范生教学技能的培养［J］. 人力资源管理（学术版），2009（9）：166 – 167.

第二章 地理教师自我形象设计技能美学

本章导读

地理教师出现职业倦怠，缺乏职业乐趣，究其原因是多方面的，包括社会、学校、家庭及教师个人等方面的影响。本书认为，就教师个人原因方面看，不注重从职业礼仪的角度去塑造"美"，难以赢得学生的尊重与敬仰，从而影响教学效果，教师在教学工作中无法收获成就感，是导致职业倦怠的一个重要因素。地理教师要从职业中感受到乐趣，就要使自己在仪容仪表、言谈举止、学识修养等方面都注重塑造"美"。用"美"让地理课堂变得生动有趣，用"美"让自身享受愉悦，从而使教师的职业变得更"美"。

希望同学们通过本章的学习，能够认识美、感受美、欣赏美和创造美，不断提升自我形象美的设计技能，使自己的形象富有时代朝气，成为深受学生敬爱的外在美与内在美和谐统一的优秀地理教师。

第一节 地理教师职业中"不美"现象分析[①]

古人云："礼义之始，在于正容体，齐颜色，顺辞令。"别林斯基曾说：外表的纯洁优雅应当是内心纯洁和美丽的反映。教师职业是"太阳底下最光辉的职业"，教师是人类文明的使者，也是美的传播者。大部分地理教师能从职业中获得快乐与幸福，但也有一些地理教师感受到的却是职业倦怠与身心疲惫。笔者通过观察、访谈等发现，感到闷闷不乐的地理教师在诸多方面都不够"美"，如仪表服饰、言谈举止、表情动作等方面处于随意而为的状态，而感到快乐的地理教师能够特别注意演绎教师职业的"美"。因此，广大地理教师要想从教师职业中获得美好快乐的情感体验，必须查找自身不"美"之处，避免不美现象发生，努力去塑造"美"，保持并不断增强职业热情，提升职业成就感，远离职业倦怠。下面就对地理教师职业中出现的"不美"现象进行分析。

---

① 王琳. 从礼仪角度塑造教师职业的"美"[J]. 济源职业技术学院学报，2013，12（1）：104-106.

一、　不重视"脸美"

有些地理教师一走进教室就板起脸孔，不苟言笑，甚至眼露凶光，总以为这样自己才会更有威严，才能镇住学生，学生才不敢扰乱课堂纪律。可这样做的结果可能会导致一种对立关系：课堂的统治者——教师，课堂的被统治者——学生。地理教师把学生看成需严管的对象，一脸不信任；学生则把地理教师看成高高在上的主宰，敬而远之。如此互存隔阂的双方怎能创造快乐和谐的课堂？学生怎么会在教师面前敞开心扉？教师又怎么能全面了解学生，进行因材施教？

有些教师虽然五官俊美，但不加修饰，蓬头乱发，眉毛散乱，未能呈现良好的精神面貌，无法给课堂注入充满生机的"精气神"，影响了课堂整体美感。

二、　不重视"衣着美"

教师的服饰是教学活动的第二语言。很多时候，学生不喜欢，甚至不尊重某位教师，很大程度上是由于教师衣着不得体，缺乏应有的仪态风度。

有的地理教师着装随意，不分场合，服饰搭配不得体，衣服扣子进错门；服装、鞋、帽、袜子、手套、围巾、领带、配饰、包、伞等不太讲究。

有的地理教师衣着不合时宜，过于前卫、短露、薄透、窄紧集于一身；或过于寒酸，穿着打扮过时落伍，跟不上时代的发展等，缺乏本应有的庄重得体形象。不合时宜的穿着打扮使地理教师在学生心目中的光辉形象大打折扣，甚至会令学生敬而远之。

三、　不重视"整洁美"

英国唯美主义代表人物奥斯卡·王尔德说："只有肤浅的人才不会以貌取人。"人们常说人的外表不重要，重要的是心灵。其实，相貌是一个人长期的心理与行为修炼在脸上的映射。一个人的"美"是自律、修养等内在综合素养所映衬出来的。每一位地理教师均应认识到，讲台就是舞台。如果学生第一次见到的地理教师是邋里邋遢的，如衣服有味道或汗垢、衣着不整洁或过度暴露；头发或衣服上有头皮屑；烟酒味或体味如口臭、狐臭、汗臭味等过浓；指甲过长或染得大红大紫；脸部卫生诸如牙齿缝、眼角、鼻孔等部位没有清洁等，学生也许会因此而看不起老师，甚至怀疑老师对待教学工作是否也像对待个人形象一样粗糙，这就是首因效应。首因效应（也叫首次效应、优先效应或第一印象效应）是美国心理学家洛钦斯首先提出的，是指交往双方形成的第一次印象对今后交往关系的影响，也即"先入为主"带来的影响效果。第一印象虽然并非总是正确的，却是最鲜明、最牢固的，并且决定着以后双方交往的进程。如果一个人在首次见面时就能给人留下良好的印象，那么人们就愿意和他接近，彼此也能较快地相互了解，并会影响人们对他以后一系列行为和表现的解释。反之，对于一个首次见面就令人反感的人，即使由于各种原因难以避免与之接触，人们也会在心理上或实际行为中对之持冷淡甚至抵触的态度。①

我们不但要反对"金玉其外败絮其中"的花架子，也要反对不讲究形象的邋里邋遢的外表。如果一个人连自己的外表都不整洁干净的话，何来对自己的心灵洗礼？没有人有义务必须透过连你自己都毫不在意的邋遢脏乱、不修边幅的外表，去发现你所谓优秀的内在。如果一个教师不修边幅、邋里邋遢、无精打采，甚至精神沮丧，就会给学生一种懒散之感，是激发不起学生学习兴趣的，更不能让学生从其仪容仪表中学到正确的修饰打扮方法和对美的追求。

因此，地理教师要表里如一，内外兼修。建议地理教师晚上睡觉前，提前为自己搭配好第二天需穿戴的得体的服饰。早上出门前，记得照照镜子，从头到脚审视自己的形象，检查整理好的头发、穿戴好的服饰等有无不妥，肩上有无头皮屑和落发，眼角、鼻孔、牙齿是否清洁了等。这方面我国近代著名教育家蔡元培先生就为师生做出了很好的榜样。他每次去学校给师生讲话或授课，必定要换上浆洗得十分清爽的衣服，系好纽扣后，还要对着穿衣镜整理一下仪容；进入讲演厅或教室前，也要习惯性地整一整衣冠后才从容地走上讲台。这种讲究整洁的好习惯，对学生来说就是一种无形的榜样。②

四、 不重视"语言美"

（一）喜欢用尖酸刻薄的语言

有些地理教师错误地认为学生就是受训对象，总是喜欢用尖酸刻薄的言语去批评、挖苦学生，讥讽轻视，恶语伤人，让学生听得心里发怵，从而造成师生间的隔阂，甚至产生对立情绪。

（二）语言表达能力不强

有些地理教师不重视语言技巧的把握，不懂得教师语言的艺术，甚至存在着二"不"二"无"现象：

1. 语言表达存在二"不"现象

（1）不规范。语音不规范，南腔北调，方言土语充斥课堂；语法不规范，说话颠三倒四，语无伦次，语句不完整；词不达意，讲话模棱两可，似是而非，不得要领，欲盖弥彰。

（2）不生动。声音嘶哑或尖细，幽默感不强，照本宣科，自言自语，语言表达干瘪枯燥、艰涩难解。

2. 语言表达存在二"无"现象

（1）无条理。东一句，西一句，语意跳跃，语义杂糅，逻辑性不强，拖泥带水，主次

① 时蓉华.社会心理学词典 ［M］.成都：四川人民出版社，1988：157.
② 张启龙.教师的仪表美 ［J］.中国职工教育，1994（10）：14.

不分，废话连篇，啰里啰唆。

（2）无感情。板着面孔讲说教式语言，不真诚，没热情，干巴巴，冷冰冰；平铺直叙，单调乏味，语调平直无趣，没有强弱、快慢、高低之分，抑扬顿挫不明显。①

五、 不重视"沟通美"

苏霍姆林斯基曾说过："我坚信，常常以教育上的巨大不幸和失败而告终的学校里许许多多的冲突，其根源在于教师不善于与学生交往。"可见，师生间不恰当的沟通方式，会严重影响教学效果。

（一）忽视学生的真实心理需求，缺乏以人为本的沟通意识

地理教师与学生之间的沟通，大多是对学生学习成绩或常规管理的关注，并没有从学生内心深处抓住学生产生问题的实质。碰到实际问题时，地理教师往往面部表情严肃、语言犀利，将自己的价值观和人生观强加给学生，却忽视了学生的真实心理需求，沟通无法做到以人为本、因材施教，学生因而不买账，甚至产生抵触情绪，教育效果大打折扣。

（二）忽视时代变化，缺乏有效的信息沟通

不少地理教师牺牲了很多工作甚至业余时间去找学生沟通交流，可发现问题始终难以解决。时代变化了，师生之间的沟通渠道更多了。传统的面对面沟通尽管作用依然很大，但有时地理教师尝试借助微信、QQ 等现代信息技术手段与学生沟通，可能会收到更好的效果。

此外，师生间因年龄差异所造成的代沟，传统师生关系中的"师道尊严"观念，以及在网络环境中成长的学生所发生的与以往学生不同的心理特点变化，都会直接影响到师生间的沟通方式和效果，最终影响教育效果。②

六、 不重视"心境美"

何谓心境？心理学认为，心境乃是一种带有渲染作用的、比较微弱而持久的情感状态。这种情感状态能在一定时间内使人的一切体验与活动都染上同样的情绪色彩：心境愉悦，瞧什么都顺眼，正所谓"我见青山多妩媚，料青山见我应如是"；心境凄凉，看什么都伤感，"感时花溅泪，恨别鸟惊心"便为明证。心境甚至会暂时改变一个人的认知和判断能力：心境平和时，泰山压顶不变色；心境惊惧时，见草木而皆兵。③

美国教育心理学家古诺特博士曾说过："在经历了若干年的教师工作之后，我得到了

---

① 郭雪静. 略谈教师语言艺术 [J]. 徐州教育学院学报，2006，21（4）：179 – 181.
② 丁晓丹. 以人为本的师生沟通艺术 [J]. 职业·下旬刊，2013（2）：117.
③ 王淦生. 教师的心境 [J]. 山东教育，2006（12）：1.

一个令人惶恐的结论：教育的成功和失败，'我'是决定性因素。我个人采用的方法和每天的情绪是造成学习气氛和情境的主因。身为教师，'我'具有极大的力量，能够让孩子们活得愉快或悲惨，'我'可以是制造痛苦的工具，也可以是启发灵感的媒介，'我'能让人丢脸也能叫人开心，能伤人也能救人。"① 由此可见，教师的态度和心境对教学效果的影响是何等之大！可有些地理教师还会带着惆怅失落、烦躁郁闷、哀怨愤懑等不良心境授课，即使备课充分，课堂上也会出现思路堵塞、思维迟缓等现象，甚至讲课时面部表情呆板麻木、心不在焉、语无伦次、词不达意，让学生不知所云，难于理解和接受。同时，由于不良心境的渲染作用，教师在教学过程中不免会流露出厌烦、暴躁、易怒等不良情绪，甚至会迁怒于学生，将自己的不快转嫁到学生的头上。在这样的课堂上学习，学生的心境必然会受到不良影响，也会出现压抑、烦闷、憋屈等情绪，使得学习效率大打折扣。②

七、 不重视"举止美"

有些地理教师举手投足、言谈举止过于随意，如在平时的课堂教学中，身体直立不动，或懒散地倚靠在桌边，或两只胳膊一直撑在讲桌上，或站得东倒西歪，或过度叉腿，或手插口袋，或口叼香烟，或双腿跪到椅子上，或趴伏在讲桌上，或坐在学生课桌上，或做出抠鼻孔、弄眼屎、掏耳朵、剔牙、咬指甲、提裤子、随地吐痰等习惯动作，甚至是不堪入目的举动。以上种种行为举止，根本传递不出一丝丝的美好、风趣、关爱、冷静与睿智，不但难以发挥地理教师形象育人功能和榜样作用，反而会分散学生的注意力，甚至会使学生觉得地理教师丑陋不堪，导致负向迁移，由厌恶地理教师发展到厌恶其所教的地理课程。

八、 不重视"学识美"

有些地理教师不注意与时俱进，没有终身学习的理念和习惯，知识储量少、更新慢，课堂讲授内容枯燥无味，既不新颖又无广度和深度，跟不上时代发展的步伐，听了让人乏味，甚至反感，浪费学生时间。地理教师没有渊博的知识，上课时不能旁征博引、深入浅出，没有开阔的视野，如此怎么能吸引学生，使学生产生敬佩、追随和效仿之心呢？

九、 不重视"幸福美"

职业幸福是指人在完成和实现自己的职业目标过程中，所感受和体味到的那种幸福。感受职业幸福，是教师工作的最大动力。诚然，教师的幸福，离不开教育大环境的改善、教师的专业发展公平感、教师的经济地位和社会地位的提升，但教师的职业幸福感并不完

---

① 孟宪忠. 教师的态度、心境与课堂教学［J］. 内蒙古教育，2004（11）：46-47.
② 周慧. 以良好心境促课堂教学效益提高［J］. 学校党建与思想教育，2011（7）：94.

全是外在赋予的，而主要是靠教师自己的努力来定义和争取的。萨特说："人实现自己有多少，他就有多少的存在。"依靠实现自我获得证明的存在或成功，是幸福的本质和源泉。职业倦怠、职业失落之所以存在，皆因自我实现不够所致。当然，也包括职业压力、职业付出与回报不成正比、对自身的职业幸福感产生消解等问题。比如一个不愿付出，满足于照本宣科，对教书育人的事业不想也不愿有所建树的教师，就根本没有职业幸福可言。因为他停留在厌教、混教、消极应付的层面，从未实现和证明自己，那又怎么可能会有职业幸福的感受和体悟呢？①

有些地理教师正是因为存在以上"不美"现象而不受学生欢迎，甚至导致地理课堂也不受学生欢迎。这样的地理教师不但无法从教书育人工作中获得成就感、幸福感，反而容易陷入无休止的烦恼与倦怠之中。地理教师要想改变这种不理想的工作状态，就得迅速行动，想方设法使自己变得"美"起来，用"美的自己"去打造精彩美丽、快乐和谐的地理课堂，从而拥有幸福的职业生涯，提高师生的生活质量。

第二节　巧妙运用地理教师之美营造职业快乐②

不少地理教师站在讲台上，总是担心自己的课能否被学生接受和喜爱。其实，一名地理教师要想学生接受自己所教授的课，首先要做到的是让学生接受和喜爱自己，如果学生不认可地理教师本人，即使课讲得条理性再强、水平再高，学生也不易接受这位地理教师所教授的课程。这就需要地理教师着力去塑造"美"。

一、 用 "表情之美" 拉近师生的距离

美国心理学家梅拉比安（Albert Mehrabian）根据实验指出：信息的成功传递7%来自文字（语言内容），38%来自声音（语音、语调、语速等），55%来自面部表情和动作。人的表情语主要包括微笑语和目光语。俗话说：相由心生，相随心转。决定一个人外貌的因素有先天和后天两个方面，先天是由遗传基因决定的，后天是由个人修养、生活环境、心境等所决定的，尤其是一个人的表情和面相是可以通过后天来塑造的。一张笑意盈盈、和蔼可亲的脸，可以让学生发自内心地喜欢。

（一）微笑语

戴尔·卡耐基说："一个人脸上的表情比他身上穿的更重要。"教师的微笑，是灿烂的

---

① 张健. 追问教师的职业幸福 [J]. 职教通讯，2016（15）：3.
② 王琳. 从礼仪角度塑造教师职业的"美"[J]. 济源职业技术学院学报，2013，12（1）：104-106.

阳光，可以驱走学生脸上的冬色；是和煦的春风，可以催开学生心灵的蓓蕾；是精致的桥梁，可以沟通师生的心灵；是闪亮的军号，可以给学生以力量；是特殊催化剂，可以促进学生思维发展；是强力磁石，可以吸引学生的注意力；是美丽的天使，可以唤起学生对美的追求。① 微笑是最美的语言，是世界通用语。教师的微笑拥有无穷的教育魅力。即使不讲只言片语，当教师向学生微笑时，都能收到意想不到的效果。教师是人类灵魂的工程师，地理教师一定要放弃不苟言笑、呆板可憎的脸，脸上要常挂发自内心的微笑。首先是心要笑，当心在笑时，脸就会笑；当脸在笑时，眼就会笑。教师发自内心的、从内到外的笑容是学生心中的阳光，会让学生"如沐春风"，使其感受到来自教师的喜爱和尊重、宽容与鼓励。如此，师生之间的交流就会变得更加顺畅，关系也会变得更加融洽。

（二）目光语

达·芬奇说："眼睛是心灵的窗户"，眼神是面部表情的核心。目光语是运用眼睛的动作和眼神来传递信息与感情的一种体态语言。教师的目光是一种极其重要的体态语，它对教师的教育教学工作有着非常重要的影响。教师目光语的运用是驾驭课堂的关键。例如，威严的目光能维持教学活动正常运行；亲切、柔和的目光有助于缩短与学生之间的心理距离；敏锐的目光可以捕捉学生的眼神，发现问题，反馈教学信息。②

美国昂塔里欧学院教育博士约翰·克勒对教师目光投放进行过观察研究，发现由于教师在上课时主要是在进行逻辑思维，形象思维处于次要地位，因而目光投放到左边学生的时间明显多于投放到右边学生的时间，这引起了学生的相关心理效应，产生了亲疏远近的情绪，进而形成了不同的师生关系。因此，为了避免使学生产生心理偏差，教师应采用目光环视法，合理分配目光投放点，使自己的目光均匀分布到教室里的每个学生身上，既不要长时间地只盯着一个或某几个学生，也不要使任何一个学生感到被冷落、被忽视；同时，教师应平等对待成绩好的学生和成绩较落后的学生，有时还应多将亲切的、鼓励的、信任的目光投向后者。教师合理分配目光，始终保持与全班学生进行目光交流，及时调整，可以更好地控制学生情绪，调动学生的学习注意力，提高课堂教学效率。③ 地理教师必须重视眼睛的特殊作用，善于用目光沟通师生心灵，机智地用目光组织教学，巧妙地用目光鼓励或鞭策学生。根据学生课堂表现，教师可及时地向学生传递出赞赏、嘉勉、肯定、期望的或暗示、唤醒、警示、批评的眼神，从而收到无声胜有声的教学效果。④

《礼记·玉藻》中对目光的要求是"目容端"，即目光要端正，平稳地注视，不能斜

① 张琴. 教师的仪表和姿态在课堂教学中的作用［J］. 成才之路，2008（27）：8.
② 岳铁艳. 非言语交际能力在大学英语口语任务教学中的开发性探索研究［J］. 长春教育学院学报，2013，29（8）：97，99.
③ 郑香英. 目光语与对外汉语教学［J］. 现代交际，2012（5）：233-234.
④ 陈永中. 此时无声胜有声——教师目光的正确运用［J］. 宁夏教育，2004（Z1）：23-24.

视、仰视、俯视；视线移动要从容，不能闪来跳去；目光要友善，要善解人意；眨眼睛的频率不能太快。不同的教师有不同的目光，有的冷峻，有的平淡，有的温和，有的热情，有的自信，有的坦诚，但每个教师的目光都必须是公平和慈善的。地理教师合理运用好各种目光语，与学生共同营造友善、融洽的教学氛围，才能高效地完成教学任务。

二、用"沟通之美"获得学生对地理教师的信任

地理教师要想与学生沟通交流顺利，就得坚持以生为本，注重从心灵深处挖掘沟通本质，并讲究沟通的技术手段和艺术。如通过外貌形象的合理美化、肢体语言的合理运用、语音属性的有效把控和沟通环境的精心布置等措施增强教师工作的实效性。

（一）建立以生为本的沟通渠道

地理教师要想真正达到师生双方的心灵互动式沟通，就需要更新教育理念，建立以生为本的沟通渠道，尊重学生，以坦诚真实的态度面对学生，尊重和理解学生，拉近与学生心灵的距离，引起学生的共鸣，获得学生的信任。信任往往就是良好沟通的开始。

（二）提高沟通艺术

地理教师与学生沟通时，一定要讲究沟通艺术。一个优秀的地理教师，总是善于从细节中捕捉到与学生进行沟通互动的良机。同时也要注意从口头语言、肢体语言等方面提高沟通的水平。要注意沟通时的口语艺术，聆听学生的真实感受。教师在与学生沟通时，一个关切的注视就能让学生积极地思考和认真地与教师沟通。如，地理教师在与学生进行交谈、了解学生情况时，需要呈现出亲近、关注学生的交流状态，教师的眼睛可以与学生对视，目光可在眼睛与鼻子之间移动，头部稍微前倾，表示专注于倾听学生的表达，并时而点头，表示在思考学生的语言，鼓励学生表达自己的内心等。这些肢体语言可以传递出教师真诚地与学生沟通的信息，提升与学生言语沟通的质量和效果。[①] 心理学家威廉·詹姆斯曾说："人性最深切的渴望就是获得他人的赞赏，这是人类有别于低等动物的地方。"教师要掌握有效赞美学生的艺术。

（三）采用现代化信息沟通手段

在网络时代，地理教师要充分发挥网络信息技术的优势与学生进行良好沟通。网络由于具有交互性、时空性以及资源的共享性等特点，更适合作为沟通的载体。有些话师生之间面对面不好说，而通过 QQ、微博或微信等，可以清晰地表达出沟通者的意图，消除面对面沟通的尴尬，对促进师生交流、缓和紧张的师生关系有着积极作用。

---

① 石晓丽. 语言沟通艺术在职业院校学生管理中的有效运用 [J]. 文化产业，2021（15）：115–116.

师生沟通是一门艺术。地理教师应当专心研究这门艺术，用心去体会、感知学生，了解师生沟通存在障碍的原因，掌握倾听、表达和有效赞美的艺术。运用灵活多样的沟通方式方法，建立师生间和谐、信任的关系，取得良好的沟通效果。①

三、用 "服饰之美" 建立学生对地理教师的尊敬

地理教师的穿着是美的教育的一部分，应体现 "职业美" 和 "现代美"。地理教师的服饰应有所讲究，但讲究不在于价格的高低，而是要追求一种视觉的美感，一定要 "美"。要美得端庄、美得大方、美得整洁、美得素雅、美得得体，美得让人看了心旷神怡。孔子曾说过："见人不可以不饰。不饰无貌，无貌不敬，不敬无礼，无礼不立。"美国心理学家彼德·罗福认为：一个人的服饰不只表露了他的情感，还显示着他的智慧。莎士比亚则进一步强调说："服装可以表现人格"，"一个人的穿着打扮是他修养、品位、地位的最真实写照"。从礼仪的角度看，服饰不能简单地等同于穿衣。服饰为万物之灵——人类所独有，从产生的第一天起，就具有极高的审美价值。其作为人类文化的重要组成部分，既是社会发展的文化程度、审美标准等的体现，也是着装者自身的阅历、修养、审美情趣、自身特点等的综合表现。教师应根据不同时间、地点、场合、目的等，对自己所穿服装进行精心选择、搭配组合。②

服饰是一种无声语言。地理教师穿着打扮得体，不仅能赢得学生的信赖，还能在仪容仪表方面对学生产生示范、引领和教化作用。高师院校是未来地理教师的摇篮，因此，高师院校地理师范生了解服饰礼仪美的内蕴，注意服饰美技能的训练尤显重要。

（一）地理教师服饰美的内蕴③

"服" 即服装，是指一个人的衣、裤、鞋、袜、帽的统称；饰者，饰物也，包括修饰点缀。"人靠衣装马靠鞍"，正如马克·吐温所说："服装建造一个人，不修边幅的人在社会面前是没有影响力的。"当今的服饰把人类生活装点得多姿多彩。服饰美对人们的日常生活起着非常重要的作用，人们常把衣、食、住、行相提并论。迄今为止，服饰的功能经历了以下发展过程：御寒→御寒、遮羞→御寒、遮羞、标识→御寒、遮羞、标识、装饰功能。随着社会的进步和人类审美意识的发展与提高，服饰的作用得到了更进一步的扩展，有了美化生活、装饰人类的高级功能，服饰美逐渐成为一种文化，为人类的生活注入了美的内涵，成为美学研究的内容之一。一个人的生活需要服饰的美化，但具体的服饰美，要根据实际情况因人而异。一个人的着装需考虑年龄、性别、职业、身材、性格、气质、肤

① 丁晓丹. 以人为本的师生沟通艺术 [J]. 职业，2013 (2)：117.
② 朱昕. 教师礼仪——谈教师服饰礼仪 [J]. 陕西教育，2009 (5)：115 - 116.
③ 黄虹. 师范院校教师服饰礼仪的内蕴及培育研究 [J]. 徐特立研究——长沙师范专科学校学报，2010 (1)：36 - 40.

色等因素，还要与当时当地的大环境相协调。① 不要因为看到模特穿得漂亮，就认为自己身穿同样服饰也一定会漂亮。每个人的服装，应该"量体裁衣"，要重视视觉效果。服装要依附于人体，不能自美，② 要和谐、得体，才能对社会生活起到良好的美化作用。

地理教师肩负着培养祖国花朵的光荣任务，除言谈举止、学识品质外，衣着修饰也应是其工作任务的一部分，是其装扮自身、传递信息并创造美的视觉造型艺术，对学生也会产生重要影响。因此，地理教师的着装既要美，又要有约束性。一般来说要考虑实用美观、赏心悦目、朴素大方。特别要注意教师所穿服装要有利于开展教育教学活动，但要避免过于时髦和奇异，要端庄、美观、大方，否则学生可能会对教师评头品足，还会给学生服饰选择以不良导向。③ 服饰美包括色彩美、款式美、品位美及个性美四个方面。

1. 色彩美

服饰中的色彩，常被人们视作服饰美的灵魂。马克思说过："色彩的感觉是一般美感中最大众化的形式。"色彩的美比其他形式的美更直接、更明晰、更强烈。因此，色彩美是地理教师服饰美的一道美丽风景线。地理教师服饰中的色彩选择，应该更好地为自身形象的塑造服务。没有不美的色彩，只有不美的搭配。

色彩有其自身规律。人们把白光的光谱——红、橙、黄、绿、青、蓝、紫等七色作环形排列，将红、橙、黄称为暖色调，将绿、青、蓝、紫称为冷色调；将相邻的色彩，如红和橙、蓝和紫、紫和红等称为相邻色，而将相对的两色，如红和绿、橙和青、黄和紫等称为互补色。人们赋予色彩不同的象征，如黄色代表高贵庄严、温暖灿烂；红色代表激情奔放、喜庆吉祥。通常，相邻色相配，会使色调显得柔和；互补色相配，会使色彩显得鲜明；同一色调相配，会使色彩显得丰富；同一色种相配，会使色彩层次分明；反常色的使用，会使美感显得真实；多与少的搭配，可以使少的显得突出。每个人都有适合自己的颜色。如果地理教师在运用色彩塑造自身形象时，能考虑到色彩本身的规律，使色彩搭配上和谐统一，将获得较好的传递效果，反之就会使人感到别扭、难看。

一般来说，服装的颜色以不超过三种为宜，这一点一定要遵守，否则会变成"花蝴蝶"。地理教师的服装颜色应该给人以温和、稳重、恬静、清新、雅致的感觉。地理教师服饰一般多用暖色调与中性色，避免过于庄重或有失庄重，以免影响学习氛围的营造。在课堂教学环境中，学生大多数时间都是通过视觉与教师进行沟通、交流的，这就要求教师上课时所穿的服装最好能根据季节不同而有冷、暖色调的对比，以避免学生产生视觉疲劳。如在夏天，教师尽量不要穿大红大紫色的服装上课，人在炎热的环境下工作和学习，

---

① 余德华. 服饰得体，形象增辉——从教师的职业特点谈教师服饰美［J］. 雅安教育学院学报（综合版），1998，23（2）：66.

② 朱志荣. 服饰之美［J］. 美育学刊，2012，3（4）：51-56.

③ 余德华. 服饰得体，形象增辉——从教师的职业特点谈教师服饰美［J］. 雅安教育学院学报（综合版），1998，23（2）：66.

比较容易烦躁，再被强暖色调一直刺激，学生在课堂上更易疲倦；冬天，教师在教室里尽可能穿暖色调的服装，以给学生相对温暖的感觉。[①] 恰当的颜色搭配会让地理教师形象朝气蓬勃、光彩照人，有利于在教育教学活动中充分调动学生学习的积极性，不断激发学生学习的热情，让学生潜力得到充分挖掘。

2. 款式美

所谓服饰款式美就是服装造型美，一般由结构（通常指衣服的外形框架）、流行元素（通常指衣服的图案、颜色、搭配等）和质地（通常指所选用的面料）三个方面构成。款式美是地理教师服饰美锦上添花的保障。地理教师要根据不同场合着装，并注意服装款式的合理搭配。地理教师工作中常用的服装款式有西装、套裙、制服、工作服、运动装和民族服装等。其中西装是地理教师在正式场合着装的优先选择。西装套裙为女教师的首选服装，最早是由男士西装演变而来的，潇洒刚健的西装上衣与柔美雅致的裙子搭配，刚柔相济、相得益彰。地理教师也可根据需要选择中山装、旗袍及民族服装，体现民族文化与东方文化独有的美。要注意结合地理教师本人特点，如身材、年龄等的不同选择款式。女教师更应懂得选择能显示自己良好体态及高雅气质的装扮。地理教师还要注意结合授课对象的身心特点选择款式，学生的年纪愈大，教师的着装应愈简洁、朴素、大方，以强调权威感。

3. 品位美

教师的着装应庄重大方而又不失亲和感、权威感。服饰体现人的文化修养与审美趣味，展现独特的审美品位。内在道德品质是外在打扮的灵魂支撑，内在道德品质应与外在打扮一致。"相由心生"，内在品韵左右外在气质与风度。美丽可以修饰，华丽可以装扮，而高雅的品位是装扮不出来的，优雅是从骨子里透出来的品质，伪装出来的是矫情。[②] 因此，地理教师服饰的品位美是其外在形象与内在品质的完美融合。品位美是地理教师服饰美内外兼修的灵魂。

4. 个性美

服饰具有一定的辨识功能。服饰元素的选择、搭配，完全取决于穿着者的审美情趣、个人品位、地位和身份。地理教师服饰美需要地理教师独具慧眼，体现与众不同且别出心裁的个人独特风格，彰显鲜明的个性特征，体现自身的文化修养，并反映个人的审美情趣。地理教师不应做衣服的奴隶，而应通过服饰打扮达到审美的高境界，让服饰更显个人风姿。地理教师服饰的个性美，应不随时光的流逝而消失，不因岁月的辗转而褪色，反而应在青春渐去后，沉淀出气定神闲、高贵大方、宠辱不惊、知性典雅的独特气质。个性美是地理教师服饰美别具一格的气韵。

① 许爱琼. 高校教师服饰礼仪研究 [J]. 赤峰学院学报（科学教育版），2011，3（4）：14 – 16.
② 黄虹. 幼儿教师服饰美的内蕴及其运用探析 [J]. 当代教育论坛（管理研究），2010（6）：46 – 47.

综上所述，地理教师服饰美的内蕴是色彩美、款式美、品位美及个性美的综合。地理教师的服饰选择与搭配要遵循得体原则、时髦原则、适地原则及个性原则。得体原则就是指地理教师的服饰色彩、面料、款式必须与其年龄、身份、肤色、身材相协调；时髦原则是指地理教师的服饰必须合乎时代特色，体现时尚性；适地原则是指地理教师的服饰应与其所处时空的自然环境和人文环境相协调；个性原则是指地理教师服饰应为体现教师个人独特的风格服务。

（二）地理教师服饰美的培育途径①

1. 简洁清新

简是指简洁独特，少而精，同质同色，统一风格，有档次与品位；洁则是指干净整洁。地理教师服饰选择与搭配应不耀眼、不花哨、不妖艳，尤其忌讳杂、乱、脏。最好每次课的穿着有所变化，不要一周几次课都不换装。注意遵守三色一体原则，显现出清爽与精练。

衣服的款式、花色要与身材、肤色、年龄、季节、学校的特殊环境和地理教师的特定身份和谐统一才能营造出"美"来。青年地理教师的着装应时新、明快、简洁，充满朝气与活力，给人以青春美感；而着装暗淡、款式陈旧，则会显得过分沉稳，给人缺乏蓬勃朝气之感。中老年地理教师着装若过于明艳和新奇，则会给人以轻佻、老而不成熟的感觉，甚至有"老翻花"之嫌。服装色彩柔和有"抬人"的效果，适合于皮肤较黑、身材矮小的人穿，而深黑色衣服会使矮而黑瘦的人更显瘦小。色彩美是服饰美的一部分，应因人而异，巧妙搭配效果才佳。

地理教师的服装应体现时代气息，修饰打扮也应体现端庄大方、朴素美观的基本要求。不能浓妆艳抹，也不宜不修边幅，不应在学生面前摆出一副懒散相。地理教师还要注意随着季节气候的变化、场所环境的不同而改变衣服的花色、款式，从而求得服饰美，但变化不宜过频，衣饰得体才美，美才能使人增辉。地理教师的衣着修饰应讲究得体。②

2. 端庄雅致

托尔斯泰曾说："朴素是美的必要条件。"莎士比亚曾说："千万不要华丽而低俗，因为从服装往往可以看出一个人。""时尚中体现优雅，优雅中展示时尚"是每一个人对服饰追求的至高境界。地理教师的职业决定了地理教师不管体形、肤色、年龄的差异，都要注重仪表的端庄优雅。地理教师的服饰要得体，体现品位；不媚俗，不盲目追求时髦，不过分张扬，不炫耀财力，不怪异轻浮，不妨碍工作。忌脏乱、忌暴露、忌紧身、忌破烂、

---

① 黄虹. 师范院校教师服饰礼仪的内蕴及培育研究［J］. 徐特立研究——长沙师范专科学校学报，2010（1）：36－40.

② 余德华. 服饰得体，形象增辉——从教师的职业特点谈教师服饰美［J］. 雅安教育学院学报（综合版），1998，23（2）：66.

忌短小、忌透视、忌妖艳、忌粗俗等，应给人清爽舒服、典雅脱俗的视觉和感觉。端庄雅致的修养从服饰上也能有所体现。

3. 整体和谐

所谓整体和谐，是指服饰要表现和谐的整体美感，通俗一点就是"顺眼"、穿着到位。衣服样式大方雅致，与自己的年龄、身材、气质相配；色彩柔和，与课堂上的气氛协调。若离开民族文化与现有的生活水准去追求奇装异饰，不仅会与学校生活的格调格格不入，而且在课堂上也容易引起学生的好奇，分散其注意力，甚至使他们滋生追求衣着打扮的虚荣心理。① 地理教师服饰尤其要讲究场合有别、男女有别、体型有别、年龄有别、穿戴有别等。

（1）场合有别。指地理教师的穿着要配套，应区别对待司职、社交及休闲不同的场合来进行着装。休闲服装是指人们在公务、工作外，置身于闲暇地点进行休闲活动时所穿的服装，追求舒适、方便、自然、无拘无束、轻松自在等感觉，显然不太适合走进课堂时选用。但正装休闲化、休闲装正式化的趋向是目前时装设计师们不约而同的选择，能代表个人文化、品位、时尚的休闲正装被越来越多的师生认可与接受。

（2）男女有别。地理教师要想自己的服饰美，需注意以下方面：①坚决反对男扮女装或女扮男装。穿衣装扮上的男女不分，容易造成学生心理上的变异和道德上的扭曲。②男教师的着装应尽量体现气概和风度。男教师的英俊潇洒在于内在的品质与修养的高尚、睿智、刚毅、勇敢，打扮应尽量做到端庄大方、高雅简约、朴素整洁，力戒虚荣浮华。不留长头发，不留胡子，不佩戴项链、手链。在教学区不穿背心、短裤、拖鞋。③女教师的着装应尽量体现高雅大方。女教师着装忌"短""露""透""紧"，款式应简约、庄重、典雅，上班时间一律不得穿无袖装、吊带装、细带裙、露背装、露脐装、低胸装、超短裙（即裙长高于膝盖 5cm 以上）及短裤，不穿过透或过薄的服装，不穿过高细跟鞋子或拖鞋，要给学生以成熟、稳重的形象，给人以美的观感。女教师不能浓妆艳抹，不可染太过夸张的明黄色、红色等彩发；发型力求简洁、明朗、不夸张②；上班时可略施似有若无的淡妆，可涂点接近唇色为主的口红，但忌油彩太重；尽可能少佩戴外表过于夸张的项链、手镯、手链、耳环等首饰；不留长指甲，不染指甲。

（3）体型有别。一个人的体型总会或多或少存在不足，但完全可以通过巧妙的穿着打扮扬长避短。①体型较瘦的人，应尽量减少露在外面的身体部位，穿长袖衬衫、长袖及立领的连衫裙、长裤均较合适。女士还可在胸前部分的衣服做些点缀，或打些褶。②体型较胖的人，服装款式要力求简洁、朴实；衣服要宽紧适度；裤的长度应略长一些；鞋、袜最好与衣服同色；宜穿竖条纹图案的衣服；宜穿上下同色的较为深色的套装或较宽松的款

① 许新民. 教师的仪表美 ［J］. 湖南教育，1981（11）：47.
② 周仰恩. 汉语国际教育教师在教学中应讲究的礼仪 ［J］. 群文天地，2011（22）：155.

式，如运动装、工作服等。腰粗的人不要穿紧身裤，应选肩部较宽的衣服，以产生肩宽腰细的效果；衣服应略为宽大而柔软些，行走时衣服形成自然的裥褶，曲折多姿，能产生一定的美感。

（4）年龄有别。不同年龄的地理教师有不同的穿着要求。①年轻教师的服饰，要体现朝气蓬勃、奋发向上的青春之美。穿着应亮丽、活泼，尽量避免穿过于华丽的服装，如闪光面料制作的或缀有过多装饰品的服装，因为这样会失去清纯的美，反而显得俗气。②中、老年教师的服饰，要体现成熟稳重、高雅精致的气度。色彩不宜太艳，可以用黑、白、灰色来组成和谐的色调；在款式上，以简洁为佳，不宜线条复杂，不宜穿过紧或过于肥大的衣服；在面料上，趋向于含蓄、高雅、挺括，以中、高档为宜，能体现中、老年地理教师成熟干练、严肃大方的气度。

（5）穿戴有别。地理教师服饰的穿戴应符合角色，大小适度，扬长避短，尤其要注意西装与套裙的穿着要求。

①西装。穿西装要注意扣子不同系法的含义：上下均不扣——潇洒，上下均扣——庄重，上扣下不扣——豁达，下扣上不扣——流气；标签应及时处理，不外露；把握裤长，以站立起来裤脚前面能碰到鞋面且后面垂直遮住1厘米的鞋帮为宜；衬衫衣袖长于西装上衣衣袖1~2厘米，凸显层次与美观，显得更活泼生气；袖口扣子应系紧；袖口与裤边不能卷起；西装的衣袋与裤袋均不宜放太多东西，以免塞得鼓鼓囊囊。

②套裙。女性套裙色彩应清新、雅致而庄重，以体现典雅、端庄与稳重，远离流行色；图案应朴素、简洁，动静相宜，充满活力；长短应适中，上衣不宜过长，下裙不宜过短，裙子太短则不雅，太长则无神；面料要一致，浑然一体、朴素自然，才能高雅脱俗、美观悦目。

4. 协调装饰

地理教师的着装、化妆、配饰风格要一致，相辅相成。要注意提包、皮带、皮鞋同一个颜色；穿西装一定要穿皮鞋，忌穿休闲鞋、旅游鞋、布鞋或拖鞋，女性忌穿过高过细且叮当作响的高跟鞋；不系领带时衬衫第一粒扣子宜解开；围巾绽放别样风情且画龙点睛；帽子锦上添花；配饰宜少不宜多、宜精不宜繁：若要选戴首饰，男教师戴结婚戒指即可，女教师还可加戴项链等，但也不能过多过繁杂；袜子颜色以单一色调为佳，男教师忌穿尼龙袜、白色及肉色袜子，袜口是女教师必须坚守的一道防线，穿裙装时，肉色连裤袜是最安全的选择，破洞或抽丝的袜子应尽快更换。

服饰是文化的一部分。地理教师的服饰美应追求"新而不奇，华而不奢，美而不艳，雅而不俗，端庄大方，个性鲜明，有品位，有涵养"的境界，强调内外兼修。地理教师的服饰装扮应使自己更具道德魅力、知识魅力、审美魅力及行为规范的魅力，使服饰无形中为正确引导和提高学生健康的审美观起到良好的作用。① 只有穿着打扮跟职业身份相符合，通过服饰提高自信与魅力，树立既尊贵典雅又具有现代时尚气息的魅力教师形象，才能使人通过服装这个身份识别符号正确地解读教师的身份，才能发挥教师言传身教的作用，起到示范引领的育人效果。地理教师只有得到学生的尊敬和喜爱，才能真正体会到职业的快乐。② 因而，每个地理教师都要高度重视服饰对学生的影响力和感染力，提高服饰的文化品位及审美要求，穿出师者的风范、穿出时代的美感、穿出育人的力量。当每一位教师的服饰都成为育人的载体及美学符号时，教师的服饰就能成为学校流动的文化符号，时时处处引领着学生行进在向善向美的征途中。教师追求服饰美，不仅能提升学生的审美能力，也能提升学校的文化品位，提升学校的教育质量。教师服饰作为学校文化育人的重要力量与载体，须引起教师个体及学校的高度重视。③

四、 用"语言之美"把学生的心留在课堂

语言内容和表达方式能够反映地理教师的综合素养，是展示其品格的"橱窗"。本·琼生说："语言最能表现一个人，你只要一张口，我就能了解你。"俗话说，教师是靠嘴皮子吃饭的。著名教育家苏霍姆林斯基曾说："教师的语言修养在极大的程度上决定着学生在课堂上的脑力劳动的效率。"教师课堂语言的艺术不仅有助于知识的传递，同时还能引发学生情感和心灵上的共鸣。妙语连珠、幽默风趣的语言会让学生兴致盎然、全神贯注；柔和优美、吐字清晰的声音会让学生沉醉其中、如沐春风；亲切善意的批评会让学生乐于接受、欣然改正。作为一名地理教师，语言不能苍白无力，不能枯燥无味，更不能盛气凌人。

地理教师要注意语言艺术。苏霍姆林斯基曾说："教师讲话带有审美色彩，这是一把最精致的钥匙。它不仅开发情绪的记忆，而且深入到大脑最隐蔽的角落。"可见美的语言对学生的影响。而美的语言源于教师自身语言表达的准确、恰当和生动。语速的快慢、音量的大小、语音的长短、语气的轻重、语调的升降等规律变化会使教学具有鲜明的节奏感。④ 如何才能把握好教学节奏呢？这要求地理教师讲解教材的重点内容或比较深奥抽象难懂的内容时，应放慢语速、延长语音、增强音量、加重语气、提升语调；讲解浅显易懂或本身节奏明快的内容时，应加快语速、缩短语音、放低音量、放缓语气、降低语调。表现急切、震怒、兴奋、激昂、壮烈等基调的内容时，可用快节奏的语言；表现缓慢、宁静、低落、消沉、懦弱等基调的内容时，可用慢节奏的语言。⑤ 教师面对学生讲话时，始

① 许爱琼. 高校教师服饰礼仪研究 [J]. 赤峰学院学报（科学教育版），2011，3（4）：14－16.
② 王琳. 从礼仪角度塑造教师职业的"美"[J]. 济源职业技术学院学报，2013（1）：104－106.
③ 丁爱平. 教师服饰要为学生提供正向引导 [J]. 教学与管理，2020（5）：104－106.
④ 张义英. 浅谈语文课堂的节奏控制 [J]. 新课程（上），2013（7）：81.
⑤ 钟太英. "登山则情满于山，观海则意溢于海"——在语文教学中感悟美 [C]//邢改萍. 中华教育理论与实践科研论文成果选编：第2卷. 北京：学苑出版社，2010：820－821.

终要眼观六路，耳听八方，时刻观察学生的反应，对学生的每一个动作、每一种眼神，都能从中获得教学反馈，立即采取应急讲话措施。因此，教师语言中常常有加重语、提示语、激励语、诙谐语、警告语等。[①]

地理教师美的教学语言是其真、善、美、德、才、学、识、体的统一。教师为人师表，就要以正确的、健康的、纯洁的、高尚的、文雅的、谦逊的、和蔼的、生动的、境界美的语言来教育学生，为学生做表率。教师的语言应是人类最美的语言。

五、用"举止之美"成为学生的榜样

培根说："相貌美高于色泽美，而秀雅合适的动作美又高于相貌美。这是美的精华。"教师美的举止，应该是教学内容与教师自身动作高度和谐的统一，是教师的思想、学识、气质和修养的外化。但是，如果教师自身的动作举止很优美，却与教学无关，反而容易引起学生做偏离教学轨道的想象，分散学生的注意力，那么，教师的这种动作举止就是不美的。[②] 教师的行为举止要庄重、文雅、彬彬有礼。作为地理教师，在课堂上不仅要用有声语言与学生沟通，还要用身态语、手势语等无声语言与学生沟通。沟通的目的是让学生接受、认可，所以地理教师要特别注意自己的形象。因为地理教师的一颦一笑、一举手一投足，都在体现教师的素养。

（一）手势要美

地理教师手势语的运用应给人以美感。第一，地理教师在教学过程中，手势无论在速度、活动范围、空间轨迹和力度方面都应该把握好度。手势速度不能过快，活动范围不能过大，要与口头语言协调同步，而且要恰到好处、适可而止。动态手势一般分为三个区域，即上区（肩膀以上的区域）、中区（肩膀到肚脐之间的区域）和下区（肚脐以下的区域）。通常情况下，地理教师最适宜的手势活动范围应控制在中区，在这个区域做出的手势更容易让人接受，达到平易近人、亲切自然的教学效果，并能较好地控制整个气场。在课堂上，如果地理教师手势频繁地在上区活动，就显得有些夸张，有居高临下的态势。地理教师在讲课时手势也不要频繁在下区活动，手在下区活动时，会让人感觉紧张拘谨。第二，地理教师上课时，一般都需要配以适度的手势来加强语气，辅助学生理解教学内容，增强教学效果。因此，得体的手势语，再配合眼神、表情和其他身态语，是非常必要的。地理教师在使用手势语时，一定要自然、果断，要恰如其分、适可而止，并要配合讲课内容区别使用。如教师常用形象手势模拟物体的形状、长度或高度等。第三，地理教师在使用手势时，不能用手指指点学生，这是不尊重人的表现。此外，一般手掌心向上为敬，手

---

① 郭雪静. 略谈教师语言艺术 [J]. 徐州教育学院学报，2006，21（4）：179 - 181.
② 张琴. 教师的仪表和姿态在课堂教学中的作用 [J]. 成才之路，2008（27）：8.

掌心向下为责。

虽然在人的体态语言中，手势语言最具表现力，应用最广，但切记教学中的手势不宜过多，要做到适时、适度、适量，美观大方，恰到好处。

（二）站姿要美

虽然"站"是一个静态的动作，但也应给人以精力充沛、积极向上的气质美感。教师要站得挺拔、端庄、自然。地理教师站着讲课，能够随时关注全班学生的上课表现。教师要"站如松"，像松树那样挺拔，抬头挺胸。切忌耸肩或头昂得过高、含胸驼背，要站直站稳、身体重心在两腿上，给人以稳定感。不能无节制地抖动摇晃身体，不能倚靠着讲台和课桌等讲课，如用双手撑着讲台，甚至把肘关节放在讲台上，用手托着头部讲课，或把手插在衣袋里，都是不合乎课堂站立规范的。讲课时不能背对着学生而站，即使板书，也尽量不要背对学生，而应侧身而站。擦黑板时，站立要稳，力度要集中在擦黑板的那只手掌上，用暗力防止粉笔灰尘飞扬，不能全身猛烈抖动，左右摇晃。不得坐着上课（除非身体欠安）；不能一节课老是固定站在某一地点上，要适当移动位置，但不能忽左忽右移动太快，一般不能边走边讲。在学生回答问题时，教师不能将双手交叉抱在胸前或背在背后，身体可稍前倾，表明教师在认真倾听，增加亲切感。若站立过久，可以将左脚或右脚交替后撤一步，但上身仍需挺直，脚不可伸得太远，双腿不可叉开过大，变换也不能过于频繁；忌双脚随意乱动、无精打采、自由散漫的姿势。

（三）坐姿要美

"坐"是一种静态造型。地理教师优雅的坐姿，向学生传递着友好、自信、稳重的信息，同时也显示出教师庄重高雅的良好风范。课堂上如果采取坐姿，则要"坐如钟"，脊背挺直，双肩要平，手可放在双腿上或身前的桌子上。男女教师均应注意不要仰靠椅背，跷起并摇动二郎腿；双腿不要叉开过大，或把一条小腿架在另一条大腿上，两腿之间留出大大的空隙，即所谓的"4"字形架腿；也不要双手抱在腿上，甚或是用脚自脱鞋袜。身前如有桌子，双腿尽量不要伸到桌子底部的外面去，也不要将腿放在桌子上，更不允许双腿盘坐在椅子上。同时注意入座和起座姿势。入座时要轻柔和缓，起座要端庄稳重，不可猛起猛坐，弄得桌椅乱响，造成尴尬气氛。女教师在落座前应回视座椅，右腿退后半步，待右小腿后部触到椅子后，方可轻轻坐下（如着裙装，则要用手顺着入座的姿势从臀部护着裙子坐下）；坐定后，膝盖不能大开，要并拢，两腿需并紧，腿可以放在身体正中或一侧；坐稳后身子一般只占座位的三分之二；起座时，撤右腿作为支撑点，上身保持正直再起立。女教师着短裙一定要小心盖住膝盖，在讲台上落座的女教师，不适合穿短裙。男教师落座时，膝部可以分开一点，但不要超过肩宽，也不能两腿叉开，半躺在椅子里；双手自然放在膝盖上或椅子扶手上；离座时，要自然稳当，右脚向后收半步，而后站起。[①]

（四）行姿要美

行姿是一种动态美。教师应走得稳重、从容、落落大方、精神饱满。女教师在穿高跟鞋（应穿不发出响声的）时还要注意膝关节的挺直，否则会给人"登山步"的感觉，有失美观。走动是教师传递信息的一种方式。一般来说，在上课时，教师站在教室的讲台与黑板之间的中央为最佳位置，但如果教师整节课都只是以一种姿势一动不动地站在教室某个地方的话，课堂就会显得单调沉闷。相反，教师适时、适度地在教室走动，步伐稳健、步幅适中，课堂就会变得有生气，学生的注意力就能集中，师生关系就会更加密切，教学效率就能得到进一步提高。教师在课堂上走动时应注意以下方面：

1. 走动不能分散学生的注意力

为了做到这一点，一是要控制走动的次数，不能一节课不停地走。二是要控制走动的速度，身体突然地运动或停止都会分散学生的注意力。所以课堂上教师应缓慢地、轻轻地走，而不是快速地、脚步很重地走动。三是走动时的姿势要自然大方，不做出分散学生注意力的动作。[②]

2. 走动或停留的位置要方便教学

在授课时，教师老站在讲台上，虽显权威却过于呆板沉闷，一般以在讲台周围走动为宜，这样显得更加自然、灵活。在学生中间讲话时，不要停留在教室的后端，因为这样对学生来说教师的声音是从后面传来的，"只闻其声，不见其人"，对学生听课有一定的心理影响。一般不能边讲边走，否则会分散学生的注意力，影响学生的听讲效果。

3. 走动时间要符合学生的心理

一般说来，在学生做练习或考试时，教师不宜走动，因为此时学生正在进行紧张的思维活动，注意力需要高度集中，而教师的走动会分散学生的注意力。教师一旦在学生身边或身后停下来，又往往会造成学生情绪紧张，破坏学生的正常思维过程。如果教师要观察整个考场的情况，最好走到教室的后边，这样教师就能看到整个教室，而学生却看不到教师。

4. 走动要注意均衡

教师在学生中间走动进行个别辅导、答疑解难时，要注意关心每一个学生。当学生自主学习或合作学习时，教师走动的范围既要有重点，又要注意均衡。教师在对学生进行个别辅导、答疑解难时所表现的态度，正是师爱的自然流露，要注意对所有的学生给予同样的热情，[③] 不能厚此薄彼。

---

① 万爱莲. 教师的体态礼仪浅析 [J]. 琼州学院学报，2011，18（4）：78-79.
② 薛勇. 不可忽视教态的教学功能 [J]. 中国职业技术教育，2004（30）：40-41.
③ 廖克斌. 浅论教师体态语言在课堂教学中的运用 [J]. 基础教育研究，2006（1）：34.

（五）蹲姿要美

教师的蹲姿要大方、优雅、美观。在教学过程中，教师如何拾起掉在地上的粉笔、黑板擦或书本？一般情况下，人们对掉在地上的东西，习惯弯腰撅臀去捡拾，但在教室这种公开场合，这种姿势不雅，需采用优雅的侧蹲式来解决问题。侧蹲式分为两种：交叉式和高低式。但交叉式相对而言较难，故教师可采用简单易行的高低式蹲姿。具体姿势为：如果准备用右手捡东西，可以先走到东西的左边，左脚向后退半步后再蹲下来，此时右膝盖竖直，就不容易走光。反之亦然。①

地理教师体态语言运用得恰当与否，直接影响教学信息的传递效果。目前地理教师课堂教学中体态语的运用普遍存在随意性：一是使用无意义的体态语——课堂小动作。有些地理教师在教学过程中出现一些没有辅助作用、不包含语义信息的体态语言，如身体站不稳，晃动不停；头摇来摇去；眨眼频率过高；手动个不停；脚在一个地方来回走动等，易造成学生注意力分散。二是体态语使用过于频繁。手势动作太多，给人以眼花缭乱之感，不利于学生的思考与信息的反馈。因此，教师运用体态语言要遵循适度、自然和协调的原则，适度即不可不用，更不可滥用，这个"度"就是要服从有声语言的表达需要，为教学内容服务；自然则要求得体，不能故作姿态，应是内心情感的自然流露，要给人以美的享受；协调原则是不仅各种体态语之间的动作要相互配合，而且体态语要与有声语言表达的内容和谐统一。②

六、用"智慧之美"让学生折服

地理教师课堂上的语言美和教态美，都是为成功的教学服务的。但如果地理教师只有外在的"美"，而缺乏过硬的地理专业知识、教育心理学理论及广博的文化知识等作支撑，那也是美中不足的。因为外在美会让学生喜爱地理教师，但内在美才能让学生发自内心地敬重。学生不仅看重地理教师的外在美，更看重地理教师的内在美。当地理教师把课程内容讲得错误百出、逻辑混乱、陈词滥调、乏善可陈、不知所云时，再美的外表也会让学生产生"审美疲劳"，甚至"心生厌恶"。因此，地理教师要让学生折服，就要与时俱进，不断更新知识，扩大课堂的有效信息量，让学生每一节课都能学有所获。当地理教师迎来学生信任、赞赏的目光时，就能体会到巨大的成就感，真正享受到成功的职业体验。

当今世界，科学技术迅猛发展，人类知识迅速增加，社会变化日新月异，社会竞争空前激烈，这必然要求教育要培养出一大批智慧型人才。由谁来培养呢？当然应该是智慧型教师。地理教师是一个充满智慧的职业，每一个地理教师都应该把成为智慧型教师作为自

---

① 万爱莲. 教师的体态礼仪浅析［J］. 琼州学院学报，2011，18（4）：78 – 79.

② 孙彩霞. 浅论教师体态语言在教学中的运用［J］. 聊城大学学报（社会科学版），2007（2）：169 – 171.

己的职业目标。苏霍姆林斯基曾经说过："人才只有靠人才去培养，能力只有靠能力去培养，才干只有靠才干去培养。"地理教师要帮助学生开启智慧，使学生成长为有智慧的人，首先就得让自己成为智慧型教师，因为只有智慧型教师才能培养出智慧型学生。

（一）智慧型地理教师的含义

智慧型地理教师就是指具有较高教育智慧水平的地理教师。智慧型地理教师的教育智慧是教育科学与艺术高度融合的产物，是地理教师在探求教育教学规律基础上不断实践、反思、感悟、提高的结果，也是地理教师教育理念、知识学养、情感认同、教育机智、教学风格等多方面素质高度个性化的综合体现。[1] 智慧型地理教师是具有高尚的师德、较强的审美能力、博大的胸怀、崇高的职业使命感、高远的教育目标、执着的教育信念、强烈的责任感及职业成就动机，热爱教育事业、热爱学生、关怀学生，以学生的全面发展为教育追求，拥有优秀的身心素质、渊博的学识、良好的文化素养、复合的知识结构、创新精神、敏锐的洞察力、果敢的执行力、反思能力、教育能力和研究能力，能够与时俱进、善于学习、学养精深，能够机智、巧妙、创造性地处理教学内容及课堂教学中出现的各类问题，开启学生的智慧之门、培养学生的良好德行的教师。[2]

（二）智慧型地理教师的特征[3]

智慧型地理教师是集先进的教育理念、广博的师爱、强大的人格魅力、勇于创新、永葆自由、多情善感、翩翩风度等特征为一体的地理教师典范。

1. 先进的教育理念

拥有先进的教育理念是智慧型地理教师的基本特征。教育理念决定教师的教育实践行为。有了先进的教育理念，智慧型地理教师才能在其教育教学的道路上锲而不舍地克服一切教育困难、解决教育问题。先进的教育理念是帮助地理教师实现从"教教材"向"用教材教"转变、从"授人以鱼"向"授人以渔"转变、从"教学生真理"向"教学生发现真理"转变、从"教学生学会"向"教学生会学"转变的基石，是帮助地理教师在平凡的岗位上成就不凡人生的基石。

2. 广博的师爱

陶行知先生说："真教育是心心相印的活动，唯独从心里发出来的，才能达到心的深处。"师爱是智慧型地理教师的主要特征，是智慧型地理教师的核心品质。师爱，即热爱学生、理解学生、尊重学生、信任学生、包容学生、赞美学生、关心学生的成长，尤其是

---

① 刁培萼，吴也显，等．智慧型教师素质探新［M］．北京：教育科学出版社，2005：4．
② 李俊．智慧型教师的修炼——基于雷夫·艾斯奎斯的《第56号教室的奇迹》［J］．产业与科技论坛，2015，14（16）：140－144．
③ 姚敏．智慧型教师的特征和成长策略［J］．现代教育科学（小学教师），2015（4）：43－44．

要做到一视同仁，对后进生也要真心关爱。学生只有感受到了教师对其真诚的爱和信任，才会更乐意亲近教师，更好地完成教师布置的学习任务，从而取得更大的进步。

3. 强大的人格魅力

人格是智慧型地理教师的核心素质，正如卡尔·明格所说：教师是什么样的人远比其教授什么更重要。苏联教育家乌申斯基认为："教师的人格对于年轻的心灵来说，是任何东西都不能代替的。教师的人格是教育事业的一切，只有人格才能影响人格的发展和形成。"在工作和生活中，地理教师表现出来的高尚师德、浩然正气、公正无私、热爱生活、严于律己、与时俱进、学而不倦、强烈的责任感等人格品质会使学生在耳濡目染中受到潜移默化的、全面深刻的影响。实际上，智慧型地理教师教授的不只是课本知识，更是其立身处世的人生智慧。陶行知说："千教万教，教人求真；千学万学，学做真人。"地理教师的人格魅力对学生产生强烈的吸引力，学生愿意亲近、信任地理教师，谨遵教诲，教师的人格特征就会逐渐地被学生认可、接受和内化。

4. 勇于创新

马克思在论及职业选择时说："能给人以尊严的只有这样的职业：在从事这种职业时，我们不是作为奴隶般的工具，而是在自己的领域内独立地进行创造。"① 教师的工作就是需要创新的工作。知识不等于智慧，任何智慧都具有创造性。创新是智慧型地理教师的重要特征，是智慧型地理教师不断进取的源泉。同理，对于智慧型地理教师而言，只有通过教学活动中的不断创新，才能获得成长。因此，智慧型地理教师必须把教学活动看作是创造性的活动。地理教学活动是一个动态变化的过程，是一个教育智慧不断生成和发展的过程②，它没有固定的教学方法或教学模式。在教学活动中，地理教师要根据不同的教育对象、教学内容和教育情境，采用适合的教学方法、手段，促进学生的学习进步。为此，地理教师要做到有效而充分地利用各种教学条件和教育资源对教学活动作出最优的组织，这便是创新。

5. 永葆自由

自由是智慧型地理教师的重要特征，是智慧型地理教师的终极追求。古人言：淡泊以明志，宁静而致远。教育智慧的生成必须要有一个适合学与思的安静环境，要想致远，必须先得宁静。浮躁的、追名逐利的喧嚣环境不利于教师教育智慧的生成。持有功利化心态的地理教师把教师职业当作一种谋生的手段，对于教育事业没有坚定的信念和执着的追求，是难以在工作中实现自己的人生价值、体会到教学工作带给自己的自由感和幸福感的。智慧型地理教师不以追名逐利为人生目标，而是以追求自由的职业境界为人生目标。智慧型地理教师所追求的自由的职业境界是建立在其对教育事业奉献终身的意愿、坚定的

---

① 刁培萼，吴也显，等. 智慧型教师素质探新 [M]. 北京：教育科学出版社，2005：218.
② 毛菊. 智慧型教师的特征 [J]. 教育科学研究，2007（11）：52-54.

教育信念和崇高的教育理想基础之上的，是地理教师努力实现其人生价值、获得职业成就感和幸福感的一种自由状态。

6. 多情善感

卢梭曾说："情感在很大程度上依赖于悟性。由于情感的活动，我们的理性才趋于完善。"作为地理教师，要控制好自己的情绪，使自己成为情绪稳定的人，但又要做个多情善感的人。地理教师要能内化教材，把教材丰富的情感内容通过自己的表情、动作等表达出来。地理教师应拥有"有趣的灵魂"，做一个灵魂有趣的人：正直、善良、幽默、人品好、懂做人、学识渊博、多才多艺，善于发现美、欣赏美、创造美。这样的教师培养出来的学生才能成为灵魂有趣的人。

7. 翩翩风度

风度是一个人的德行、品格、气质的自然流露，也是人们对一个人的体魄身段、装束打扮、谈吐举止、表情神态的一种综合性的审美评价。它是内秀与外美的高度统一，正如培根所说："把美的形象与美的德行结合起来吧，只有这样，美才会放射出真正的光辉。"① 教育由此才能达到"随风潜入夜""润物细无声"的效果。为此，地理教师的风度要高雅而质朴，庄严而和蔼，贤明而开朗，自信而谦逊，愉快而冷静，姿态端庄，举止稳重。风度是人的内心世界在仪表上的反映，是不能凭借表情演出来的，必须具备充分的内在因素，正如西红柿熟了，自然有红艳艳的皮。同样，热爱并懂得教育的人，眉宇间自有贤明而开朗的气息；善于思考的人，眼睛里自有聪慧而深沉的光芒；心地善良的人，和蔼的表情时常流露在脸上；胸怀开阔的人，常常能用满面笑容冲淡心中的苦闷。这就需要地理教师具有高尚的思想情操，加强学习，广泛阅读，积极参加社会活动，培养多方面的兴趣爱好，爱工作、爱生活、爱文学、爱艺术、爱体育，发现美、欣赏美、创造美……做一个身心健全的风度翩翩的人。②

（三）智慧型地理教师成长策略③

冯契认为，智慧的生成是指在实践的基础上认识世界和认识自己的交互作用。地理教师可以通过教学反思、教学研究、教学实践和终身学习等成长策略来实现由无知到知、由知识到智慧的两个飞跃，从而成长为智慧型地理教师。

1. 教学反思

曾子曰："吾日三省吾身。"反思是人自我觉悟、自我提升的过程。教学反思是智慧型地理教师专业成长的有效途径，是地理教师通过对自身教学经验的思考（主要反思教育理

---

① 王勇杰. 课堂教学效果与教师仪表美学视觉的解读［J］. 广东工业大学学报（社会科学版），2007，7（2）：22－23.

② 许新民. 教师的仪表美［J］. 湖南教育，1981（11）：47.

③ 姚敏. 智慧型教师的特征和成长策略［J］. 现代教育科学（小学教师），2015（4）：43－44.

念、教育思维方式、教育手段及教育方法等），改进教学行为、提升教育智慧的有效途径，也是帮助地理教师了解自己、提升自己、超越自己的有效手段。地理教师应勤反思，要把教学反思作为自己的基本研究行为。地理教师能对自己的教学行为进行有效的反思、监控、调节，是有教育智慧的重要标志。教学反思可以是一个地理教师结合他评主动进行自我评价、自我批评和自我改造的过程。美国学者波斯纳曾将教师的成长规律归纳为"经验＋反思＝成长"。教学反思有助于地理教师的教学进步，能促进其教育智慧的增长。

2. 教学研究

联合国教科文组织曾指出：教师是教育研究的生力军。因为教育科研为教师教育思想的形成、教学艺术的凝练提供了重要的支持，更为教师的综合发展注入了无穷的活力。[①]可以说教学研究是智慧型地理教师专业成长的源头活水。"地理教师即是地理教学的研究者"，地理教师不能游离于教育教学研究过程之外，地理教师自己就应该是个研究者。长期以来，一线教学实践者和教学研究者之间好像有一条不可跨越的壕沟，教学实践者只懂得如何教书，但不懂得如何做研究，而教学研究者却恰恰相反，教学实践者与教学研究者之间缺少沟通、交流。地理教师只有把教学与教研结合起来，即把教学理论和教学实践有机结合，其教学行为才有更深刻的内在意蕴，其教育智慧才有可能生成。"在研究的状态下工作"是地理教师开展教育教学工作的一种境界。[②]

3. 教学实践

陆游在《冬夜读书示子聿》中写道："纸上得来终觉浅，绝知此事要躬行。"教学实践是智慧型地理教师成长的基本路径，是智慧型地理教师成长的基石。智慧型地理教师的教育智慧或是在教学实践中逐渐领悟出来的，或是在长期的教育理论学习中逐渐揣摩出来的。地理教师的教育智慧更多地来源于其自身的教学实践。生动真实的教育情境，学校、社会和家长的期望，教育问题的困惑等都能激励地理教师产生不断发展专业素养的愿望。地理教师的教学实践是教学灵感和发展动力的源泉。智慧型地理教师的成长就是一个在教学实践中不断走向专业成熟的过程。智慧型地理教师能够把所学的知识运用于教育实践，并在教育实践中不断获得和提升实践智慧。实践智慧是教师智慧的一个极其重要的方面。智慧型教师必须经过实践的历练，才能在实践中成长起来，高居理论的庙堂是培养不出智慧型地理教师的。[③]

4. 终身学习

苏霍姆林斯基说："读书，读书，再读书。"身处"知识大爆炸"时代，任何人都无法只通过人生某一阶段的学习，就能一劳永逸地获得足够的知识量，智慧型地理教师更是如此，需要终身学习，"活到老，学到老"。况且中学生的学习不再局限于通过书本获得知

---

① 郭元祥. 教师的 20 项修炼［M］. 上海：华东师范大学出版社，2007：115.
② 郭元祥. 教师的 20 项修炼［M］. 上海：华东师范大学出版社，2007：123.
③ 毛菊. 智慧型教师的特征［J］. 教育科学研究，2007（11）：52－54.

识，尤其是互联网的高速发展使得学生的学习途径多样化，因此，地理教师不再是知识的唯一拥有者、绝对权威者。时代在发展、社会在进步、学生在成长，智慧型地理教师要想灵活、准确地应对时刻变化着的社会背景、教育情境和学生状况，就离不开终身学习。终身学习是智慧型地理教师成长的根本策略，是智慧型地理教师成长的源泉。

总之，具有教育智慧的智慧型地理教师是地理教师专业发展的一个新方向，是地理教师职业专业化的一种新境界。地理教师要培养出智慧的学生，自己就必须是智慧的教师。智慧型地理教师可以通过教学反思、教学研究、教学实践和终身学习等成长策略来促进自己的专业发展。

七、 用"心境之美"对待一切人和事

心理学家研究表明：人们从事的工作，总是在一定的心境状态下进行的。良好的心境，会使教师口头语言流利清晰、肢体语言和谐得体，思维敏捷、思路清晰开阔，解决问题速度快，对教学内容阐述精确，教学语言富有情感，工作效率高，授课艺术得到最大程度的发挥。教师良好的心境对于提高教育教学效果的作用是显而易见的。[①] 因此，在走上讲台前要"备"心境。那么怎样才能使自己有良好的授课心境呢？我们认为主要在于设法引发和培养愉悦情感。

首先，人的情感由外界条件引发。积极刺激使人精神愉快，消极刺激使人情感低落。为引发和培养良好心境，地理教师在课前要多想想令自己开心的事，如曾经获得的荣誉和成就，想想领导、同事对自己的关心，想想学生对自己的尊敬和爱戴；做一些自己喜欢做的事，如听听音乐，走出办公室晒晒太阳等。[②]

其次，人的情感主要是由内在条件引发的。俗话说，一切烦恼皆由心生。要想拥有美好的心境，需做到以下几点：①要以博大为美。宽容是一种博大。"海纳百川，有容乃大。""将军胸中百万兵，教师心中万种人。"作为地理教师，工作中总会遇到形形色色的领导、同事、家长和学生，需要与各种各样的人打交道，这是不以地理教师个人的意志为转移的。因此，地理教师要有开阔的胸怀、积极乐观的心态和慈爱的心，能够容纳各种类型的人。要把学生看成天使，用心体会孟子所说的"得天下英才而教育之，三乐也"。②要有强烈的育人使命感。地理教师要不受外界诱惑，不受物欲折磨；处逆境不气馁，处顺境不骄逸；不怨天，不尤人；不以物喜、不以己悲，坚定教育信念，勇担育人使命。③要以平常心对待自己。地理教师要走下圣坛，清醒地认识到自己只是一名普通劳动者。但教师需要对自己的职业多一份敬意，只有充分认识到教师职业的神圣与高尚，教师的精神境界才能得到更好的提升，其心境也才会更加轻松和从容。④要心怀感激。地理教师要感激

① 霍明宝. 学校管理中如何优化教师心境［J］. 教学与管理，2003（4）：43-44.
② 陈仲. 教师的授课心境［J］. 思想政治课教学，1995（5）：20.

自然、感激社会、感激事业、感激学校、感激同事、感激学生。因为有了他们，才成就了自己。心存不尽感激，口吐美丽赞赏，脸带真诚微笑，胸怀无穷快乐，以己之乐，乐人之乐，做一个心境、情绪俱佳的教师。①

做到了以上这些，就会具有豁达的心态，自然就减少了烦恼。学生也会在教师良好情绪的感染下，对教师产生一种亲切感、信任感，形成良好的课堂气氛，为课堂教学质量的提高打下基础。

八、 用"幸福之美"体悟地理教育的本质

地理教育的本质在于，注重培养学生的地理学科核心素养，注重对学生的终极关怀与生命发展，着眼学生人生境界的提升，铸造学生完整而和谐的人格，极大地开发师生生命潜力，演绎热烈的师生共同实现生命价值的生命追求。② 杜威说："学校科目相互联系的真正中心，不是科学，不是文学，不是历史，不是地理，而是儿童本身的社会活动。"③ 因此，地理教师的课程意识应是超越地理教材中心的。地理教师应通过艺术化的教学手段，教给学生生活中有用的、与其他学科知识相融合的、与学生的命运和幸福相关的、对学生终身发展有用的地理知识。如此，学生在地理课堂上才会有积极反应。在自然教学情境中，有专家进行"学生的积极反应对 43 位教师职业活动幸福感"的影响实验，结果显示：学生的积极反应对教师职业活动幸福感均具有显著影响。因此，加强学生的积极反应行为是提升教师职业活动幸福感的有效途径。④

积极心理学的倡导者塞里格曼先生认为，幸福有五个核心要素。一是要有积极的情感，诸如自豪、快乐、欣喜、幸福等。二是要积极投入和沉浸在工作中，体验职业的幸福。三是要有良好的人际关系，把他人放在心中，尊重每个人的价值，善待他人。四是要追求有意义和有价值的人生目标，当一个人心中有理想和目标时，人生才有意义和价值，才会感到更加幸福。五是要能体验到个人的成就感，在成功和成就中享受幸福。⑤

从教如歌，"美"的地理教师可以让学生折服，"美"的地理教师可以感染熏陶学生的心灵，"美"的地理教师才是快乐的地理教师。地理教师应注重仪容仪表，用发展的眼光去装扮自己，用知识修养、风度气质去美化自己，用"美"去经营自己的事业。每天愉快地走进校门，高兴地踏进课堂，做一名幸福快乐的地理教师。在地理教学过程中，地理教师用自己外在形象与内在形象的完美统一去影响学生心理活动的姿态和内在的精神世界。地理教师应该而且必定是快乐和幸福的筑梦人。

① 肖俊宇. 教师的心境与情绪 [J]. 福建论坛，2006（7）：40 – 42.
② 李红. 地理教学论 [M]. 广州：暨南大学出版社，2017：19.
③ 王梦璐. 中小学教师跨学科能力提升的现实困境与策略 [J]. 现代教育，2021（9）：46 – 49.
④ 谭贤政，黄栋，陆佩岩. 学生积极反应对教师职业活动幸福感的影响 [J]. 内江师范学院学报，2017，32（2）：1 – 7.
⑤ 曹新美. 寻找教师职业幸福的魔方 [J]. 人民教育，2014（18）：30 – 33.

第三节　用 "修炼之美" 实现地理教师的专业成长

教师是一个需要终身学习、修炼的职业。美，说到底，就是人们不断地认识世界、提升自己的过程。地理教师的专业成长，就是地理教师不断地探索、掌握地理教育规律，不断地提升自己的地理教育能力和水平的过程，这个过程一定是从苦到乐的过程。从苦到乐，就是地理教师专业成长的美学特征。[①]

一、 修炼身心健康——地理教师获得职业幸福的不竭源泉

地理教师要注意锻炼好身体。卢梭说过：没有健康，就没有生活上真正的快乐。建议地理教师规律作息，合理饮食，保证充足的睡眠时间，勤加锻炼。要高度重视自己的身体健康，了解一些医学知识，定期体检，每天对着镜子朝自己笑一笑，每小时走动走动、伸伸胳膊、踢踢腿、弯弯腰。身体无病，才能真正对自己、对家人、对教育负责。

地理教师要学会与情绪和解。地理教师要尽量保持理性平和、乐观阳光、积极向上的心态。《素问·阴阳应象大论》曰："怒伤肝，悲胜怒""喜伤心，恐胜喜""思伤脾，怒胜思""忧伤肺，喜胜忧""恐伤肾，思胜恐"。金元时期，著名医学家张子和在《儒门事亲》中指出："悲可以制怒，以怆恻苦楚之言感之；喜可以治悲，以谑浪戏狎之言娱之；恐可以治喜，以恐惧死亡之言怖之；怒可以制思，以污辱欺罔之事触之；思可以治恐，以虑彼志此之言夺之。凡此五者，必诡诈谲怪，无所不至，然后可以动人耳目，易人听视。"

情绪对一个人的幸福感乃至身心健康都有着极大的影响。情绪就像水一样，情绪稳定时是涓涓细流，滋养万物；不稳定时，是咆哮波涛，瞬间可以淹没一切。美国著名心理学家安东尼·罗宾斯说过："成功的秘诀就在于懂得怎样控制痛苦和快乐这股力量，而不为这股力量所反制。"地理教师要修炼自己的情绪，并掌握以情制情法以消除不良情绪对身体的不良影响。清人张潮说："花不可以无蝶，山不可以无泉，石不可以无苔，水不可以无藻，乔木不可以无藤萝，人不可以无癖。"在忙碌的工作之外，地理教师要培养自己的兴趣爱好。热爱，可抵岁月漫长，让生活变得有滋有味。听一首歌，读一本书，做一次饭，打一场球，跑一次步。在春花烂漫时、在夏日凉风中、在秋实累累时、在冬日暖阳里，走出家门，投入大自然的怀抱中，欣赏大自然，感受大自然的勃勃生机。有益的兴趣爱好，是忙时的慰藉、闲时的充实。建议地理教师找到喜欢并有益的爱好，这会让平庸琐碎的日子变成诗。由此，紧张焦虑、抑郁烦恼等负面情绪得到有效疏通，生活中的烦恼与痛苦抛到九霄云外。让快乐加倍，让生活多一种可能。

---

① 沙华中. 从苦到乐：教师专业成长的美学特征 [J]. 华人时刊（校长），2020（10）：12.

二、　修炼良好品质——地理教师获得专业成长的催化剂

修炼，即吃苦。"吃得苦中苦，方为人上人。""天将降大任于是人也，必先苦其心志，劳其筋骨，饿其体肤，空乏其身。"地理教师要想获得专业成长，定要舍得吃苦、乐于吃苦。吃得苦中苦，才能超越他人，超越自己。吃苦，是地理教师取得成功的必要修炼。就现代社会而言，物质较丰富，"饿其体肤"已较少，"苦"主要体现在"苦其心志""劳其筋骨"上。

（一）修炼内在定力

作为一名地理教师，首先要修行的是人生的最高境界：修心。王阳明说："越是艰难处，越是修心时。"人生的境界，更多的是心灵的境界，唯有心灵宁静，方能铸就人性的优雅。这种宁静，是得失后的平和，是诱惑时的恬淡，是困苦中的从容。地理教师要在读书、教学、悟道中修炼内心，内心保持清净安宁，只要心灵澄明了，精神力量就强大了，自然也就能抵御外界尘世的喧嚣，专心地教书育人了。即使面对繁杂而琐碎的教学工作也不觉得累了，反而能从"苦"中品出"甜"来，获得精神上的满足与幸福。

（二）修炼职业敬畏

人应该学会敬畏，敬畏自然，敬畏生命，敬畏法纪，敬畏真理……敬畏一切值得敬畏的东西。一个人有了敬畏之心，胸中才能有方向、准则和规范，才会自觉约束自己。古人云："凡善怕者，心身有所正，言有所规，行有所止，偶有逾矩，亦不出大格。"人一旦失去敬畏之心，往往会肆无忌惮，甚至为所欲为，害人害己。常怀敬畏之心是一个有品位有思想的人应该具备的基本素质。敬畏更多地来自理解与尊重，来自学习与修炼，作为教师，要以一颗朝圣者的心去敬畏我们的事业。[①]

（三）坚持反省自己

曾子曰："吾日三省吾身：为人谋而不忠乎？与朋友交而不信乎？传不习乎？"很赞同这样一句话："不懂反省的人，只会从生活的这个坑掉进另外一个坑。"学会总结反思，才能在逆境中积累经验，在顺境中加深幸福。被誉为"经营之神"的稻盛和夫，多年来一直坚持"时时反省"的习惯。每天清晨，他都会站在镜子面前反省自己前一天的所思所行："今天有没有让别人感到不快？待人是否亲切？"一个不懂反省的人，不过是把糟糕的自己重复了一日又一日，一年又一年。坚持深度反思，才能打破自己的旧思维、旧格局。苟日新，日日新，又日新。

---

①　谈海珍. 魅力教师的五项修炼［J］. 江苏教育研究，2015（14）：55 - 56.

撒切尔夫人有句名言："注意你的习惯，因为它将变成性格；注意你的性格，因为它将决定你的命运。"人生，就是一场漫长的修行。你只有不断完善自己，磨砺自己，对自己负责，方能不负此生。

三、 修炼专业素养——地理教师享受教育快乐的基石

地理教师专业成长之苦，主要表现在探索地理学科本质，探索地理学科教学的本质。这主要体现在，教师如何结合自身的特点与风格将地理课上得生动有趣，让学生喜欢，进而推动学生自主学习、自主发展。因此，教师专业成长之苦，还在于如何总结自己的经验，将经验上升为理论，并推而广之，实现自身的价值，享受教育的快乐。教师专业成长之苦还表现在教师围绕某一个地理教学问题，如地理的本质问题或地理教学的本质问题，不断地进行思考与实践，不断地经历苦→乐→苦→乐的循环往复螺旋上升过程，这样的过程，就是教师专业不断成长的过程。[①]

（一） 有意识地参加审美实践

审美实践是提高教师审美修养的根本途径，包括审美欣赏和审美创造两个方面。当今艺术传播和流通的媒介、渠道十分广泛，为教师参加审美实践提供了良好的条件。教师要在审美欣赏活动中学会领悟和体验，从审美对象中获得深层次的审美情趣和心灵的陶冶，在审美创造活动中展示自己的才华和成果，从中获得自我满足、自我肯定的喜悦，从而不断提高审美能力，使审美水平进入更高的层次。[②]

（二） 修炼专业素养

教师的专业素养要求，古有韩愈的"师说"，现有"经师和人师合一"之说。"师者，所以传道授业解惑也。"韩愈一语道破了教师工作的真谛。"经师是教学问的"，因此，教师首先必须是一个"有学问"的人。"人师就是教行为，就是教怎样做人的问题。"学生的作风品质、生活习惯等方面，教师都要进行引导、教育，这涉及教师如何为人师表，培养学生良好的思想品德与行为规范，即如何"育人"的问题。可见，教师的工作光荣而艰巨。要给学生一杯水，自己得有一桶水，且是一桶长流水。这桶长流水从哪里来？修炼而来。身为地理教师，就应该与时俱进，不断学习新的知识，改变传统的、陈旧的甚至是落后的教育理念、教育理论和教学方式，建立起一套全新的、科学的、合乎时代发展潮流的教育思想体系。将自己修炼为德艺双馨之师，具备广博的文化素养、精深的专业知识，这是地理教师立足岗位、赢得魅力的基石。[③]

---

①　沙华中. 从苦到乐：教师专业成长的美学特征 [J]. 华人时刊（校长），2020（10）：12.
②　吴加才. 高校推进素质教育要求教师加强审美修养 [J]. 江苏高教，2001（1）：99－101.
③　谈海珍. 魅力教师的五项修炼 [J]. 江苏教育研究，2015（14）：55－56.

有些地理教师会自诩实践经验丰富，仅凭借习惯和自己的知识体系去教导学生。这不仅不能发现教师新知识的不足，还不利于尊重、理解学生的独特思维个性。久而久之，旧有的教学经验就成为阻碍教师教学潜力发展和提高的绊脚石。教师必须不断更新知识，用新时代的教育思想、理念、方法来武装自己的头脑，更好地应对教育教学工作中的实际问题。①

（三）享受教师成长的三重境界

王国维在《人间词话》中，从"立""守""得"的逻辑关系中阐明了成大事业、大学问者，要经历三个阶段或三重境界，这是"大道"。大道往往是相通的，适用于所有人、所有领域。要成长为经师与人师合一的教师，大致也要经历三个阶段或曰三重境界。

第一重境界：横看成岭侧成峰，远近高低各不同。刚入职的地理教师往往会笃信理论的权威性、正确性、绝对性。但理论与实际总会存在差异，要找一个放之四海而皆准的理论，几乎是不可能的，也是不现实的。新教师常常会为不能用上所学的教育教学理论而烦恼，甚至有时还会出现与所学理论背道而驰的情况，从而怀疑所学理论知识是否有用。其实，做不到或暂时做不到，不代表理论不对，这也许有主观的或是客观的原因。主观方面，年轻教师本身对理论的掌握就不够透彻，怎么能做到理论指导实践呢？客观方面，核心素养之于人的重要性不言而喻，家长或社会过分在意孩子的学习成绩而忽视心灵的成长，一定是有问题的。所以，学会从不同的角度看问题，学会灵活运用所学知识解决问题，不钻牛角尖，避免两极思维，就可以做到"横看成岭侧成峰，远近高低各不同"。

第二重境界：问渠那得清如许，为有源头活水来。学然后知不足，教然后知困。新教师往往在遇到教育教学困难时才发觉自己"书到用时方恨少"，体悟"不积跬步，无以至千里；不积小流，无以成江海。骐骥一跃，不能十步；驽马十驾，功在不舍。锲而舍之，朽木不折；锲而不舍，金石可镂。蚓无爪牙之利，筋骨之强，上食埃土，下饮黄泉，用心一也"之内涵。且时代不断发展变化，新教师也要本着"活到老，学到老"的精神，与时俱进。新教师只有以"问渠那得清如许，为有源头活水来"之觉悟，不断更新和发展知识，不断向经典学习，向同事学习，向专家学习，并善于探索和运用新知，形成新智，使自己始终拥有"百尺竿头，更进一步"的活力，最终才能达到"破茧成蝶"的新境界。

第三重境界：长风破浪会有时，直挂云帆济沧海。积极心理学学者研究了大量成功者与失败者之后，认为人的积极心理品质包括六大类：智慧、勇气、人性、正义、节制、超越。其实，成功的人并非没有困难或压力，失败的人也并非因为困难过多或压力过大，不同的结果是个人应对的心态和能力使然。地理教师要积极应对教育教学工作中存在的问题，努力做到：抱着自信迎接教育教学问题、分析问题，以负责的态度寻找问题答案，并

① 李莉. 教师专业成长的修炼方法［J］. 河南教育，2022（2）：28.

寻求他人的建议及支持，实践最有利于解决问题的方案。把工作、生活的挑战视为个人成长的机会，并以乐观、勇敢、耐心及幽默的态度去面对这些挑战。① 如此，才能摘取成功的桂冠。当地理教师实现从经师（业师）到经师与人师合一的教师专业成长境界，便能真正体验到教师职业的幸福，享受到教师职业的快乐。

由上可见，仪表端庄、风度高雅、灵魂有趣是塑造地理教师良好形象的基础；为人师表、品行卓越、责任心强是重要保证；学识渊博、视野开阔、思想深邃是核心；爱岗敬业、甘为人梯、乐于奉献是塑造地理教师良好形象的灵魂。身教与言教并举，经师与人师合一。教师职业是太阳底下最光辉的职业。从事这个职业的人不但是人类文明的使者，更是美的传播者。塑造完美的自我形象，去呼唤美、追求美、传播美，是教师义不容辞的责任。美好的心灵，渊博的学识，优雅的举止，不凡的谈吐，再加上漂亮得体的服饰衣着——这应该就是新时代地理教师的完美形象。②

思考与探究

1. 地理教师职业中"不美"现象有哪些？
2. 说说如何巧妙运用地理教师之美，营造职业快乐。
3. 试述服饰美包括哪些方面的内容。

---

① 宋广文. 教师成长的三重境界［N］. 中国教师报，2021-12-15（13）.
② 秦国喜. 老师的服饰美［J］. 教育文汇，2003（8）：8.

第三章 地理教学媒体应用技能美学

本章导读

　　著名教育家苏霍姆林斯基认为："美——是道德纯洁、精神丰富和体魄健全的强大源泉。"在地理课堂教学中，美的潜因不仅存在于教学内容中，也体现在各种教学手段与教学情境之中。教学媒体运用美，首先表现在适量、适时、适当地使用教学媒体；其次表现在运用教学媒体授课时要有美的使用效果。各种地理教学媒体在技术特性、经济特性、专业特性上各有所长，也各有所短。教学手段审美化是教师实现教学美的重要途径。地理教师要大胆借鉴艺术的手段进行教学，如借鉴音乐、舞蹈、绘画等手段，艺术地使用各种传统教学媒体及现代教学媒体，为教学增添美感。对地理教学环境进行最美化的布置，以对学生起到示范、熏陶、感染等潜移默化的作用，提高学生神经系统的兴奋性，从而提升教学的艺术水平。

　　希望同学们通过本章的学习，能够充分认识到在地理教学中要有的放矢地选择、使用地理教学媒体，善于运用艺术教学手段，向中学生展现地理教学媒体运用的艺术美和科学美，使枯燥的知识趣味化，深奥的道理通俗化，使各种教学内容从平面上立起来，化静态美为动态美。让学生身临其境，躬身实践，锻炼身体，愉悦心情，增长知识，发展地理思维能力，既接受地理之道，又感受地理之美。

第一节 地理教学情境美

　　所谓地理教学情境是指教师在地理教学过程中所创设的情感氛围。顾名思义，情境就是指情和境。情是情绪、情感，境是环境、场景，二者合一，就勾勒出一个人的内在感受与外部因素交互作用所形成的地理教学特有的情感境界。[①] 教学手段在地理教学中的作用越来越引起教师们的重视。教学手段的综合使用，大大增强了教学情境美创造的表现力。地理教学情境美的创造对教学手段及其运用水平的要求也越来越高。美化教学手段本身就

---

　　① 毛金莲. 高阶思维培养取向的大学信息技术美育策略 [J]. 考试周刊，2013（33）：123.

是创造教学情境美的一部分，同时，得到美化的教学手段，又反过来促进了教学情境美的实现。美国教育家布罗迪（Broudy）坚定地认为："使用艺术手段来教授其他学科能够使教学内容更加具体，使课堂引人入胜，令人沉醉。"① 在历史上，许多教育家都试图将审美引入课堂。对教师来说，关键在于创设一个审美环境，让艺术来协助所授课程内容的教学活动。② 地理教师可借助视频、图形、图像及音乐等直观手段，通过美妙的画面、和谐的色彩、动听的音乐来营造课堂氛围，使学生在"视"中感受形象美，在"听"中感受音韵美，在"想"中感受意境美。也可采用鲜明的美丑对比，来激发学生强烈的审美意识和学习热情。③

一、 地理教学环境美的创设

教育家苏格拉底说："教育不是灌输，而是点燃火焰。"地理教学环境美可以启迪学生智慧。地理教师要充分发挥环境育人的作用。地理教学环境包括校园环境和教室环境两个方面。

（一）校园环境美

布置校园环境要追求精致美。要使校园的一草一木都能散发出浓厚的育人气息。无论是洁白如玉的白玉兰花、迎寒怒放的红梅花、热情奔放的玫瑰花，还是轻歌曼舞的柳树；无论是曲径回廊、一面墙壁，还是一片树林、一块草地，都应浑然一体，不能有丝毫的堆砌和做作，哪怕是点缀在绿树碧草之中的零星建筑也应该恰如其分。要让学校的一物一景、一树一木、一花一草都洋溢着浓厚的人文气息。

（二）教室环境美

教室环境要布置得庄重、得体，追求安静，不能矫揉造作。地理学家的感人事迹、名言、警句可以布置在墙壁两侧，现代教学手段和教学媒体可布置在讲台两旁。教室内教学环境美的创设要注意以下几个方面：

第一，教学空间形式要灵活化。教学空间建筑所用的材料最好能用新式合成材料，教室的桌椅要能够移动，教室空间可以迅速按照教学需要进行改变和重组，从而适应多种教学形式的需要。

第二，教学媒体要现代化。在科技高度发展、信息革命、大众传播媒介日益普及的今

---

① MARSHA M S, SANDRA L B. Aesthetics and the middle school learner [J]. The clearing house, September/October 2001.

② 林晓霞. 活化造型艺术　提高读图能力——初中地理教学引入艺术元素教学策略之一 [J]. 新课程（上），2011（6）：33.

③ 毛金莲. 高阶思维培养取向的大学信息技术美育策略 [J]. 考试周刊，2013（33）：123.

天，加上地理学科的教学特点，传统的粉笔加黑板的教学已经远远不能适应现代教学的需要，因此，配备现代化视听教学媒体已成为时代发展的必然趋势。

第三，教学空间色彩搭配要和谐化。根据色彩的心理学效应，教学空间的色彩安排应注意以下两个方面：①色彩选择要与教学内容和谐。地理教室追求安静，宜用冷色调。②整体色彩与局部色彩和谐。窗帘、标语、宣传画等应与整个空间色调一致，简洁大方。

第四，噪音污染要最低化。一是教学空间要远离噪音污染源，如工厂、飞机场、火车站。二是教室的形状要保证声音分散地传播，不宜采用凹面墙壁。三是教室要采用隔音设施，控制教室的噪音在 40 至 55 分贝之内，不宜超过 65 分贝。四是教师必须掌握较强的语言技能，吐字清楚，音色悦耳。

第五，教学设施要人性化。教室桌椅的设计要符合学生的身心发展特点，要合理配备教室的采光、照明、通风、取暖或降温等设备。

第六，教室要整洁化。应注意教室环境卫生，保持室内整洁。苏联教育家马卡连柯把"环境可以改变人"作为自己最基本的教育出发点，这是颇有见地的明智之举。因为教学的物质环境是一块美的"最大磁石"，教学空间的合理布局可以让学生保持愉快的心境，去发现美、鉴赏美、感悟美、评价美和创造美。合理美化的教学环境能使学生的道德思想得到升华，心灵得到净化，审美能力得到加强。①

总之，教学环境美的布置，目的就是使学生走进校园、跨进教室后就像是站在百米赛跑的起跑线上，能以亢奋的精神状态，激发出强烈的求知欲望，并能约束自己不良的言谈举止，气质越发儒雅大方，充分发挥环境育人的作用。

二、　地理教学情境美的创设

地理教师要创设一种可以让学生视、听、感、触、思、乐的图文并茂、声色俱全、身临其境、生动逼真的教学情境，② 以激发、感染、陶冶、诱导学生的情感，激发学生主动学习的热情，提高其高阶思维能力。创设教学情境主要需注意以下六个方面：

（一）创设"与学生生活息息相关"的教学情境

美国认知教育心理学家奥苏贝尔认为："影响学习的唯一最重要的因素就是学生已经知道了什么，要探明这一点，并应据此进行教学。"因此，教师要充分了解学生已有的知识和经验，并以此为教学活动的起点，联系学生的生活实际，创设教学情境。如在教学"寒潮"时，可让学生根据自己的生活经验，谈谈寒潮来临时的天气变化特点，并对乡镇干部、环卫工人、农民、学生在寒潮来临时的反应及做法作出预测。通过创设教学情境，

① 张大方，刘梅雪. 试论教学物质环境 [J]. 辽宁大学学报（哲学社会科学版），2001，29（2）：98-100.
② 毛金莲. 高阶思维培养取向的大学信息技术美育策略 [J]. 考试周刊，2013（33）：123.

将生活现象引入课堂教学活动中来,让学生学习生活中的地理,引发对地理的思考,提高学生运用所学知识解决地理问题的能力。

(二) 创设"富有地理学科特色"的教学情境

教师努力挖掘地理学科自身魅力,创设能够体现地理学科知识的情境,才是有效的教学情境。例如,教学"中国的地势"相关知识时,播放"长江由发源地至注入海洋"的视频,让学生思考"河水向东流的原因"。这样利用地理学科的内容和特征来创设的教学情境,能更好地培养学生的综合思维能力,激发学生的地理学习兴趣和热情。

(三) 创设"多样化教学方式"的教学情境

教学有法,教无定法,贵在得法。教师要根据具体情况,用心思考、精心设计教学情境,目的是激发学生学习地理的兴趣,让学生积极主动参与到课堂教学活动中来。

1. 利用地理图像创设教学情境

地理图像在创设教学情境中发挥着重要作用。地理教师利用各种地理图像创设教学情境,不仅能够更好地帮助学生理解抽象的地理知识,而且还能增强学生科学探究的意识和地理实践力,提高学生的逻辑思维能力。例如,"热力环流"概念(由于地面冷热不均而形成的空气环流)既是教学重点,又是教学难点,还是教学关键。要突破此教学难点,就得充分利用图示语言(见图3-1)进行跨学科(物理学)教学,引导学生"看图说话",尝试分析高空和近地面的空气运动状况,根据学生分析情况,教师再结合图3-2,进一步启发、强调:近地面空气的受热或冷却→引起气流的上升或下沉运动→导致高空某一水平面(h)气压的差异,引起高空某一水平面(h)空气的水平运动(风)→近地面水平气压产生差异,导致近地面空气的水平运动(风)→大气垂直、水平运动构成地区间的热力环流,这是大气运动最简单的形式。如此,便将抽象的知识具体化、形象化了,学生就能真正理解热力环流的概念了。学生掌握热力环流的概念后,对将要学习的地球大气运动的相关知识:三圈环流、气旋、反气旋、季风、城市热岛效应、海陆风和山谷风等"风"的方向,就能自己利用相关示意图进行分析,作出正确的推理、判断了。如此,一系列难以理解的抽象的地球大气知识便均能掌握了。

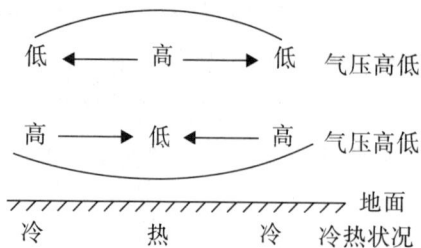

图3-1　热力环流形成的示意图　　图3-2　热力环流形成的动画演示图

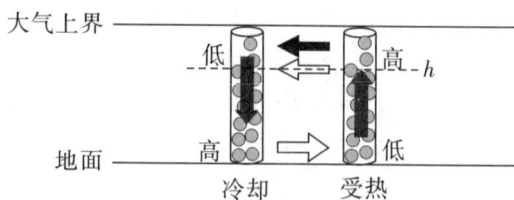

2. 利用历史故事、社会热点事件创设教学情境

地理学是一门兼具自然科学与社会科学性质的学科，因此，在中学地理教学中要注重地理学科与其他学科知识间的联系和综合。例如："北印度洋季风洋流"是学生较难理解的教学难点，教师可以引入"郑和下西洋"的历史故事来突破这一教学难点，引导学生思考：①"郑和下西洋"的航线；②"郑和下西洋"一般选择在哪个季节出发，哪个季节返回？并说出原因。

3. 利用音乐、诗词创设教学情境

在地理课堂教学中适当地插入与教学内容紧密相关的乐曲，或引入蕴含着丰富的地理现象或地理规律的诗词进行教学情境创设，不但可以活跃课堂气氛，吸引学生的注意力，增强学生对地理知识的学习兴趣，帮助学生更加全面地理解地理知识，培养学生的综合思维能力，还可以提高学生感受美、鉴赏美的能力。

例如，教学"长江"时，教师可播放《长江之歌》歌曲视频，帮助学生理解长江在自然和人文两方面对中华民族的贡献；教学"多民族的国家"时，为了让学生树立民族平等、民族团结的观念，培养爱我们的大中华、爱 56 个民族的情感态度与价值观，可以播放《爱我中华》歌曲，师生合唱更佳；教学"地球的运动"时，朗诵毛泽东《七律·送瘟神》中的"坐地日行八万里，巡天遥看一千河"作为导言，可以帮助学生理解、记忆地球自转的地理现象及赤道周长；"羌笛何须怨杨柳，春风不度玉门关"可以帮助学生认识我国夏季风难以到达西北地区的地理现象；"东边日出西边雨，道是无晴却有晴"非常形象地把对流雨降水强度大、范围小、历时短的特点描述出来，帮助学生理解和记忆。

4. 利用计算机多媒体技术创设教学情境

通过计算机多媒体技术创设图、文、声、光、色俱佳的教学情境，将教学中抽象难懂的难点问题通过技术手段呈现出来，使抽象枯燥的教学内容具体化、形象化，可以增加课堂的信息容量，提高教学效率；可以激发学习兴趣，活跃课堂氛围；可以培养学生动手、动脑、观察、阅读以及分析问题和解决问题的能力，发展学生个性，培养学生的创造力。例如，教学"太阳高度"时，可以利用多媒体技术之一的 flash 动画等演示"同一时刻不同纬度太阳高度角的分布规律""同一纬度不同时刻太阳高度角的变化规律"等，帮助学生理解难以全面观察或难以想象的大尺度、大空间的地理事物的时空变化。①

（四）创设"自主学习"的教学情境

联合国教科文组织发表的《学会生存》报告中指出："未来的文盲将不是目不识丁的人，而是不知道如何学习的人。"自主学习是新课改倡导的新型学习方式之一，地理教师在教学过程中要注意引导和激励学习主体（即学生）的自觉意识，激发学生学习兴趣，充

① 孙颖. 创设教学情境，优化地理课堂［J］. 天津教育（上旬刊），2021（1）：50-51.

分调动学生的参与意识，使学生"好学、乐学、善学"。地理教师在课堂上可以根据不同的知识点，设计出生动有趣的教学情境，引导学生自主学习。例如，教授中南半岛的地形时，可以指导学生伸出左手，张开五指，正对着自己平放在纸上，观察"中南半岛河流与城市的分布图"，自东向西依次找出主要河流，然后右手拿笔，从左手小指开始，在指缝中间画出线条代表河流，掌心代表中国西南部，手指代表山脉。如此，学生便容易回答下列问题：中南半岛的地形特征是＿＿＿＿＿＿＿＿，地势特征是＿＿＿＿＿＿＿＿，河流的流向是＿＿＿＿＿＿＿＿，主要城市的分布特征是＿＿＿＿＿＿＿＿。

地理教师创设新颖独特的教学情境，学生就能在兴趣的驱动下，自主地学习、掌握相关的地理知识，勤动手、动脑、动口，不断提高自主学习能力，养成和发展个性品质，提高审美素养。[①]

（五）创设"合作学习"的教学情境

在教学中建立民主、平等、合作的师生关系，建构师生合作教学、生生合作学习的集体性教学模式。可组织学习小组进行合作训练。以4～5人/组的形式组建学习小组，要求成绩好中差学生搭配、外向学生与内向学生搭配，这样的构成具有互补作用。这有利于学生在合作学习的过程中，学会参与、学会沟通、学会关心、学会竞争，从而促进中学生个体社会化。[②]

（六）创设"多元评价"的教学情境

通过采用多元评价方式，促进学生个性发展。新课标强调：为了培养学生地理学科核心素养，教师要辅以必要的直观手段和生活经验，在地理教学情境中，强化学生的思维训练；要将过程性评价与终结性评价相结合，用评价引导学生在地理学习中学会认知、学会思考、学会行动。地理学科核心素养的提出，需要教师反思日常教学和评价的方式方法，建议在继承传统教学优点的基础上，尝试更多地运用问题式教学、实践教学、信息技术支持下的教学等，尝试更多地运用学生思维结构评价、表现性评价等。[③] 评价学生的学习态度、表现等要从促进学生进步入手，重视培养学生的学习兴趣和能力；尊重每个学生的独立性，不能用统一尺度来要求每一个学生；评价方式要多样化，如采用自我评价、学生互评、教师点评等[④]；评价结果的呈现方式可多元化，如对学生制作的地理模型、绘制的地图、撰写的研究性调查报告、完成的练习题等作业进行定量或定性的评析。在评价中，应

① 王琳.聚集核心素养培养学生自主学习能力［J］.牡丹江教育学院学报，2018（5）：77-78.
② 陆铝彬.浅谈美术鉴赏中如何发现美，欣赏美，创造美［J］.文理导航·教育研究与实践，2013（11）：113.
③ 中华人民共和国教育部.普通高中地理课程标准（2017年版2020年修订）［M］.北京：人民教育出版社，2020：31.
④ 陆铝彬.浅谈美术鉴赏中如何发现美，欣赏美，创造美［J］.文理导航·教育研究与实践，2013（11）：113.

强调过程性，关注个性差异。还可让学生参与到作业的评价中来，让学生用审美的眼光，对自己及他人的作业进行评价，畅所欲言。如此一来，不仅能巩固学生的美学知识，还能提高学生鉴赏美的水平，提高其分析、评价等高阶思维能力。[①]

巧设情境美，赢得学生醉。创设具体、形象、生动、感人的教学情境，对学生进行视觉、听觉上的多元刺激，促使学生的心智发生触动和启迪。[②] 要将地理知识充分融入教学情境之中，更好地培养学生的地理核心素养。地理教师应不断反思教学中的得失，总结教学经验教训，优化地理教学环境，促进资源共享。打破传统的教学方式，结合实际情况，有选择地创设出高品质的教学情境，构建多元化的教学手段，对学生进行多元评价，促进其个性发展，推动其形成健康的审美情趣和审美观念，提高审美能力和艺术感悟能力。

三、 创设地理教学情境应遵循的原则[③]

（一）创设教学情境的生动性原则

教学情境创设的直观性和生动性是情境教学的基础。中学生尤其初中生是以形象思维为主的，而地理却是时间和空间的综合体，没有单独的时间也没有单独的空间。不少地理教学内容较为抽象，难以用语言讲解清楚。为此，在地理课堂教学中设置情境时，更要注意情境创设的直观性和生动性。利用多媒体将抽象的地理教学内容通过图画、音乐及录像等以可知可感的方式直观地反映出来，能够使枯燥呆板的文字符号物化为丰富多彩、生动立体的形象，使学生置身于可知可感的环境中观察、体验，使学生在观察、思索与分析的过程中正确认识地理事物和现象，理解地理概念，掌握地理规律，加深对教材内容的理解，训练抽象思维、逻辑思维，促进学生思维水平的提高。

（二）把握学生心理变化的原则

地理教师准确把握学生的心理变化特点，是创设课堂教学情境的关键。只有善于捕捉并满足学生的心理变化，才能创设出受学生欢迎的情境，才能激发学生高涨的学习欲望。否则，教学情境的创设效果势必会大打折扣，甚至起反作用。[④]

因此，在情境教学中，教师不能把提问作为责难学生的一种手段，当学生答错时，不能鄙视他们；学生答得不够全面时，教师也要尽可能地从中找到学生答得合理的部分，加以肯定，给予鼓励。学生遇到学习困难时，教师必须搭好"脚手架"，予以帮助或提示，耐心指导学生完成学习任务。教师一定要较好地把握学生细微的心理变化，对学生的学习

① 毛金莲．高阶思维培养取向的大学信息技术美育策略［J］．考试周刊，2013（33）：123．

② 詹雪清．巧设情境美 赢得学生醉——初中思想品德课堂教学情境创设探究［J］．当代教研论丛，2015（10）：114－115．

③ 苏良武．论地理教学情境的创设［J］．福建地理，2005（3）：62－64．

④ 阎承利．教学最优化艺术［M］．北京：教育科学出版社，1995：68．

结果给出恰如其分的评价。只有这样，才能使学生得到鼓励并获得心理愉悦，才能增强学生学习的动力和积极性，保持良好的情绪，教学情境的创设也才能达到预想的效果。

（三）用真情实感感染学生的原则

用真情实感去感染学生，这是创设课堂教学情境的核心。教师不仅知识、能力比学生全面，生活经历也比学生丰富，心理也更为成熟，但不能自居自傲，而要针对学生的客观实际，在充分了解学生的思想水平、知识基础、个性特征和智能状况等方方面面的基础上①，从学生的角度审视教材，设计触及学生内在感情的良好情境。只有这样，创设出来的教学情境才能真正发挥感染、移情作用，充分满足学生的心理需要②，激发学生带着高涨的情绪学习和思考。

总之，如果在地理课堂教学中始终能以"生活实际"为智慧源泉，以"情"为纽带，以"形"为手段，以"美"为突破口，统筹兼顾、运用自如，就一定能创设出适合各种地理课堂教学要求的教学情境，从而提高地理课堂教学的科学性和艺术性，最终达到提高地理课堂教学效率的目的。

第二节　地理教学语言美

法国雕塑家罗丹说过："美是到处都有的。对于我们的眼睛，不是缺少美，而是缺少发现。"地理课堂教学中有无数"美"的宝藏，只要我们认真去挖掘，引导学生欣赏美，认识到美是独特的即可。地理教师在课堂教学中其实无须强行灌输，只要把教材中的"美"展示在学生面前③，用准确、文雅、严谨、规范、生动、流畅的教学语言表达美的基本内涵即可。教学语言提炼美，是实现教学最美化的重要内容。

一、导课语言磁力美

成功的导课，也就意味着一堂课已成功了一半，导课艺术讲究的是"第一锤就敲在学生的心坎上"。教师的导课语言既要简洁明快、干脆利索，又要巧妙安排、精心设计。或以谚语、谜语、成语、格言、故事、寓言开课，掀起情感波澜；或巧设疑窦，犹一石击水，或用语诙谐机智，富有风趣美；或用语雅俗共赏、庄谐并举、平仄相间、整散结合、朗朗上口，富于音乐美；或用如簧之舌、悬河之口造磅礴之势，富有鼓动美。总之，美的

---

① 巴班斯基. 论教学过程的最优化［M］. 吴文侃，等译. 北京：教育科学出版社，1982.
② 阎承利. 教学最优化艺术［M］. 北京：教育科学出版社，1995：68.
③ 刑学大. 充分挖掘教材　切实实施美育［J］. 天津教育，1995（9）：34 - 35.

导课语言能像磁铁一样把学生的求知欲望紧紧地吸引到课堂上来。① 俗话说："良好的开头是成功的一半。"在讲课伊始，教师巧设一个引人入胜的艺术开头，往往能激发学生的学习兴趣和情感，启发引导学生思维，让学生快速进入课堂学习的最佳状态。这是实现教学整体艺术美的关键一步，可收到"先声夺人"的艺术效果。

如教学"世界的海洋"时，可以这样开头：同学们，辽阔、深邃的大海，有时风和日丽、碧波万里，有时却狂澜怒涛、风险浪恶。然而，不管它以什么面貌出现，不管它有着怎样变幻无羁的性格，却总是充满着生命力，汹涌澎湃、永不止息。大海对于我们来说，总是那么神秘。今天，我们不做文学家，去描绘大海动人的美，而是要做一个地理学家，去探索大海的自然奥秘。现在，咱们就一起来学习、探究世界的海洋。

在教学"西北地区"时，可以这样引入新课：在我们祖国的北部，有一望无际的大草原，有数不尽的牛、羊、骆驼。南北朝乐府民歌写道："敕勒川，阴山下。天似穹庐，笼盖四野。天苍苍，野茫茫，风吹草低见牛羊。"在那里，牛羊似珍珠，粒粒在闪耀；帐篷似花蕾，朵朵欲放苞。这广阔美丽的草原，便是我国北部的内蒙古大草原。我们今天要学习的是内蒙古大草原所在的西北地区。

若想像以上这样使用优美、生动的教学语言引入新课，教师平时就得广泛涉猎各种书籍，多搜集、锤炼与地理知识有关的优美语言。②

二、 课堂用语处处充满美

导课语言很重要，授课语言也要处处追求最美化，既要具有巨大的说服力，也要具有强烈的感染力。用优美、生动的语言讲课，不仅情景交融，娓娓动听，吸引学生的注意力，而且会使学生的思维永远处于活跃状态，有利于学生接收知识信息。例如可以这样介绍云南西双版纳密林：在祖国的西南边疆，波涛滚滚的澜沧江两岸，碧波万顷，绿色的林海遮天荫地。人们把这里比拟为镶嵌在祖国边陲上的"绿色明珠"，这就是著名的西双版纳。这里没有春、夏、秋、冬之分，植物终年吐露新芽，开花结果。高大茂密、常绿阔叶的热带树下，生长着许多灌木，一些藤本植物爬在树上。林中草木丛生，通行极为困难。西双版纳群山巍巍，林海莽莽，这就为动物栖息和寻找食物准备了条件，所以飞禽走兽也很多。珍奇动物不仅有老态龙钟的大象，有象征着吉祥的美丽孔雀，还有机灵活跃的金丝猴、长臂猿……教师用优美的语言来描绘美丽的大自然，学生不但学到了知识，还能激起对大自然的热爱和对生活的追求。③

又如教学我国的山脉，如天山时，可以一边播放天山的景观图片，一边用优美的语言进行描述：矗立蓝天的雪峰，呈现出稳固坚实的形体美；峭壁断崖上飞泻而下的雪水，呈

---

① 胡诗启. 如何实现教学最美化 [J]. 商丘职业技术学院学报，2005（4）：75 – 76.
② 杨明高. 地理教学语言的艺术性 [J]. 四川教育，1982（6）：30 – 31.
③ 杨明高. 地理教学语言的艺术性 [J]. 四川教育，1982（6）：30 – 31.

现出蜿蜒流畅的线条美；五彩缤纷的野花，呈现出绚丽夺目的色彩美；原始森林的鸟鸣，呈现出悦耳动听的音乐美；一望无际的草原，呈现出辽远广阔的空间美……而天山地区的灵山秀水、奇花异卉、珍禽异兽，便构成了天山景观的和谐美。地理中的日月星辰美、山川河流美、矿产资源美，都是教学内容中的自然科学美。

三、 结课语言回味美

巧设耐人寻味的结束语也是一种美。结课语言可以与导课语言首尾一贯、前后呼应，也可以为下一堂课留下悬念，使学生保持学习的兴趣。结课语言是一节课给学生留下的最终印象，所以应具有"言有尽而意无穷"的回味美。[1] 具有艺术特色的结束语，使学生的思维不仅仅局限于课堂之内，还能促使学生课外保持强烈的求知欲望，去积极探索美丽而神秘的地理世界。[2]

如在教学完"气旋"后，可布置学生课后探究作业：在《三国演义》火烧上方谷一战中，诸葛亮本想以火攻一举歼灭司马懿的军队，不料一场大雨将大火熄灭了。诸葛亮感叹道："这是天意啊！"真的是天意吗？还是有其他原因导致降水呢？请同学们根据刚才所学的内容并查找相关资料，分析降水究竟是天意还是有其他原因。

需要注意的是，在地理教学中，运用艺术性的语言必须注意两个方面：①不能脱离地理知识的传授而单纯追求语言的艺术性。如果言之无物，把语言技巧搞得花里胡哨，甚至玩弄辞藻，那是华而不实的坏学风。②教学语言美应该以有助于学生理解地理教材、掌握地理知识为前提。地理教学语言的艺术性，不能像说书、演戏那样，把讲台当作舞台，把学生当作观众，致使传授科学知识与文娱表演没有本质区别。[3]

第三节　地理教学板书美

地理教学板书是指教师教学时在黑板等上面留下的文字、符号、线条、图表等。地理教学板书不仅是课堂教学中的重要环节，还应是一种为教学设计的精美艺术。这些文字、符号、图表等要素不是杂乱无章的，它注意空间的组合；不是颠倒无序的，它强调时间的顺序；不是单调统一的，它要求颜色的变化。它们不同的位置、形状、色彩能够代表不同的意义。[4]

地理教学板书美，能激发学生的学习兴趣。科学而优美的板书设计，不仅能呈现出璀

① 胡诗启. 如何实现教学最美化 [J]. 商丘职业技术学院学报，2005（4）：75 – 76.
② 朱跃升. 语文课应注意的课堂设计 [J]. 语文教学通讯，1994（4）：36 – 37.
③ 杨明高. 地理教学语言的艺术性 [J]. 四川教育，1982（6）：30 – 31.
④ 李贞祥. 板书艺术的个性化 [J]. 新乡师专学报（社会科学版），1998（4）：73 – 74.

璨的教学艺术，而且能增添课堂教学中的强化效应和思索效应。然而长期以来有的教师并没有抓住板书教学美的规律，教学改革并不理想。其实，板书教学的实质是一个审美效应的问题。要想提高板书教学效率，必须抓住合规律性与合目的性的统一，抓住典型优越的板书美的创造，特别是要抓住学生的审美效应。只有学生亲身感受到板书训练的愉悦，板书教学的效率才有可能提高。[①]

一、 板书美的条件

美的板书，不仅可以促进学生对知识的领悟，也是一种艺术享受。要想板书美，需要从"准、简、新、雅、美"等方面再三琢磨修改，具体包括以下几点：

（一）布局得体，结构合理

所谓布局、结构，就是从内容到形式，有一个总体的设计和安排。如一块大黑板，在布局上要作适当的划分。一般以中间为主，两旁为辅，中间是"主板书"，两旁是"副板书"（或将整个黑板从中间大致分为左右两个部分，黑板左部是主板书，黑板右部是副板书）。或配以挂图、小黑板，这样有主有从，主次分明。另外板书字号的大小、行间的疏密、图文的搭配等，均要讲究平衡、对称、和谐。

（二）提纲挈领，画龙点睛

美的板书，应该起到突出教学重点及突破教学难点的作用。板书，就是以直观形象的书写、图画，使学生达到理解知识、强化记忆的目的。板书是教学内容的浓缩，应该经过字斟句酌的加工。内容应条理清楚，文句应明白晓畅。例如，人教版高中地理必修一第四章"地貌"第一节"常见地貌类型"中的"喀斯特地貌"的板书可设计如下：

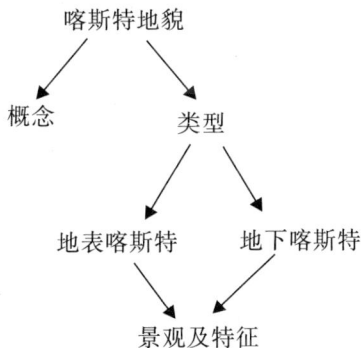

图 3-3 "喀斯特地貌"板书

① 尹家正. 要从审美效应入手——提高板书教学效率初探 ［J］. 四川教育，1982（6）：30-31.

（三）字迹工整，色彩和谐

板书的美感也体现在书写的水平和彩色笔的运用上。字迹端正、清晰、洒脱，会使学生心情愉悦，能调动学生视觉的积极性。板书色彩的搭配要讲究和谐，应以黑白两色为主，黑底白字或白底黑字，黑白分明，并使用少许彩色（如红、黄、绿，一般又以红色用得较多），将重点、难点、疑点用不同色彩的笔勾勒，起到突出中心、关键点的作用，收到较好的视觉效果，强化学生的记忆。但若彩色过于浓重，满黑板的五颜六色，则会使人眼花缭乱，其视觉效果就差了，主题也可能会被冲淡。[①]

二、 板书美的表现

好的板书设计，往往能带给学生愉悦和美的感受，得到美的教育。板书的各个要素——文字、线条、色彩、框架等按照一定的时间顺序、空间次序、色彩搭配统一起来，就构成一个精美的艺术品，[②] 能直接诉诸学生的感官，从而感染学生。板书美主要表现在以下几个方面：

（一）板书的文字美

板书的主要工具是粉笔或白板笔，属硬笔字，但它具有明显的传统书法的特点，是无声的音乐、有情的图画。现在的板书，一般采用楷书或行书。楷书，端正、匀称、雄健，给人以静态美的感受；行书，灵巧、协调、有变化，给人以动态美的感受。板书字号大小的对比显然会影响学生的信息接收。板书文字适宜的字号和巧妙的布局安排所具有的美的特征，能在无形中给学生以美的享受。

（二）板书的线条美

板书中的线条，主要起联结、指示等作用。线条一般分直线、曲线、折线。一般地说，直线显得稳重，表现刚劲、正直、挺拔之美；曲线给人以运动感，表现柔和、流畅、圆滑之美；折线给人的感觉是简约、现代、稳定，表现端正、韵律之美。此外，线条还可分为实线、虚线。[③] 实线给人以充实感，虚线则表示虚拟性。线条是板书是否美的极为重要的因素，运用得恰到好处能拨动学生的心弦，使他们得到美的体验和享受。

（三）板书的框架美

所谓框架，主要指整个板书的结构，包括文字、线条的排列组合。排列组合的好坏，

① 立芳. 小议板书美 [J]. 盐城师专学报（哲学社会科学版），1995（1）：35.
② 李贞祥. 板书艺术的个性化 [J]. 新乡师专学报（社会科学版），1998（4）：73－74.
③ 余启泉. 教学板书形式美探微 [J]. 教育艺术，2004（12）：58－59.

直接影响到板书形式的整体美。因此，一定要根据教材内容，遵循美的规律设计板书。[①]
板书的框架不是一成不变的，但整个框架应以形体的比例均衡、对称、整齐来吸引学生。
例如，高中地理"地壳物质循环示意图"可设计板书如下：

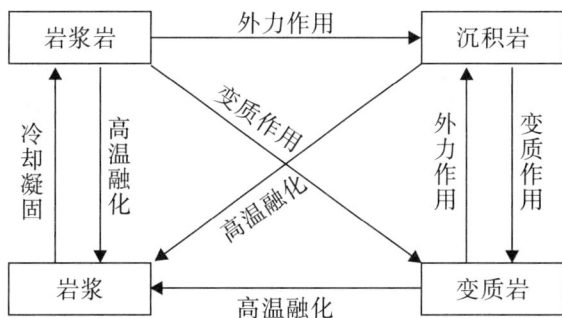

图 3 - 4　"地壳物质循环示意图"板书

（四）板书的色彩美

色彩美是指恰当地运用彩色笔。红色给人以热情、温暖的感觉；蓝色给人以清凉、冷
静的感觉；白色给人以纯洁、无瑕的感觉；黑色给人以压抑、低沉的感觉。[②] 不同的色彩，
能引起学生的不同情绪，强化学生的感知。学生正处于青少年时期，对色彩丰富性的要求
更高，因此，我们不可忽视。[③] 教师在板书时，要根据板书内容，运用彩色笔突出重点，
抓住学生眼球，同时通过色彩的搭配形成视觉冲击，无形中也是对学生的审美教育。

（五）板书的简洁美

一则板书能以简练的文字、简单的图形对课文内容作高度概括，就能让学生感受到一
种简洁美。要达到这种效果，须紧扣教材内容，从教材中挑选出具有代表性的点睛之笔或
自己提炼一些关键性的词语进行概括。板书的语言表达形式为多词组少句子，能用一个字
的不用一个词，能用一个词的不用一个词组，能用一个词组结构的不用一个句子[④]，从而
达到以简驭繁、语简义丰的效果。如教学南美洲西海岸秘鲁沿海岛屿上鸟粪层的形成原因
时，板书仅用"洋流——鸟粪"4 个字概括教材内容，揭示了秘鲁沿海的秘鲁寒流→上泛
冷水→有机物→微生物→海鸟→鸟粪的因果关系[⑤]，做到精言妙语，显示出一种简洁美。

① 刘明华. 板书美的形式初探 [J]. 上饶师专学报（哲学社会科学版），1988（1）：86 - 87，88，103.
② 李贞祥. 板书艺术的个性化 [J]. 新乡师专学报（社会科学版），1998（4）：73 - 74.
③ 史美庭. 板书美初探 [J]. 中学语文教学参考，2000（11）：41 - 43.
④ 林罗君. 基于语文教学美育的言语美和板书美 [J]. 教学研究，2015（7）：81.
⑤ 袁书琪. 地理教育学 [M]. 北京：高等教育出版社，2010：143.

对于篇幅长、内容繁复的教材内容，教师应作提纲挈领、系统完整的勾勒，使学生对全文印象清晰而完整，感受到一种缜密之美。

（六）板书的含蓄美

欣赏美需要想象活动。在审美的心理活动中，想象是重要的构成因素。有丰富经验的教师在板书设计时更多地留下一块"空白"，给学生想象思考的余地，引发学生积极思考，不断体味教材内容意韵之所在，产生一种回味无穷的含蓄美。①

（七）板书的图画美

用图画美来展示主要教学内容，是板书美的重要表现形式，因为它有明显的美的特征。图画美是指以绘画的形式再现教材形象性因素，主要指粉笔画。例如教师在教学中运用绘画的板书形式，绘出冲积扇、河流三角洲等，即运用美感直觉性的特征。这样不仅能使学生加深对教材内容的理解，还能使他们兴趣盎然。

马克思说过，人是"依照美的规律来造形"的，板书设计也是一种创造美的艺术。具有形式美的板书不仅在知、能的传授培养上是有作用的，而且能给学生以美的享受。②

三、 实现板书美， 提高板书教学效率的策略

（一）板书教学存在的不足

板书历史充其量不过两个世纪，但板书教学一经出现，教学立即改观。板书随着班级教学的产生而产生，又促进班级教学。1902 年清政府颁布的《钦定学堂章程》中就有"应备黑板"的规定，1912 年民国政府颁发的《师范学校规程》及《师范学校课程标准》也明确规定师范生要掌握"黑板写法"。此后，板书教学愈来愈被重视，成为教学整体必不可少的重要组成部分。然而，长期以来，板书教学的效果并不令人满意。

1. 忽视板书的简洁美

①板书频繁。有的地理教师不能较好地分清口头语言与书面语言的形式差别，板书内容繁多，写了一黑板又一黑板。学生看不完，抄不尽，眼花缭乱，连写些什么也记忆不起，只一味地埋头抄写。结果教师辛苦，学生疲惫，这样的板书起不到提纲挈领的作用。②板书杂乱无重点。有的地理教师板书目的不明，内容庞杂，随心所欲，乱给黑板圈点、搽花脸，学生笔记也凌乱不堪，一节课下来，学生不知孰主孰从，无法突出重点，课后也理不出头绪。③板书流于形式。有的地理教师忽视了教学美的实用性、客观性，板书设计过分追求形式的"美观"，没有全面准确地揭示教学内容，或者繁简失当，主次不分，要

---

① 史美庭. 板书美初探 [J]. 中学语文教学参考, 2000 (11): 41 – 43.

② 刘明华. 板书美的形式初探 [J]. 上饶师专学报（哲学社会科学版）, 1988 (1): 86 – 88, 103.

点不明。板书流于形式，分散了学生的注意力，影响了对教学的整体内容的理解和把握。以上种种，都是因为地理教师没有抓住美感的意象性和美的形式的典型性，没有抓住有目的地驾驭规律的现实美的创造原则，从而难以发挥板书的审美效应，也难以激起学生的学习兴趣。学生在学习中不能顺利地吸收、内化知识，难以培养智能。如此板书，教学效率肯定是难以提高的。

2. 欠缺板书的个性美

有的新教师图方便省力，盲目地照搬照抄现成的"板书图示集"。他们不去分析板书教学美的绝对性、相对性，不去分析美的形式与内容的关系，不去根据特殊的、具体的地理教学内容，确定具体的教学目标，特殊问题特殊设计，因时制宜、因班制宜、因人制宜。结果常常是隔靴搔痒，事与愿违，难以提高板书的教学效率。①

（二）提高板书教学效率的策略

1. 围绕教学目标，有针对性地组织板书

其实，"板书"在教师最初的潜意识里，本无所谓"美"的问题，教师的第一欲念是要传达教学信息。然而，一旦板书在黑板上，需要学生领会内化的时候，板书便成了审美对象。学生对板书信息的理解、吸收、内化，从头至尾又是在审美过程中进行的，这就必须按照美的创造原则设计板书。而按照美的创造原则，就必须以"善"为灵魂，突出美的功利性。"人离开动物愈远，他们对自然界的作用就愈带有经过思考的、有计划的、向着一定的和事先知道的目标前进的特征。"② 一切教学活动都是目的性很强的人类实践活动，板书的诞生正是为了增强这种目的性。当"教"与"学"双边活动、语言交流无法尽意的时候，便利用板书使师生双边的意志和要求统一起来。所以，要从审美效应入手，提高板书教学效率，突出教学目标。只有突出教学目标，认真研究学生，掌握他们的兴趣、学习策略、知识能力基础，板书设计才有针对性，才不致随意板书、满堂板书、照抄别人的板书，也才能有效地设计板书，发挥对学生的引导、启迪、净化、感悟效应。

2. 突出教学重点，设计精练新颖的板书

教学目标一经确定，便要强调教学重点，再现教学内容的本质特征。可以用概括法和强调法突出教学重点。"概括法"主要是以文字和符号等概括教学内容，使之深刻地、高度浓缩地蕴含完整丰富的信息。通过这些新颖而精练的文字、符号的组合，学生受到启迪、感悟，准确地领会教学内容，提高归纳、概括能力，好学、善学、乐学。"强调法"是运用变化字号大小、颜色、添加线条符号等手段，对板书内容合目的的地方加以强调，使教学目标更为鲜明，教学重点更为突出的方法。

---

① 尹家正. 要从审美效应入手——提高板书教学效率初探 [J]. 保山师专学报，1997（3）：54－61.
② 中共中央马克思恩格斯列宁斯大林著作编译局. 马克思恩格斯全集：第二十卷 [M]. 北京：人民出版社，2016：517.

3. 利用美的感性形式，提高板书的审美效应

一般来说，作为教学板书，完整准确地揭示教学内容，反映教学规律的"真"，是提高其审美效应的基础；体现教学目标的"善"，是其审美效应的灵魂。板书教学的审美效应不能离开真与善，不能违背真与善。但板书的审美效应又有自身特有的质的规定性，不能简单地用"真"或"善"来等同或取代。正如狄德罗所说："真善美是紧密结合在一起的。在真或善之上加上某种罕见的、令人注目的情景，真就变成美了，善也就变成美了。"① 也就是说，板书的审美效应必须在完整准确地反映教学内容的"真"、体现教学目标的"善"的基础上，再加上某种罕见的、具体而又光辉的形象，才会充分体现出来。因为任何美的事物和现象总是形象的、具体的、凭着感官可以直接感受到的。"以感性形式显现出来的人的本质力量是形成美的感染性的核心力量。"② 因此，不注意板书的直观形象或典型化是不对的，细碎繁杂或凌乱不堪是不对的，笔迹不清或字体不正更是不对的。板书必须形象直观、典型新颖，表现出地理事物或现象的动态发展变化情况，讲究内部结构的排列组合方式、装饰方式，把学生带入某种意境之中，感受或整齐美、或对称美、或立体美、或赋形美、或照应美、或回环美。总之，必须以具象化的形式帮助学生实现知识的内化。

综上，板书既要有目的性，富有针对性；又要合教学内容、合教学规律，还要讲究美的结构和形象，更要注意学生的心理，特别是审美心理，这是提高板书教学效率的根本途径。③ 板书设计应遵循实用的原则，努力做到既有科学性，又有启发性；既要展示教材的主要内容，又要揭示教材内容的艺术特点。尤其是在教师引导学生描画"知识树"等思维导图，把知识"串珠成线、结线成网、套环成链"时，板书能够起到其他教学方式所起不到的积极作用。但不能本末倒置，刻意追求板书艺术，把板书设计当作是书写表演，从而冲淡教学内容，影响教学效果。④

第四节　地理板图板画教学美

板图板画教学在中学地理教学中是不可或缺的教学手段，地理板图板画集线美、形美、色美于一身，可以只取其神似而不计其细节，写意而不写实，还可把"看不见、摸不着"的抽象无形的地理问题形象化、具体化，充分调动学生的眼、耳、口、手等多种感官

---

① 狄德罗. 狄德罗美学论文选［M］. 2 版. 张冠尧，桂裕芳，等译. 北京：人民文学出版社，2008：391.

② 刘叔成，夏之放，楼昔勇，等. 美学基本原理［M］. 上海：上海人民出版社，2010：43.

③ 尹家正. 要从审美效应入手——提高板书教学效率初探［J］. 保山师专学报，1997（3）：54 - 61.

④ 聂影. 把学生引入美的天地去——语文教学要追求语言美、板书美、穿插美［J］. 佳木斯教育学院学报，1996（2）：32 - 33.

参与学习,激发学生学习地理的兴趣和热情①,起到其他教学媒体难以起到的作用。板图板画是地理教学的"第二语言",是艺术化教学的体现。板图板画教学有利于营造良好的学习氛围,提高学生识图、析图和用图能力。

一、 地理板图板画的教学功能②

(一)有利于突出教学重点,突破教学难点

地理板图板画旨在抓住地理现象和地理过程的特征阐释地理问题,有利于突出教学重点,突破教学难点。地理板图板画对学生理解、掌握难点知识极有帮助。如七年级上册中的"我国地势西高东低,呈阶梯状分布"教学内容是"中国的地势与地形"的重难点,教师可运用地理板图板画帮助学生理解,如通过沿 36°N 线绘制剖面图、三级阶梯,使知识简单明了,易于被理解,从而突破教学难点,使学生快速理解和掌握重点知识。

(二)有利于达到课标要求,实现教学目标

地理板图板画体现出地理知识与图像不可分割的特征,符合地理教学的特点,更有利于实现教学目标。在地理课程教学中,课程内容选择、教学方法和教学方案的设计都需要依据地理课程标准来确定。因此,板图板画在课堂中的设计、应用都要考虑是否符合课程标准要求。例如,在讲解初中地理"海陆分布"知识时,课程标准要求"运用世界地图说出七大洲、四大洋的分布",为此,教师可在黑板上画出"世界轮廓图",让学生清晰直观地感知,有助于掌握"七大洲、四大洋"的名称及分布。

(三)有利于营造良好的学习环境

地理板图板画追求"形似",写意而不写实,以示意的方式揭示地理事物的本质、内在联系、演化规律等内容③,因而更形象、更富有趣味性。将其应用于课堂教学中,能够活跃课堂气氛,营造良好的学习环境,激发学生的学习积极性,提高学生的注意力。例如,世界各个大洲、各个国家及我国各省市的轮廓不一,为方便学生学习并掌握,教师可借助地理板图板画,让学生联想其轮廓像什么,如我国的轮廓像雄鸡,广东省的轮廓像鸡腿。如此,学生便有了较大的想象空间。用这样的方法可以帮助学生更加高效地记忆大洲、国家及我国各省的轮廓图。

① 王雪琴.浅谈优化小学数学课堂教学的策略[J].新课程研究,2021(4):86-87.
② 高源,段亚会.板图板画在地理基础知识教学中的应用探讨——以人教版初中地理教材为例[J].基础教育,2017(10):225-226.
③ 林元龙,叶克鹏.且行且思且感且悟——从温州市首届地理学科素养比赛谈教师素养提升[J].地理教育,2013(9):6-7.

（四）有利于培养学生的读图能力

板图板画能直观、简明地表达地理事物和地理现象的特征，地理教师可以引导学生学会在板图板画上找出并分析各种地理事物和地理现象的分布、特征、成因及其相互联系。如此经常性地训练，就能提高学生的读图、分析图和用图能力。例如，在教学我国主要山脉时，教师可在黑板上画出的中国轮廓图相应位置上，引导学生一起用线条标注出我国的主要山脉。相比较元素较多的中国地形图，教师引导学生在如此简单明了的板图上寻找、记忆山脉的名称及分布，效果会更好，更容易培养学生的记忆能力及地理读图能力。

二、地理板图板画教学美需注意的事项

（一）精心设计地理板图板画，增强画面美和表现力

为了取得理想的教学效果，教师在备课过程中，要对地理板图板画进行精心设计。要根据教学目标、教学内容、学情等，准确把握板图板画的内容、形式及呈现时间等。板图板画要舍繁复、去枝蔓、突出教学重点，大胆裁剪与教学无关的内容，根据板图板画的绘制原则，掌握板图板画的绘制要领，力求几笔就能反映地理现象及规律。在设计板图板画时，还需注意比例协调，合理利用彩色笔成图，注重板图板画整体审美效果。匀称、规范的点和线，生动美观的图像，将增强画面的美感和表现力。只有课前精心设计，板图板画教学才能精彩纷呈。教师在课堂上一边讲解一边进行板图板画时，学生的注意力便能被教师的妙笔吸引，课堂教学气氛达到高潮，学生在惊叹、敬佩及愉悦的情感体验中，获得艺术美感享受，消除疲劳，提高学习效率。

（二）提高地理板图板画技能，达到炉火纯青的境界

在课堂教学中，地理板图板画的具体绘制需要教师在课堂上完成。但课堂时间有限，这对教师绘制板图板画有较高的要求，既要求准确度，又要求速度，还要追求美观性。为此，教师需要掌握地理板图板画三要素，即略（板图形式简略、美观）、像（内容准确，重点突出）、快（作图迅速，与语言同步）。教师要多学习描绘板图板画的基本理论，并进行徒手绘画练习。一般来说，学生需反复练习，经过琢磨临摹（熟悉过程）→默画（初步记忆过程）→再临摹（纠正错误过程或巩固记忆过程）→默画（强化记忆过程）等几个阶段，才能成"图"在胸，达到熟能生巧的程度。①

例如，地理区域轮廓略图主要起到指定地理位置、圈定地理范围的作用，这就要求绘图要准确，一方面是区域轮廓形态准确，另一方面是与其相邻区域的位置关系准确。地理

---

① 高源，段亚会. 板图板画在地理基础知识教学中的应用探讨——以人教版初中地理教材为例［J］. 基础教育，2017（10）：225－226.

区域轮廓图要在课堂教学极其有限的时间内完成，并且要配合讲授，边讲边画。这就要求除了绘画准确之外，还要迅速。要达到绘画准确、迅速，首先要充分认识"原图"（标准地图），要经常观看、分析、研究、记忆各不同地理区域轮廓图的图形特征，使其在头脑中留下"不可磨灭"的深刻印象。在接触一个新的地理区域时，要像读书、看画一样反复"阅读"，分析其图形的走势，主要弯曲转折，每一主要弯曲转折的弧度、长度等，使之达到"难以忘怀"的程度，甚至闭上眼睛也能想象出图形的轮廓形态乃至每一个弯曲转折。对图形轮廓有了牢固的记忆之后就要动手对"原图"进行简化，即将标准的区域轮廓图简化成易于记忆、易于绘制的"略图"。上述过程完成之后，就要辅之以反复的摹画"略图"的训练，最后达到在没有"原图"参照的情况下，也能够准确、迅速地勾画出地理区域轮廓略图。①

板图板画技能是地理教师必须掌握的教学基本功。高师院校要特别重视培养地理师范生的板图板画技能，对准教师们进行系统、严格的板图板画技能训练。但地理师范生要充分认识到，板图板画技能的掌握、提升，最主要的还是要靠自己坚持不懈的练习，正如达·芬奇画蛋，冰冻三尺非一日之寒。只有坚持不懈地、一遍又一遍地重复练习板图板画绘制，才能迅速成图，还要及时进行板图板画教学反思，弥补自己的不足和欠缺，才能达到技艺炉火纯青的境界。

（三）注意地理板图板画的教学适用范围，多法并举

在地理教学中，板图板画教学法扮演着非常重要的角色，为课堂教学增添了绚丽的色彩。但板图板画教学法也只是地理教学方法中的一种，并不是所有的地理教学内容都适合使用板图板画教学法。要做到该用时用，恰当使用，与其他教学方法相整合，取长补短，才能充分发挥板图板画教学法的优势，从而取得更好的教学效果。②

（四）处理好地理板图板画与其他媒体的关系，扬长补短

地理板图板画具有直观性、一览性特征。地理板图板画教学能以最简单的笔触，表现地理事物的空间性、发展变化以及各地理要素的相互联系，直接切入知识要点，针对性极强，有突出的表现力，能给学生留下深刻的印象，学生可以紧跟教师的笔触更好地理解地理知识，提高发现问题、分析问题和解决问题的能力。可见，传统的板图板画仍具有强大的生命力，依然是当代地理课堂常用的教学手段。但任何一种教学媒体都是有其特定的使用范围的，若使用过度都是会出现一定弊端的。教师要根据不同的教学内容及学情等，精

---

① 孙雅萍，蔡春苗，王喜山. 地理教学板图板画的绘制技法和程式研究［J］. 哈尔滨学院学报，2010，31（8）：139－141.

② 高源，段亚会. 板图板画在地理基础知识教学中的应用探讨——以人教版初中地理教材为例［J］. 基础教育，2017（10）：225－226.

心设计板图板画，与其他教学媒体相互结合使用，取其精华，进行优势互补，才能减轻教师的教学压力，提高学生的学习兴趣和学习质量，培养学生的空间思维能力。

例如，计算机多媒体主要用来展示提纲、较复杂综合的图示、地理动态变化过程等，而板图板画则可以紧跟教师的语言，边讲边画，层层讲解，步步推理，把各要素按照地理事物的发展有序地逐一呈现在学生面前。由浅入深，由表及里，由具体到抽象，充分揭示地理事物的本质、内在联系、演化规律等，对于学生理解完整的地理概念具有十分重要的意义和作用。①

（五）增强地理板图板画教学设计的创新意识，培养创新能力

板图板画教学是需要精心设计的。需要新颖的创意、精练的语言、清晰的条理、扎实的板图板画基本功，对地理事物、地理现象之间的联系和原理进行讲述、分析、概括和总结，引导学生对地理知识的了解和认知。教师在上课前应做好备课工作，根据每节课所需要教授的内容，有计划、有目的地安排好每个知识点，并且提前对课堂上将会用到的板图板画做好练习，以保证教学时能快速画出相关的图、画。板图板画内容准确、条理分明、逻辑清晰，对学生具有吸引力和启发性，利于与学生的互动。对板图板画教学的内容设计不仅要根据学生平时的学习状况和学习水平，还要根据新课标和教学计划要求，形式上要足够新颖②，富有创新，才能在板图板画的教学过程中，使学生自始至终保持注意力集中，积极参与，从而提高课堂教学效率。

三、 地理板图板画教学美案例

下面是一位地理教师所授复习课"长江和黄河"的教学设计及部分课堂教学过程实录：

没有现代化的教学手段，甚至连实物投影都没有，如何上好复习课"长江和黄河"？众所周知，这部分内容知识点很多：上、中、下游的划分，众多的支流、水利枢纽的名称……学生学习时容易混淆。这么大的课堂容量，不用多媒体辅助教学，怎么可能完成教学任务呢？

为了能教好这节课，让学生以饱满的热情来学习，我颇费了一番心思来研究教材：复习课本来就枯燥，如果还是采用老生常谈的对比法平铺直叙地进行复习，肯定不能激发学生的兴趣，必须得有一个巧妙的设计才行。于是我潜心研究教材、揣摩教参，设计了一个新颖的教学思路：将长江、黄河虚拟成两个人的成长过程，再利用板图板画的形式进行

① 孙雅萍，蔡春苗，王喜山. 地理教学板图板画的绘制技法和程式研究［J］. 哈尔滨学院学报，2010，31（8）：139－141.
② 赵书研. 中学地理板画教学存在的问题及其对策［J］. 中学教学参考，2019（28）：88－89.

教学。

首先发挥了自己的板图板画优势，三下五除二就在黑板上用白色粉笔绘出了中国轮廓图，并在中国轮廓图相应位置上用黄色粉笔画出了黄河水系示意图、绿色粉笔画出了长江水系示意图，用红色粉笔画上秦岭，支流和分界点暂且不画。看着学生崇拜的目光，真有点"久违了"的感觉。平时用课件讲课时，学生的注意力都在多媒体上，而今天我再次成为课堂上的"焦点"，颇有几分成就感，讲课的热情也越来越高涨。学生在我的带动下，气氛空前活跃，参与的积极性特别高，很多学生也跟着我画起了简单的示意图……

【课堂部分实录】

师：长江、黄河是青藏高原母亲的两个儿子，他们在流向大海的过程中逐渐成长，但成长的过程是曲折的，这节课就让我们沿着源头顺流而下，再一次回顾他们的成长之路。

他们的童年是在青藏高原妈妈的怀抱里一起度过的（标注发源地青藏高原，以及共同流经省区青海）；后来由于志向不同，一条流向南、一条奔向北（指向板图，强调其空间位置，并注明各自流经的主要地形区及省区）；他们在流向大海的过程中逐渐成长，但成长的过程是曲折的（标注上、中、下游界点城市）；在不同的环境下，两条大河也结交了一些志同道合、想一起奔向大海的朋友（标注支流名称）。

黄河到了中游，由于不能严于律己，结交了一些不良朋友（标注支流），品质发生了很大变化。（引导讨论：黄河含沙量大的原因以及解决措施。）

长江在中游走上了曲折之路，理想也发生了动摇，随时会如洪水猛兽，破堤而出。（引导讨论：长江发生洪灾的原因及应对措施。）

环境的影响让他们彼此产生了巨大差异，不过他们在阶梯交界处依然是奔腾咆哮，奉献了丰富的水能资源（标出主要水电站）。

别出心裁的教学设计，活跃了课堂气氛，增强了学生参与学习的主动性。根据板图，学生很快记住了两条河流的概况，有的学生还发现了长江示意图可以用"V"加"W"来表示，两大湖泊就在"W"的底部，黄河则形似汉字"几"。最精彩的是有位学生根据板画，总结了一个记忆长江支流的顺口溜："雅（砻江）、岷（江）、嘉（陵江）、汉（江）在北岸，南岸分布乌（江）、湘（江）、赣（江），洞庭（湖）、鄱阳（湖）在主干。"如此便解决了学生容易混淆长江众多支流位置的难点，让我惊喜不已。我也结合板图编了几个顺口溜，引导学生快速记忆长江、黄河流经的省区名称。① 如，青藏（青海、西藏）穿（四川）云（云南）霄，唉（渝）！两湖（湖北、湖南）两江相辉映（江西、安徽、江苏），嗨（上海）！青（青海）川（四川）甘（甘肃）宁（宁夏）内蒙（内蒙古），陕（陕西）山（山西）河南东（山东）。如果此部分内容是利用一闪而过的课件展示，那学生怎么会有如此的收获呢！

---

① 李卫. 板画"遇上"多媒体［J］. 中学地理教学参考，2016（8）：66－67.

第五节　地理园（室）教学美

《普通高中地理课程标准（2017年版2020年修订）》实施建议中指出：学校要加强地理园建设，逐步建设地理专用教室。地理园（室）是中学地理教学的必要配置，是地理课堂辅助教学、学生课外探究学习和实践的重要场所，是一本活的地理教科书。地理园（室）具有活动实践化、资源丰富化、教材形声化、形式多样化等特点，利用地理园（室）进行教学，能情景交融、突破时空界限，把要教学的地理事物、现象及变化发展过程，以实践、探究、图像、声音等形式再现于课堂，为学生创设一个形象直观、生动有趣、真实或虚拟的教学情境，突破地理教学难点，开阔学生的地理视野，激发学生的学习热情，满足学生多样化的地理学习需求，培养学生的地理空间思维能力和实践能力，促进学生全面与个性发展。[1] 地理园（室）与校园文化一起营造充满诗情画意的美丽校园，提高学生发现美、表现美、创造美的能力。

一、地理园（室）的功能

中学地理园（室）建设的基本原则，就是根据教学内容的需要，将空间和时间上大尺度的地理事象再造在地理园（室）中，缩短学生对客观地理事象的认识过程，为教学创设理想的现场，为学生创造"动手""动眼""动脑"的条件，尽可能地调动学生的主体因素，激发创造才能。

（一）开辟了教与学的"投入环境"

地理园中的山山水水取自大自然，其外表之美，足以引起学生的有意注意或无意注意，从而掌握地理知识，激发学习兴趣，但这不过是一种显而易见的表面"刺激"，经久不衰的兴趣归根结底源于对知识的探索和应用。地理园为学生设立了不少"发现""创造"的可能条件。如"地貌模拟区"内多姿多彩的各类地貌可供学生观察，去发现造物主的奥秘，从而使感性认识获得"升华"。[2]

地理室内奇妙无穷的模型和千奇百怪的岩石标本等，总能吸引住学生的视线和脚步。地理室内的各种地理模型、经纬仪、三球仪和录像机等教学设备，能使抽象的地理知识变得容易理解。利用各类大幅地图及模型，加以适当的指导，能有效地培养学生的读图、制图、空间思维等能力。专业氛围浓厚突出的地理室，有利于地理教师在教学过程中挥洒自

---

① 薛小刚. 地理园（室）在中学地理教学中的价值 [J]. 新课程（下），2011（5）：138.
② 甘乃桢. 地理园的教学功能 [J]. 教育导刊，1994（5）：28 – 30.

如，促使地理教育在声影交辉中绽放异彩。①

（二）提供了发现及实践的机会

学生通过实践掌握的知识更牢固。地理园（室）能使学生既动脑，又动手，从中获得乐趣和教益。地理园中各种地貌地形模型真实再现了自然界各种地貌的特征及成因，不仅能让学生感受到视觉上的震撼，也能让学生产生"亲历现场"的感觉。如等高线知识是教学难点，若地理园（室）有等高线模型（在等高线模型中，不仅有山顶、鞍部、陡坡、缓坡、山谷线、山脊线、山谷、陡崖等地貌单元及其等高线闭合曲线，还有剖面图），则学生学习等高线相关知识时便能形成直观的概念。如此，等高线地形图的判读和应用等难点问题便能轻而易举地突破了。②

二、　地理园与地理室的教学优势

徐特立曾说，"教学最好是从实物的观察入手"。创建地理园和地理室，可以打破照本宣科的封闭式课堂教学模式，课堂教学形象直观，生动活泼。地理园的教学优势在于露天，置身于大自然的环境中。在地理园内设置各种立体模型，能起到"活"的地理教科书的作用，把平面转化为立体，把抽象转化为直观。地理室的教学优势在于设备现代化、教材形声化、手段多样化；能突破时空的界限，把要教学的地理事物、地理现象和地理过程，以图像和声音的形式再现于课堂上。

表 3 - 1　地理园与地理室的功能比较表

教学功能	地理园	地理室
1. 理论联系实际的重要场所（把大自然作为课堂和实验室）	较强	较弱
2. 进行地理教学的基地（乐学的环境）	较弱	较强
3. 直观教学的场所（"活"的地理教科书）	较强	较弱
4. 应用现代地理教育技术的基地（多媒体地理教育的环境）	较弱	较强
5. 课外科技活动的场所（培养能力的活动课程）	较强	较弱
6. 地理课外教育的基地（"地理博物馆"的环境）	较弱	较强

例如，利用计算机辅助地理教学，能使图文并茂、动静结合。还可以利用计算机建立题库，评定成绩，大大减轻教师的工作负担。创建地理园（室），对开展地理课外活动均很有利，给学生课余进行地理自主学习、合作学习、探究学习提供了一个良好的学习环

---

① 霍志达. 澳门基础教育中地理室的发展回顾 [J]. 中学地理教学参考，2009 (9)：56 - 57.
② 崔兴岭，朱燕. 操千曲而后晓声，观千剑而后识器——地理园在培养学生地理核心素养中的作用 [J]. 新教育，2017 (23)：38 - 40.

境。这有利于激发学生的地理学习兴趣，提高学生理论联系实际的能力及分析地理问题、解决地理问题的能力。地理园和地理室的项目内容越丰富，组成越合理，功能就越强大。

地理园和地理室各有自己的教学功能优势（见表 3 – 1），两者不能相互代替。

若地理教师能对地理园和地理室的教学功能进行优势互补，将对优化地理课堂教学，打破"满堂灌"，起到很大的促进作用。①

第六节　地理实验教学美

中学地理实验是打开学生灵感和智慧的金钥匙，而真、善、美是锤炼这把金钥匙的原动力。教育家苏霍姆林斯基说："我一千次地确信，没有一条富有诗意的、感情的和审美的清泉，就不能有学生全面的智力发展。"实验教学中，促进"学生全面智力的发展"的"美的清泉"是什么呢？那就是实验教学自身的美感，这种美感体现在教态、语言、板书、环境和教具等方面。

一、　实验教师的教态美

俄国教育家乌申斯基说过，教态"对儿童心灵是一股非常有益的阳光，而这种阳光是没有东西可以代替的"。在实验教学中，教师要以怎样的教态之美来感染学生呢？首先，要衣着得体、整齐，着装的颜色宜单纯统一，不宜花哨，否则，实验时，教师花花绿绿的服饰在学生面前晃来晃去，会分散学生的注意力，影响学生对实验现象的观察。还要注意冬不太厚夏不透露，女教师可适当地化淡妆，但切忌浓妆艳抹。其次，实验教师的眼神要诚挚热情，手势要稳重简明，表情要敏锐活泼，动作要大方得体，神态要潇洒自如。在此最值得一提的是态度、手势和眼神。对某些有一定危险的实验，教师的态度切忌缩手缩脚，因为教师一旦缩手缩脚，学生就会害怕危险而不敢尝试了。教师应在讲清步骤和注意事项的前提下，沉着镇定地大胆实验。实验教师的手势，宜少不宜多，宜简不宜繁，要特别注意手势对操作过程讲解的辅助作用及指点器皿的准确到位。实验教师的眼睛要能说话：给缩手缩脚者以鼓励，给手忙脚乱者以安定，给急功冒进者以制止。

二、　实验教师的语言美

实验教师的语言美，首先体现在它的规范化：规范在于简明，以简练的语言表述丰富的实验准备、过程和结论；规范在于专门术语的精当运用，强化实验课程的特色；规范在于强烈的针对性。其次，实验教学的教学语言应具有与其他教学共有的美的特性，如悦耳

---

① 何化万. 地理园和地理教室的功能探讨［J］. 中学地理教学参考，1996（5）：4 – 6.

动听，以纯美丰富和清脆圆润的音质、灵巧多变的旋律，给学生以听觉上的美感享受；富有幽默感，在妙语连珠、声情并茂、绘声绘色的讲述中把学生带入实验教学的情境；要抑扬顿挫、错落有致，语调变化与实验教学的内容和谐统一，浑如"大珠小珠落玉盘"。苏霍姆林斯基说："教师讲的话带有审美色彩，这是一把最精致的钥匙，它不仅开发情绪记忆，而且深入到大脑最隐蔽的角落。"实验教师的美的语言，授之以趣，动之以情，导之以规范，定会在教给学生丰富知识的同时，给学生以丰富的美感享受。

三、　实验教师的板书美

板书是无声的语言，是实验教学的眼睛。实验教学板书之美，美在文字精练、内容完善、色彩清丽、构图造型合理。应是教师在认真分析教材、处理教学内容的基础上，在课堂上以简明的文字、图形等将教学内容提纲挈领地在黑板上再现出来的直观教学手段。美的板书要对黑板平面统筹安排，文字、图形、解释性说明等板书的位置合理分布，在整齐中求变化，在变化中求美感。美的板书应字体刚劲优美，书写规范准确。美的板书、图形应科学规范并富有形象性和艺术性。总之，实验教学的板书，应字迹工整、布局合理（一般文字居左，图画居右）、排列有序、条理清楚，既与实验内容有机结合，又赏心悦目。

四、　实验教学的环境美

环境冶性，环境育人。让学生在美的环境中求知探索，不仅使学生学到科学文化知识，还可以提高学生的审美情趣和美学素养。实验教学的环境之美，主要表现在两个方面：

（1）实验教室的布置美。如实验教室环境安静、光线充足、空气清新，实验教室黑板上方写上实验教学的要求："认真、细致、规范、准确"；实验教室两边的墙上挂上实验室规则、地理学家的画像及名言警句。

（2）实验仪器的摆设美。实验桌上准备的仪器的摆设要做到层次井然、简洁有序、纵横整齐、十分洁净，并要求学生做完实验后准确归位，养成学生良好的实验习惯。优美的实验环境，不仅给学生一种和谐的美感，而且还能够润物细无声，起到潜移默化的教育作用。[①]

五、　地理教具制作美

地理教具制作要遵循美学原理的"心理简化"原则，省去一些细节，突出特征，并适当保留些"偏差"。当教具简洁程度正好符合学生心理简化水平时，就会加强学生的求知欲望，提高教学效率。教具制作应具备以下特点：构思巧妙、设计新颖、结构简洁、形式多样、教学适用、造价便宜等，这些都具有深刻的美的内涵。例如，制作幻灯片时恰当地运用

---

① 蒋笃家. 按照美的规律打造实验教学［J］. 新课程学习（中），2015（2）：68.

艺术手段，准确简洁、生动美观地表现教学内容，增强情感刺激，激发想象，促进思考。但要注意完美的艺术形式与严密的科学内容有机统一，不能为追求形式美而忽略科学性。[①]

六、地理实验现象美

地理实验教学是一种美的创造性活动。做好地理实验，让每次地理实验都迸发出人类智慧的火花，成为学生认识世界长途中的一个新台阶，将学生领进一座座迷人的科学殿堂，这不仅能培养学生的观察力、思考力，而且能使学生在地理实验中得到美的享受，陶冶情操。[②]

地理实验类型的划分有不同的标准。按照学生是否操作实验，可以分为教师演示实验和学生操作实验；按照使用的仪器和材料不同，又可以分为真实实验和模拟实验等。[③] 例如，"证明热力环流存在"的真实实验，"模拟大气温室效应"的模拟实验等。

（1）真实实验。学生可以在课堂教学中观测到实验过程及实验结果，并在教师的指导下参与实验全过程，有利于提高课堂教学的有效性。其不足之处主要为：受课堂场地及教学时间的限制，课堂操作过程中的影响因素太多，实验结果在呈现的时候有很多不确定性。其适用范围是：在教学过程中易于操作的，可以在短时间内得出较明确实验结论的地理实验，如河流的侵蚀地貌形成实验。

（2）模拟实验。模拟实验往往以微课视频的方式展示。主要是学生在教师的指导下，或教师独自使用一定的设备和材料，通过有意识地控制条件的操作过程，引起实验对象的某些变化，从观察这些现象的变化中获取新知识或验证知识。其不足之处主要为持续时间较长。因此，在具体地理课堂教学中，往往没有充足的时间展示完整的地理现象，以视频的方式录制、剪辑相关实验步骤和结果，既能让学生直观地感受地理实验，又能将实验视频上传至视频网站，方便学生课后继续观看学习。[④] 其适用范围是：在教学过程中难于操作的，需要长时间（一节课以上）才能得出较明确实验结论的地理实验，如大陆漂移、沧海桑田的变化等。

"美是到处都有的，对于我们的眼睛，不是缺少美，而是缺少发现。"大雕塑家罗丹道出了亘古不变的真理。在地理实验教学中，地理教师就是要善于发现美、创造美，从而让学生感悟美、享受美。[⑤]

① 梁开玉. 实验教学中的"美"［J］. 内蒙古教育，2000（8）：33.
② 刁锡恩. 化学实验教学中的美学与美育［J］. 现代中小学教育，2011（11）：40－41.
③ 李金国. 新教材"探索"板块的教学处理［J］. 地理教学，2006（4）：22－24.
④ 唐祥蓉. 地理课堂中的实验教学方式研究［J］. 内蒙古教育，2016（9）：97－98.
⑤ 蒋笃家. 按照美的规律打造实验教学［J］. 新课程学习（中），2015（2）：68.

第七节 地理计算机多媒体教学美

一、 地理学科应用计算机多媒体教学的优势

（一）增强学生识图能力

中学地理知识涵盖内容比较广，学生必须掌握一定的识图技巧，才能更好地提高地理学习效率。传统教学中应用地理教材和地图册进行教学，学生接触到的地图都是纸质版的，教师依靠口头阐述，学生难于找到地名，所以课堂教学开展起来会相对比较困难。但是应用计算机多媒体进行辅助教学，教师可以把对应的地图投影到大屏幕上，使用激光笔指出具体的地名来，让学生更加直观地了解这部分内容，易于跟上教师授课的速度及思路，这样课堂效率自然会有所提高。此外，应用多媒体教学可以联网分享很多优质教学资源，开阔学生视野，提升学生识图等方面的能力。[1]

（二）多角度拓展学生的想象力

爱因斯坦说过："想象力比知识更重要，因为知识是有限的，而想象力概括着世界上的一切，推动着进步，并且是知识进化的源泉。"计算机多媒体融合了文本、声音、图像、动画、视频等多种信息，经过精心设计所制作的精美地理多媒体 CAI 课件，声画同步、图文并茂，能够将课本中的那些较为抽象难懂、枯燥乏味的教学内容转化为可视可听、形象生动、富有艺术感染力的画面直观展示在学生面前，能有效调动学生多种感官参与课堂教学。与传统地理教学相比，为学生开拓了一个更广阔的、丰富多彩的地理世界，融审美、讲授、示范于一体，多角度拓展学生的想象力，使抽象思维具体化，帮助学生更高效地掌握地理知识。

（三）打破时空界限

应用计算机多媒体教学，可以打破时空界限，纵览古今，横观中外，使学生在地理知识的殿堂中遨游，在想象的空间插上飞翔的翅膀，寓审美教育于潜移默化之中，寓教于美。

如在教学"多民族的国家"一课时，根据地理课程标准要求、教材内容等，把我国一些地方的风俗习惯、服装饮食等制作成精美的课件，让学生充分了解我国的民族文化、地域民俗情况，通过计算机多媒体使民族情感与艺术形象完美地结合了起来。

---

[1] 王鹏. 高中地理应用多媒体教学的利弊［J］. 新课程（下），2019（3）：105.

（四）突出教学重点，突破教学难点

在地理课堂教学中利用计算机多媒体进行教学，地理教师可以把课本上的平面信息进行二次开发，以图文结合的美丽画面投影到大屏幕上，让静止的知识"动"起来，让平面的知识"立"起来，化抽象为具体、宏观为微观，有利于学生对抽象地理知识的认知和理解，突出教学重点，突破教学难点。

以教学"地球的运动——自转和公转"为例，在启发引导学生理解地轴和地球自转的概念后，播放地球自转视频，并引导学生观察地球自西向东的自转方向，了解朝向太阳的一面是白天，背向太阳的一面是黑夜，强化晨昏圈、晨线和昏线的含义；接着，地理教师直观演示地球一边自转一边公转的视频课件，同时引导学生仔细观察，分析太阳直射点在地球表面随时间移动所产生的正午太阳高度、昼夜长短的变化规律及从而引起四季更替的地理意义。通过形象直观的动画演示，让学生认识、理解、掌握地球自转、公转的规律及其地理意义。

（五）激发学生地理学习的积极性

计算机多媒体教学中，采用色彩和谐的图片、形象生动的动画、声像俱全的视频，可以创设直观形象的教学情境，营造浓厚的学习气氛，有效地刺激学生的多种感官，激发学生的学习兴趣和热情，优化地理课堂教学。这对调动学生地理学习的积极性起着非常重要的作用。

（六）建立地理教学资源库

电子课件资源可以在学校建设的在线教学平台或其他教学平台建立教学资源库，实现快速共享，为学生的课后复习、教师间的交流分享及教师本人的教学积累与改进提供良好的平台。

二、　地理学科应用计算机多媒体教学的劣势

计算机多媒体教学对于提高地理课堂教学效率有着非常重要的作用，但在实际的地理课堂教学过程中也存在一些不足。主要表现在：①计算机多媒体教学对教室的要求较高，需要配备网络、计算机、投影仪及幕布等费用较高的设施设备。②计算机多媒体教学对教师的专业技术水平要求较高。教师需要不断学习，提升自己的美学素养，学会正确使用各种先进的软硬件设施，花费较多的业余时间，才能制作出精美的地理多媒体 CAI 课件。就目前而言，有些地理教师制作的地理多媒体 CAI 课件没有从美学规律及学生的认知规律方面出发进行美学设计，没有以整合的方式发挥其陶冶、愉悦等教育功能，艺术表现方面仍存在种种误解，艺术性不强。

（1）过于依赖，导致学生视觉疲劳。

地理课堂教学中正确利用计算机多媒体教学手段，可以增强学生对相关地理知识的理解、掌握。但是如果过于依赖计算机多媒体教学，由辅助教学手段变成主导教学手段，一节课中，多媒体 CAI 课件等播放时间过长，播放内容过多，学生就会产生视觉疲劳，对所播放的教学内容印象不深刻，导致课堂教学效率不高，学习兴趣下降，学习主动性减弱，课堂参与度降低。[①]

（2）夸大使用，分散学生注意力。

有的教师为了吸引学生的注意力，不断改变文字或图片的动画效果，添加大量与教学内容无关的背景颜色或背景图片，片面地追求所谓"新奇"。如此课件，只会分散学生的注意力。一节课中，学生浪费在无意注意的时间较多，会冲淡学生对学习重点、难点的关注，对课堂教学起反作用，导致课堂教学效率低下。

（3）降格使用，失去辅助教学的意义。

现在有些多媒体 CAI 课件只是文字、图画的简单拼合堆砌，或是照搬教材内容，使得本该丰富多彩、形象有趣的多媒体教学变得枯燥乏味、死气沉沉，毫无美感可言。这种形式化的多媒体运用，实际上已失去了多媒体辅助教学的意义。[②]

（4）"三板"教学被取消，学生学习陷入被动。

传统媒体教学和计算机多媒体教学都是教学中非常重要的教学手段，各有其长处和短处。但现在不少地理教师已产生惰性了，其课堂教学完全依赖计算机多媒体教学手段，不再进行"三板"教学，课堂引导作用削弱。若学生课堂上不能一直集中精力，就很有可能跟不上教师的授课思路，这直接影响了学生的学习效率。所以在具体的教学过程中，教师一定要注意将传统教学和计算机多媒体教学有机结合，进行教学手段的优势互补，才能保证课堂教学任务的高效完成。[③]

三、 地理多媒体 CAI 课件的美学设计

（一）地理多媒体 CAI 课件美学设计的重要性

"寓教于美"才能"寓教于乐"。有效地运用现代电教媒体，使地理教学内容形象直观、生动有趣，以可视、可听、可静、可动的展示，以其鲜明的色彩、生动的形象、悦耳的声音提高学生的注意力，能够在学生体验"感知美—领悟美—鉴赏美—创造美"这一审美历程的同时，将地理基础知识的传授、基本技能的训练和地理美育教育融为一体。多媒体 CAI 课件美学设计的重要性体现在：

① 王鹏. 高中地理应用多媒体教学的利弊 [J]. 新课程（下），2019（9）：105.
② 林燕. 现代多媒体 CAI 课件的美学设计 [J]. 福建电脑，2009（7）：186－187.
③ 王鹏. 高中地理应用多媒体教学的利弊 [J]. 新课程（下），2019（3）：105.

1. 美学设计符合学生的认知规律，利于知识的获取与保持

现代审美心理学研究表明，审美会使人的各项心理能力处于一种极度自由和谐的状态。在审美活动中，各种心理能力既共生共存，又相互补充，从而得到最大程度的发挥。地理多媒体 CAI 课件无论是在视觉还是在听觉方面都应该是美的，其美学设计均要从美学规律和学生的认知规律（如注意规律、记忆规律及感知规律等）出发，发挥其陶冶、转化、愉悦等教育功能，促使学生在心情愉快、极度放松的状态下专心学习，提高记忆能力。

2. 美学设计发挥艺术的表现力，利于激发学生的学习兴趣

使用艺术表现手法对那些似乎枯燥无味的教学内容进行修改整合、润色加工，赋予其艺术的表现形式，能够使学生在艺术和谐的情景中激发情感，激活心智，使其生理和心理处在最佳状态。这样才能感染学生，陶冶学生的情操，启发学生的美感及追求，让学生在审美享受中接受知识、启迪智慧，不断提高欣赏美、创造美的能力。[1]

（二）地理多媒体 CAI 课件的美学设计应遵循美学规律

黑格尔说："美的要素可分为两种：一种是内在的，即内容；另一种是外在的，即内容借以现出意蕴和特征的东西。"这种"内容借以现出意蕴和特征的东西"就是美的形式。美在于内容与形式的统一，内容是构成事物的一切内在要素的总和，而形式是内容诸要素的结构方式和外部表现形态。当形式适合于内容时，就可以表达出内容的意蕴和特征，反之，则会影响甚至有损内容的表达。内容必须通过形式才能表现出来。形式美是具有独立审美价值的符号体系。地理教师要研究多媒体技术教学美的形式设计，使教学内容与语言、文字、音乐、影像等完美地结合，创设一种情景交融的艺术境界，让学生在轻松愉快的课堂气氛中掌握知识并得到美的享受，达到最佳的教学效果。[2]

1. 视觉元素

教育心理学研究表明，人通过学习获得的信息中，83% 来自视觉，11% 来自听觉，3.5% 来自嗅觉，1.5% 来自触觉，1% 来自味觉。显然，增加视觉、听觉信息量是多获取教学信息最可取的方法，而多媒体教学恰好在视觉和听觉教学效果方面有其独特的优势。因此，课件制作中的美学元素主要应包括视觉元素和听觉元素。其中，视觉元素是构成多媒体课件的主要内容，它包括多媒体课件中能看到的所有画面的图、色、字、动画。[3]

（1）界面美。古人云："艺有法，艺无定法。"多媒体教学必须合理地使用有限的屏幕空间，以达到良好的视觉传播效果。[4] 多媒体课件版面构图应注意对称与均衡、稳定与

---

① 林燕. 现代多媒体 CAI 课件的美学设计 [J]. 福建电脑，2009（7）：186 - 187.
② 常跃中. 多媒体教学美的形式设计 [J]. 教育信息化，2004（8）：62 - 63.
③ 林燕. 现代多媒体 CAI 课件的美学设计 [J]. 福建电脑，2009（7）：186 - 187.
④ 常跃中. 多媒体教学美的形式设计 [J]. 教育信息化，2004（8）：62 - 63.

匀称，注重版面的立体美、和谐美、韵律美和简洁美。版面的整体风格要一致。一般来说，主体信息要放置于中上部到底部稍上的大部分区域，标识符号置于上部的两个角，功能键可放在底部。界面上的按钮、文字解说和菜单等相对面积要小一些，在周边留出适当的空白以强调各自的独立性。画面各种元素布局轻重大小合适，不要令人产生某些地方特别空或特别重的感觉。画面要注意简洁美，在同一个画面上放置较多元素，会造成信息互相干扰，影响学生的注意力，并降低元素本身原有的美感。①

（2）色彩美。色彩是多媒体课件美学设计中首先要面临和处理好的一个问题。颜色的效果会直接影响到学生的观感和心情。在画面设计上，颜色主要有三种基本功能：识别、对比和强调。不同颜色会使人产生不同的联想。颜色对个体的影响可能是生理的、心理的或是文化的。② 色彩如果使用不合理，就会令人产生视觉疲劳或分散注意力。多媒体课件颜色的设计要遵循以下原则：

第一，正确配置前景色和背景色。前景色与背景色要形成鲜明的明暗对比。一般以单色或特定的简单图形做背景。字色与背景色在色度上要形成反差，即：深色背景采用浅色字，浅色背景采用深色字，如文字一般在深色或中度色调背景上用白字或黄字，在浅色的背景上用深色字。

第二，颜色使用要适度。色彩的使用绝非越多越好，颜色过多会给人杂乱的感觉，不利于区分颜色类型及颜色的含义。应尽量控制在三种颜色之内。

第三，同屏颜色组合对比度适当。在同一屏幕上使用多种颜色时，应选择对比度适当的颜色组合。对比度大的颜色可以一起使用而不易引起混淆，而如果使用过于相近的颜色，则会影响辨别。③

第四，颜色的基调要和谐统一。整个课件中颜色所表达的含义要一致，在底色与文字之间、标题与正文之间、图片与文字之间、界面与按钮之间等的颜色搭配要和谐。辅助信息要使用柔和、平淡的颜色。④

第五，颜色的选用要有利于使人产生正确的联想。具有互补作用的颜色，如红色和绿色，可能会带来佳节的联想，但如果两个颜色放在一起，学生注视太久的话，就会产生视觉闪烁的感觉。从色彩效果看，红色、黄色和橘色有前进和突出画面的效果，而紫色、蓝色和绿色则有往后退缩的效果。明亮颜色的形状，视觉上会有扩大的效果，而深暗颜色的形状则有缩小的效果。⑤ 色彩要浓淡相宜，色彩的浓淡差异所表现出来的效果是多种多样的：浓中有淡、淡中有浓、浓淡对比等，展现出多姿多彩的审美角度；若淡中有浓，这种

① 李海燕．多媒体课件设计与制作的美学思考［J］．教学与管理，2009（4）：108－109．
② 陈庆章．多媒体应用系统中的媒体美学探讨［J］．电子出版，1997（9）：9－15．
③ 詹发荣．多媒体课件成功之法宝——界面设计［J］．宁夏教育，2002（4）：49－50．
④ 白静慧，白锐．多媒体课件设计中的几点美学思考［J］．电脑知识与技术，2011，7（11）：2662－2663．
⑤ 陈庆章．多媒体应用系统中的媒体美学探讨［J］．电子出版，1997（9）：9－15．

"浓"往往能引起读者注意，发挥视觉中心的作用；当"浓"集中于一点时，这一点就成为兴奋点，犹如万绿丛中一点红。合理的浓淡运用能够充分展现形式美，为内容增色不少。[①]

（3）字幕美。字幕的设计应注意以下六点要求：

第一，字体的选择要恰当。每一种字体均有其独特的形美和义美，能给人们以不同的联想和想象。因此，若地理教师不论教学什么样的内容均使用同一种字体的话，这显然是不合适的。中学地理课件中的字体要与地理教学内容相适应。一般来说，宋体端庄秀丽、稳重苍劲、优美典雅；行书如行云流水、潇洒活泼、酣畅淋漓；黑体苍劲古朴、醒目稳重、霸气呆板；隶书庄重美观、刚柔结合、高贵典雅……因此，选用字体时要根据课件的主题和中心思想而定，避免繁杂、零乱、花哨，力求醒目、易认、易懂。此外，字体的选择要依据段落的大小和内容的层次，由重到轻、由粗到细排列，突出层次感。

第二，文字的风格要统一。同级标题、正文、图解应使用同样的字体、字号、颜色，具有醒目突出、变化统一、均衡和谐之美。

第三，文字的内容要简明扼要。繁复的文字是内容的堆砌，是课本的照搬，缺乏美感及吸引力。因此，制作多媒体课件时文字的内容要简明扼要，重点突出。文字间疏密布局要合理，使人看起来清晰爽目。[②]

第四，字形色的对比要明显。如字形的圆与方，点线的疏密、曲直，颜色的深浅、浓淡等，强烈的反差就形成了强烈的对比，给人以鲜明、醒目、活跃的感觉，使人振奋。

第五，字幕的修饰要慎重。字幕的修饰，一般是指对字进行艺术化处理，如加粗、加边、虚化、加阴影、立体化、加过渡色、加材质色等，除了总标或大章目的字要稍作修饰外，其他字幕最好采用单色，小字尽量少修饰，否则，只能弄巧成拙，反而显得累赘、不清晰。

第六，字幕的排版要平衡。教师制作多媒体教学课件时需注意版面构图的"平衡"问题。构成版面的元素虽然五花八门、彼此独立，但它们并不是各自孤立的，而是相互照应与衔接的，它们彼此之间应是平衡的。平衡的版面，给人以自然、美观、协调、浑然一体的感觉。平衡具有稳定性，给人的审美感受是有序、安定、协调、庄重、恬静，这种平衡可以使人产生一种轻松的心理反应，可以消除学生的紧张感，特别是版面构图的对称平衡和非对称平衡，使学生处于一种和谐的意境之中，获得内心的宁静平和、轻松愉悦。

对称平衡是一种相当稳定的状态，令人产生一种秩序感，其所呈现的静态之美具有均、齐、美的特征。因此，对称可以使观者的神经处于平衡状态，满足人们身心的平衡需求。

---

① 常跃中. 多媒体教学美的形式设计 [J]. 教育信息化，2004（8）：62 - 63.

② 白静慧，白锐. 多媒体课件设计中的几点美学思考 [J]. 电脑知识与技术，2011，7（11）：2662 - 2663.

非对称平衡，其实并不是真正的"不对称"，而是一种更高层次的"对称"。就像跷跷板一样，不同重量的两边，可以因与支点距离的不同而达到平衡，这种关系为非对称平衡。非对称平衡的各个元素之间具有相应的灵活性，讲究视觉和心理的体验，其相应的部位具有不等量、不等形的特点，是在量和形的变化中寻求的一种具有动感的平衡。非对称平衡富于变化、饶有趣味，具有灵巧、生动、活泼、轻快的特点。它运用不等量不等形的方式表现矛盾的统一性，揭示内在的、含蓄的秩序和平衡，达到一种静中有动或动中有静的条理美和动态美。所以，非对称平衡的目的是在统一中求变化，从而使画面变得生动活泼。传统书法中的"计白当黑"、印学中的"分朱布白"讲究的就是这种疏密的协调、轻重的对比、方圆的配合，使画面虚实呼应、妙趣横生，从而形成和谐之美。①

（4）动画美。动画是提高画面主体形象艺术感染力的一种重要手段。多媒体动画形象、生动，可以表现和模拟自然或实验条件下无法观察或复制的现象和过程。在多媒体教学软件中，动画视频的处理应注意以下两点要求：

第一，动画应少而精，时间不宜过长，控制在10分钟以内为宜。

第二，动画播放可设计重复播放或暂停按钮。对于比较复杂、难以理解的动画演示，应该设计重复播放或暂停按钮，有利于教师根据教学实际，配合讲解、强调、重复播放。②

（5）界面组接美。界面间组接的基本原则是要使学习者的注意力从这一界面自然地过渡到下一界面，中间没有明显的视觉间断感和跳跃感。要达到这一效果，必须做到：

第一，界面切换自然。界面切换要保持方向、色彩、亮度等方面的协调，如果把反差较大的画面组接在一起，会让人感到不舒服。同时界面间切换应非常迅速，不应出现较长时间的等待。

第二，静止图形与动画画面的组接处理恰当。在画面组接过程中，要求"动接动，静接静"。静止图形和一些动画画面是不能直接切换的，否则会产生跳动感。为此，可采用淡入、淡出过渡技巧，或在运动画面的前后加上5秒静止画面，使运动画面与静止画面实现较好的组接。

综上所述，多媒体教学课件的设计，要在拥有一定技术的前提下，把握美学原则，立足整体，统筹安排，制作出具有教育性、美学性及科学性的课件，从而实现地理课堂教学的高效性。③

2. 听觉元素

听觉元素是构成多媒体课件语言的重要内容之一，它包括画面的解说、音效和背景音乐。

（1）画面解说美。解说是多媒体教学软件中对画面的描述、补充、说明、引导、揭

① 张忠海，邱韵珊. 多媒体环境中板书设计的美学要素 [J]. 中国职业技术教育，2008（7）：50－51，53.
② 白静慧，白锐. 多媒体课件设计中的几点美学思考 [J]. 电脑知识与技术，2011，7（11）：2662－2663.
③ 刘雪锋. 多媒体课件设计中的美学规律 [J]. 中小学电教，2007（12）：69－70.

示、提问或总结概括，是多媒体教学软件传递信息的重要通道。解说要做到口语化，通俗易懂，简明扼要。亲切、悦耳、清晰、表达准确、速度适中的解说能使学生的注意力集中于教学内容上，加深对画面教学内容的理解。在多媒体教学软件中处理解说时，一般应注意以下三点：

第一，要少而精，不能喋喋不休。

第二，不必急于说出所提问题的结论，让学生有思考时间。

第三，解说不能重复画面的内容，学生才能在边看边听的过程中，较好地掌握所学知识。[①]

（2）音效与背景音乐美。一般来说，优秀的多媒体课件少不了音乐设计，如果没有音乐，音效就会大打折扣。音乐的使用要为课件主题和教学内容服务，在制作中不能盲目地选一段音乐填充进去"补空"，这在很大程度上会影响多媒体课件的质量和效果。

多媒体课件中的音乐，不属于纯音乐的范畴。为了适应多媒体课件画面内容的需要，它既保留了纯音乐的某些特征和规律，又从属于教学，服务于教学，音乐和音响效果不能用得过多，以免喧宾夺主。在选择音乐时，需要把握两点：

第一，从总体上把握，要选择与教学内容相搭配的背景音乐。

第二，正确把握解说、音响和音乐三者的关系。多媒体课件中的解说、音响和音乐三者之间是相互补充、相互联系、相互配合的。通常情况下，多媒体课件中的解说表意、音响表实、音乐表情，解说起主要作用，音响和音乐是对解说和画面内容的补充和呼应。三种声音互相配合，能创造出一种多层面、立体感的总体效果，使多媒体课件能得到更好的烘托、渲染和深化。[②]

总之，一个好的多媒体教学课件无论在视觉和听觉上都应该是美的。学习材料的生动有趣和美学价值是学习的最佳刺激，强烈的心智活动所带来的美的愉悦和享受是推动学习的最好动力。

（三）地理多媒体 CAI 课件的美学设计应遵循学生认知规律

1. 遵循学生的年龄特征

在美学视野下，地理教师设计课件时不能脱离学生的年龄特征而随心所欲、凭空想象。对不同年龄的学生，美学设计要求是不同的。

（1）对初中学生而言，他们的学习动机还不够稳定，一般只对具体形象材料比较感兴趣，学习兴趣的实用性、趣味性和浅显性占有重要地位。所以在设计课件时，应多选用动画、视频等媒体，将具体的实际事例呈现给学生；界面风格应色彩丰富、布局活泼，从而

---

① 曹跃球. 多媒体课件中视听信息的处理艺术 [J]. 网络科技时代（信息技术教育），2002（1）：58 - 59.

② 孙中红. 研制开发多媒体课件需要把握的要素 [J]. 计算机与网络，2003（15）：20 - 22.

激发其学习热情。

（2）对高中学生而言，他们的学习动机相对比较稳定，学习兴趣也比较深刻和理性化，具有一定的广度和指向性，有意识记能力、抽象识记能力也能达到较高的水平。所以在课件设计时，一般要尽量使课件保持简洁的风格，不要有过多的颜色，不要太过花哨；多选用图形、图表，以加强学生对所学内容的辨别和理解；大型的视频、动画不可多用；注重所用媒体与教学内容的紧密联系及所选教学内容之间的逻辑关系、层次关系。

总之，学生的特点是多方面的，即使是同一年龄层次学生也有不同的特点。但一个课件是针对地理学科的某一班级的某节课而言的，所以设计课件时，重点考虑的应是这个班级的学生的总体特点，并适当兼顾学生个体差异。

2. 遵循学生的认知规律

作为课堂教学的课件，投影屏幕是教师展示教学内容、学生获取信息的主要来源之一。教师在设计课件时应根据学生的认知规律，注意屏幕内容的科学、美观：

（1）学生的注意规律。屏幕显示应尽量使观察点达到最大的注意范围。屏幕显示的内容越集中，排列越有规律，越能成为相互联系的整体，学生的注意范围就越大。

（2）学生的记忆规律。屏幕的组织应符合短时记忆容量的组块规律。实验证明：短时记忆容量大约为 7 ± 2 个组块。因此，屏幕显示的内容的项目数不宜超过9项。

（3）学生的感知规律。屏幕颜色的设计要符合色彩的感知规律。由于学生的视觉对光谱区中不同色光的敏感程度有所差异，我们可以用它来处理不同重要程度的教学内容。

由上可见，地理教师要想解决多媒体课件制作中存在的问题，提高制作水平，并不是一蹴而就的。这需要地理教师不断增强理论修养，提高综合创作能力；增强设计意识，提高总体把握能力；增强业务素质，提高视听表达能力。教师不仅要注意改善自己的知识结构，加强对计算机知识、美学知识的学习，提高计算机操作水平及艺术素养，还要注意与专业教师、艺术人才之间的合作，共同开发制作多媒体课件，取长补短，地理教师的多媒体制作水平才能不断提高。①

第八节　地理多种媒体教学美

一、地理多种媒体教学的优势互补

利用多元化信息技术服务教学与延续板书、板图、板画（"三板"）传统教学是地理教师当前最常见的两种教学方式。通过比较这两种教学方式的优劣，得出结论：只有取长

---

① 林燕. 现代多媒体 CAI 课件的美学设计 [J]. 福建电脑，2009（7）：186 - 187.

补短，将多元化信息技术教学和"三板"教学相融合，才能增效地理课堂，更好地培养学生发现美、感受美、理解美、创造美的能力。

近年来，不少地理教师尝试将多元化信息技术教学与"三板"教学相结合，进行优势互补，极大地提高了课堂教学效率。地理教师运用多种媒体进行课堂教学，优化了教学环境，加强了教与学的有效交互，教学形式更加灵活多样，提供给学生教育资源共享的机会，充分调动了学生自主学习、合作学习、探究学习的主动性和积极性，取得了良好的教学效果。

二、 地理多种媒体教学案例分析

为了让地理教师更好地了解多元化信息技术教学与"三板"教学相融合的优劣，现以八年级下册"首都北京"（第一课时）为对象，对比三个课堂案例样本，从激发学生学习兴趣、促进学生知识掌握、培养学生技能、开阔学生视野及培养学生情感这五个方面，分析三种教学方式所产生的不同教学效果。

案例1：这是某班的一节"首都北京"（第一课时）地理课。本节课没有课件，只有"三板"。教师先画出中国轮廓图，在中国轮廓图上画出北京的范围，再在中国轮廓图外画一幅比例放大的北京轮廓简图，并画一条线把"中国轮廓图上的北京"和"中国轮廓图外比例放大的北京轮廓简图"连接起来。然后一边在放大的北京轮廓简图上标出山脉、河流、平原、植被、气候类型分布等，一边讲解教学内容。根据课堂气氛和课后访谈来看，超过70%的学生都表示对板图板画教学比较感兴趣。通过"三板"教学，学生对北京的地图已基本熟悉，板图比课件更有利于学生加强对"首都北京"（第一课时）涉及的自然要素的学习，同时还能有效提高学生的绘图能力，加深学生对首都北京区域地理的总体印象。

案例2：这是另一个班的一节"首都北京"（第一课时）地理课。本节课没有"三板"，只有课件。课件相对简洁，只使用插图和文字。导入新课时用的是北京市地形插图，在讲解新课环节中，教师介绍自然要素时，出示课件：用彩色、加粗的线条在北京市地形图上，对山脉、河流加以标注。这节课课堂气氛明显不如案例1的"三板"地理教学。

案例3：这是一节"首都北京"（第一课时）的地理公开课。本节课既有"三板"，又有课件。课件制作得十分精美。开头是一段"北京申奥成功"的剪辑视频，学生目不转睛地盯着屏幕，等到视频结束，教室的气氛依旧热烈，学生很有兴致地和教师互动，即使回答所有人都知道的问题，也没有丝毫的不耐烦和走神。新课讲解部分，插图使用的也是教材上的插图，但是教师将山脉、河流用彩色线条描绘后，又给彩色线条添加了"闪烁"的动画效果，让学生的注意力和兴趣并没有因为视频结束而降低。教师用"三板"总结新课：画出中国轮廓图，在中国轮廓图上画出北京的范围，再在中国轮廓图外画一幅比例放大的北京轮廓简图，并画一条线把"中国轮廓图上的北京"和"中国轮廓图外比例放大的北京轮廓简图"连接起来。然后请学生到讲台上来，在北京轮廓简图上补充出山脉、河流、平原、植被、气候类型分布等。

分析这三种不同教学方法对学生学习兴趣激发的效果，对比十分明显：案例3的教学效果最好，其次是案例1，效果最差的是案例2。案例3使用了视频，视频有画面也有声音，对北京地形图插图进行编辑后才投入使用，对学生的感官刺激达到了最佳效果；与之相比，案例1的学生表示，他们以前上课都是用课件，对"三板"教学反而显得十分新奇，能够全神贯注学习；效果最差的是案例2，访谈时有些学生表示，对这堂课印象并不深刻。

通过对多元化信息技术教学和"三板"教学效果的对比分析，得出如下结论：

（1）在激发学生学习兴趣方面，多元化信息技术教学和"三板"教学各有所长，多元化信息技术图文声像并茂，"三板"简单形象。教师只有根据教学目标、教学内容、学生情况、教学环境及教师自身特长选择合适的教学方法手段，有机结合多元化信息技术教学和"三板"教学，才能取长补短，有效吸引学生的注意力，激发学生的学习兴趣和热情。

（2）在促进学生知识掌握方面，多元化信息技术教学具有直观形象性，有利于突出重点，突破难点；"三板"教学能化繁为简，提炼出知识点的关键词和示意图特征，展现课堂的教学逻辑和内在联系。多元化信息技术教学和"三板"教学有机结合，有利于学生对知识的理解和掌握。一般来说，对于理解难度较大、能力要求较高的重难点，多元化信息技术教学占优势；而主要要求记忆的、理解难度较小的重难点，"三板"则占优势。

（3）在培养学生技能方面，多元化信息技术教学和"三板"教学各有优势。多元化信息技术教学针对不同层次的学生，刺激能动性，培养学生析图能力；提供大量真实案例，促进学生自主学习，培养学生创新思维、探究能力及解决问题的能力；创设或模拟情境，培养学生空间思维和想象能力。"三板"教学能有效培养学生提炼关键词、抓取地图关键特征、化繁为简的能力及绘图能力；设计教学活动，有效培养学生探究能力。为了更有效地培养学生的绘图能力和探究实践能力，将"三板"融入多元化信息技术教学是十分有必要的。

（4）在开阔学生视野方面，多元化信息技术教学占优势。利用多元化信息技术教学可以迅速查询到古今中外的地理事物或地理现象，让学生了解全国乃至全世界不同阶层人士从不同角度对某个地理问题的分析。"三板"教学因条件所限，难以为学生拓展地理视野提供足够渠道和资料。

（5）在培养学生情感方面，多元化信息技术教学能更直观有效地创设教学情境辅助教学，从而在情感交流上更有优势。"三板"教学受展示渠道和方式限制，情感培养效果有限。

综上所述，多元化信息技术教学和"三板"教学从来都不是替代与被替代的关系，而是相辅相成的关系。多元化信息技术教学和"三板"教学各有所长，也各有所短。[①]

思考与探究

1. 地理教师该如何创设美的地理教学环境？
2. 地理教师如何进行地理教学媒体的优选与组合？

---

① 姚春. 多元信息技术教学与板书板画教学相融合的对比分析 [J]. 中学课程辅导（教师教育），2020（5）：72.

第四章　地理课堂教学设计技能美学

地理学科蕴含着丰富的宇宙环境美、自然与人文地理环境美、人地和谐美、地理艺术美及科学探索美。地理学科之美是主观美与客观美的统一，是内在美与外在美的统一，是隐蔽美与外显美的统一，是简单美与深邃美的统一。地理教师在进行地理课堂教学设计时，要运用科学的教学方法与手段，努力发掘地理学科之美，在地理教学过程中诗意地渗透，有效地引导学生发现、感受、欣赏及创造地理学科之美，不断提升学生的审美能力。

希望同学们通过本章的学习，能够树立地理教育美学思想，全面了解目前地理美育教育瓶颈及破解路径，在进行地理课堂教学设计时，能够发掘地理学科之美，提升学生审美能力。

第一节　地理课堂教学设计美学理念

地理课堂教学设计美学理念是指在美学视野下，地理教师进行地理课堂教学设计时所应遵循的教学观念，是地理教师教学思想和教学风格的重要体现。美学视野下的地理课堂教学设计理念主要体现在以下几个方面：

一、 树立人的全面发展的新时代理念

在现代社会，人的全面发展日益成为一个国际性的问题和世界关注的焦点。中学地理教学设计要以马克思主义关于人的全面发展的观点为指导，结合地理学科特点、学生个性特点、学生生活实际等，进行富有个性色彩和弹性的教学设计，不断反思，注重综合，反映多学科知识的相互联系、相互渗透，借鉴各学科思想、研究方法和手段，全方位地运用人的智慧、经验、审美情趣，创造性地进行具有时代特征的地理教学设计工作，努力提高教学效率，促进学生综合素养的全面发展。[1]

---

[1] 李红. 地理教学论 [M]. 广州：暨南大学出版社，2017：14.

二、 树立地理教育美学理念

苏霍姆林斯基指出："美是一种敏感的良知的教育手段"，"没有一条富有诗意的、感情的和审美的清泉，就不可能有学生全面的智力发展"。地理教育美学着力探究地理教育如何才能按照美的规律进行运作与发展，从而通向至美纯美的境地，以提高当代教育的整体质量。① 地理教育美学既是美学在地理教育中的应用，又是地理教育向美学的升华。地理教师在地理课堂教学中应充分开发生命潜力，使师生认识、感受到地理教学活动并非只有辛苦与劳累，更有欢乐与满足，从而深切感受到地理教育的美和幸福。

三、 铸造学生完整和谐人格的理念

现代社会分工的细密化和教育的专门化，阻碍了人的全面发展。地理教育是在审美观照下以人为本位开展的教育。地理教师应运用美学法则，在地理教育实践中，把传授地理知识的"真"和渗透思想情感教育的"善"统一起来，引导学生"崇美"，更好地促进学生德智体美劳全面发展，塑造学生成为"求真""向善""崇美"的创造性人才；探索在地理教育课堂教学中师生如何共同发现美、感知美、理解美、创造美；注重对学生的终极关怀与生命发展，着眼学生人生境界的提升，铸造学生完整而和谐的人格。②

第二节　地理美育教育瓶颈及破解路径③

美育是我国教育方针的重要组成部分，是铸造学生完整和谐人格不可缺少的环节。1999 年，中共中央国务院颁布了《关于深化教育改革全面推进素质教育的决定》，指出：实施素质教育，必须把德育、智育、体育、美育等有机地统一在教育活动的各个环节中。可见，美育在学校教育中的地位得到确定，美育提上了学校教育的工作议程，取得了可喜的成就。但目前美育仍是德智体美"四育"中的短板。国办发〔2015〕71 号《国务院办公厅关于全面加强和改进学校美育工作的意见》指出："美育仍是整个教育事业中的薄弱环节"，并强调"加强美育的渗透与融合。将美育贯穿在学校教育的全过程各方面，渗透在各个学科之中"，"挖掘不同学科所蕴含的丰富美育资源"。地理教育作为中学教育的一门重要学科，在实施美育教育方面起着非常重要的作用。但目前而言，人们对地理美育教育内涵的理解仍存在偏差，对地理美育教育的重要性仍认识不足，对地理美育教育的内容及手段等方面的研究仍较薄弱，地理美育教育发展处于瓶颈阶段。如何致力于探索中学地

① 逄金一，庄新红. 关于教育美学学科建设的初步构想［J］. 中国成人教育，2005（2）：58 – 59.
② 李红. 地理教学论［J］. 广州：暨南大学出版社，2017：159.
③ 李红. 地理美育教育瓶颈及破解路径研究［J］. 教书育人（高教论坛），2018，(11)：32 – 35.

理美育教育的瓶颈及破解路径，为尽快补齐美育教育的短板作出地理教育应有的贡献，显得尤其迫切和重要。

大量的研究和实践证明，学科美育是破解美育教育瓶颈的良方，学校各课程教育是美育实施的一条重要途径。因此，地理美育教育的研究和构建将是创新地理师范生培养模式、全面提升高等师范院校地理师范生课堂教学设计能力的突破口。

一、 地理美育教育的含义

1795 年，德国伟大诗人、剧作家和美学家席勒首次在其代表作《审美教育书简》中提出"美育"的概念，并对美育的性质、特征及其意义等作了系统的阐述，将它与德育、智育、体育并列，这本书也成为审美教育独立理论体系形成的标志。[①] 此后，教育家、美学家们不断探索，各抒己见，二百多年来对美育的含义提出了上百种见解，主要可概括为以下四类：①美育是艺术教育。这一观点主要源于东西方古代的美育思想与实践。②美育是情感教育。这一观点被大多数哲学家、教育家如王国维、蔡元培等所主张。③美育是完整人格教育。持这一观点者认为美育的根本任务是通过有目的、有计划、有组织地进行审美、爱美、表现美及创造美的教育实践活动，陶冶受教育者的情操，培养其欣赏美、表现美、创造美的能力，促使其身心健康和谐发展，成为具有完整人格的人。[②] ④美育是大美教育。持这一观点者是受马克思美育思想"人也按照美的规律来建造"所启发。大美教育相比艺术教育，目标更远大，以求造就和谐发展的"美"的人；功能更巨大，促进受教育者审美素质的发展和审美心理结构的形成，并对学校教育及社会教育起到潜移默化的作用；内容范围更大，涉及自然界和人类精神领域的具有审美特征的全部领域；集大成之大，集各科美育内容之精华，探索教育的普遍规律，以助于大目标、大功能、大教育的实现。[③]

综上所述，我们认为新时期的美育是完整人格教育，是心灵教育。新时期的美育以自然美、社会美和艺术美等作为具体媒介，借助学生心理活动的特殊范畴，培养其良好的审美意识、健康的审美情趣、高尚的审美情操以及一定的审美创造力，从而提高学生认识美、体验美、欣赏美、表现美和创造美的能力，使受教育者具有美的理想及美的素养，形成完整和谐的人格。

因此，我们认为地理美育教育是指在地理教学过程中，通过选取直观生动的美的地理事物或地理现象，激发学生的情感，陶冶其性情，培养其高尚情操和理想追求，提高其欣赏美、表现美和创造美的能力，从而开发学生的生命潜力，促进学生全面发展，形成完整和谐人格的一种教育形式。

① 陈育德. 第一部美育的宣言书——席勒的《美育书简》[J]. 江淮论坛, 1998（1）: 91–96.
② 黄京鸿. 中学地理教育中的美育 [M]. 重庆: 西南师范大学出版社, 2001: 10–11.
③ 郭成, 赵伶俐. 美育心理学 [M]. 北京: 警官教育出版社, 1998: 39.

二、 地理美育教育的功能

席勒说过："若要把感性的人变成理性的人，唯一的路径是先使他成为审美的人。"苏霍姆林斯基说："没有审美教育就没有任何教育。"陶行知要求把培养"真、善、美"的人作为教育的最高目标。地理美育教育与人文素养教育相结合，从而促使学生走向更高层次的人文精神建设境界。中学地理教育是一门综合性很强的学科，研究人地关系，具有丰富的独具特色的美育要素与美学特征，这为地理学科实施学科美育，促进学生全面和谐发展提供一场美的地理教育盛宴。地理美育教育能以美启智，使学生获得真知、启迪心智、开阔视野、发展思维能力；能以美导善，培养学生高尚的道德品德修养，美化学生的心灵，形成完整人格；能以美育美，培养学生健康高尚的审美观，不断提高其表现美及创造美的能力。由此可见，地理美育教育在培养学生核心素养方面具有不可替代的作用。

三、 地理美育教育的瓶颈

（一） 地理美育教育领导体系缺失

虽然提倡德智体美"四育"并重，但中学美育至今还没有完善的领导体系。每一所中学都设置了以学生管理体制为主要依据的德育系统（副校长—政教处—年级组长—班主任—班级学生）、智育系统（副校长—教务处—教研组长—科任教师—班级学生）、体育系统（副校长—体卫处—体育教研组长—体育教师—班级学生），在这些系统内部和系统之间形成了各司其职、分工合作、齐抓共管、形成合力的工作局面，却没有包括美育系统。各级教育主管部门也几乎没有专门分管美育的处室。中学的"三好学生"，指的是"德智体"全面发展，而不是"德智体美劳"全面发展。由此可见，相关教育部门普遍存在着忽视美育教育的态度。

（二） 地理美育教育观念模糊

当前地理教学中反映出的突出问题就是人们对地理美育教育的内涵、重要性及其教育观念的认识存在很多不足和误区。

（1） 对地理美育教育内涵的认识存在误区。不少教师和学生不知道美育为何物，或者只是一知半解，甚至存在一些误解，要么将美育视作德育或情感教育，要么将美育等同于美学理论的教育或艺术教育。美育与道德教育、艺术教育、情感教育、美学教育等范畴之间的关系一直纠缠不清。

（2） 对地理美育教育重要性的认识存在偏差。不少教师和学生错误地认为美育等同于一般的知识教育和技术教育。

（3） 对地理美育教育持功利态度。近年来由于受到外部诸多因素的影响，在中学逐渐形成了一种唯分数论的教育功利化倾向，地理美育教育的成果不能立竿见影，因此诸如美育一类的素质教育课程在教育观念上就已经被忽视和冷落，从而日趋薄弱。

以上认识偏差和误区严重制约了我国美育学科地位的确立，已经成为地理美育教育发展的瓶颈。[①]

（三）地理美育教育实践存在误区

当前，不少地理教师美育理念仍十分淡薄，导致地理美育实践也存在误区，收效甚微。

（1）认为美育教育局限于艺术教育，美育片面化。不少地理教师认为美育课程就是艺术课程，将美育与艺术教育简单画等号。美学家亚奎斯·巴赞认为艺术与人类的某一根深蒂固的本能一致，如果使这种本能得到表现，就能给人带来愉悦。但艺术教育只能培养人的艺术素养和对艺术的创造能力，并通过艺术形式提升人的审美能力，因此，艺术教育只能是学校审美教育的重要表现形式。美育与德育、智育、体育是相辅相成、相互促进的，美育教育应该寓教于"美"，应该融入各学科（不单是艺术课程）的教学过程中。地理教师应基于地理学科本位，挖掘地理学科中的潜在美，寓教于美，进行美育教育。

（2）认为美育教育从属于德育，地理美育的独特功能弱化。目前，仍有不少地理教师把美育划入德育范畴，这种观点是狭隘的、有失偏颇的。将美育从属于德育，忽视了美育在塑造人才方面的独特功能。

（3）认为美育教育应让步于智育，地理教育功利化。同其他学科教育一样，地理教育背离自身宗旨和规律的功利性倾向日益严重，重考试分数，轻全面发展；在地理教学过程中，没有挖掘地理教学的美育因子，不能较好地对学生进行发现美、感悟美、欣赏美、表现美、创造美的教育，考试分数成了教师和学生的命根子，升学成了终极目标。为此，地理教师加班加点补课，考什么就教学什么，搞题海战术，学生成了做题、考试的机器。学生掌握的地理知识难于转化为能力和信仰，其社会性难于生成，其和谐发展也难于实现。两耳不闻窗外事，一心只读圣贤书的学生虽然分数较高，但往往综合素质不高，难成大器。

（四）地理美育教育课程滞后

在我国，学科教育美学的思想早已有之，如孔子的"兴于诗，立于礼，成于乐"。特别是中国近代，梁启超、蔡元培等教育家提出"审美教育"新思想，意义深远。蔡元培提倡美学、践行美育，指出："美育者，应用美学之理论于教育，以陶养感情为目的者也。"蔡元培学科美育占有重要的地位，曾一一列举了各门学科与美育的关系。随后，不少教育专家和教师积极投入学科美育教育方面的理论研究与实践探索，一些专家还专门出版了有

① 张瑜. 高校美育的瓶颈及其突破分析［J］. 池州学院学报，2011，25（5）：144－146.

关美育教育方面的研究论著。

有关地理教学论和美学关系的研究自 20 世纪 80 年代就有所涉及，地理新课程标准中也已列入了美育的维度，提出了审美的要求。到目前为止，不少地理教育专家和地理教师均积极投入地理教育美学或美育方面的理论研究与实践探索，并公开发表了相关论文，出版了专门研究地理美育的著作《中学地理教育中的美育》。① 但总的来说，我国地理教育中的审美教育仍然较为薄弱，以审美来统辖地理美育教育的理论研究更是很少有人问津。地理美育教育课程也存在滞后现象。

（五）地理教师美育教育能力不强

（1）高校地理师范生美育教育缺失。美育是高校教育的重要组成部分，是培养地理师范生全面发展不可缺少的环节。但就目前而言，高校的美育远不及德育、智育、体育完善，美育在我国高校教育中的处境窘迫。高校对美育的功能认识不足，对美育内涵理解错误以及在实践中存在课程滞后、师资匮乏等问题，导致高校地理师范生美育教育缺失，审美活动匮乏。在高校学习生活中，有些地理师范生难以获得审美愉悦和心灵净化，鉴赏美、表现美、创造美的能力不够强。

（2）在职地理教师美育教育培训不足。就目前而言，中学地理教师不管是职前还是职后，接受过较为系统的美育教育理论学习的很少，因而能胜任地理美育教育的师资匮乏。由于师资限制，美育师资多由中文或艺术领域的教师兼任。由于受到所学专业的限制，如语文教师容易将美育课上成美学知识的简略课或文学鉴赏课，而忽视与地理教育相关的艺术美的陶冶作用；艺术类教师容易将美育课上成艺术普及课，而忽视地理教育审美基本理论的传授和审美具体方法的指导等。② 培训针对性不强，效果难以突显，对地理教师美育教学水平的提高帮助不大。

四、 地理美育教育瓶颈的破解路径

（一）完善美育教育的管理体制

近年来，国家颁布的一系列教育方针促进了美育学科的建设，为了进一步把国家的教育方针落实到具体的美育教育活动中，建立并完善美育管理体制就显得刻不容缓。相关教育主管部门需设立学科美育教育管理机构，规划、督导和组织各学校学科美育教研活动，定期检查实施情况，进行美育教学评估，使学校审美教育经常化、制度化。每所学校则需结合各自的情况，建立和健全学科美育的管理科室，根据教育主管部门相关要求，结合学校实际，制定适合本校美育的教学制度、课程标准，确保学科美育教育的实施。相关教育

---

① 褚亚平．欣读地理美育创新之作——评介《中学地理教育中的美育》一书［J］．地理教育，2002（3）：60－61.
② 张瑜．高校美育的瓶颈及其突破分析［J］．池州学院学报，2011，25（5）：144－146.

主管部门和各学校都要不断探索、总结、提高美育教育的管理水平，促进学校学科美育教育的持续深入推进。

（二）树立"大美育观"

恩格斯早在《反杜林论》中就指出普通学校学科教育要进行"关于美学方面的教育"。在蔡元培的美育思想中，学科美育占有非常重要的地位。1987 年，教育理论家滕纯提出"大美育"概念，认为应在学校教育教学的全过程各个方面，对所有学生实施全面的美育。美育教育应着眼教育整体的美育化，渗透到各学科教学和学校教育的各个方面。

因此，地理教师要运用美学法则，在地理教育实践中，充分挖掘教育教学中的美育因素，把传授地理知识的"真"和渗透情感态度与价值观教育的"善"统一起来，引导学生"求真""向善""崇美"，从而推动学生认知和审美能力的和谐发展，更好地促进学生德智体美劳全面发展。[①]

（三）加强地理美育教育科研工作

地理美育教育研究应以地理学、教育学、美学、心理学、马克思主义哲学、传播学等为指导，以大规模的教育调研为基础，按照马克思主义关于人的全面发展理论、系统论、美学理论、教育理论、地理课程与教学论、辩证唯物主义原理，运用对立统一、理论联系实际、具体问题具体分析等观点，采用理论研究法、观察法、调查法、测验法、行动研究法、文献资料分析法、比较分析法、案例研究法、实证研究法、实验法、经验总结法、综合分析法等研究方法，将文献研究与问卷调查相结合，综合分析与比较研究相结合，理论研究与实证研究相结合，定性分析与定量分析相结合，并借助现代信息技术等进行综合研究。

（四）提高地理教师的美育教育能力

地理教师应该是"美"的教师。只有具有较强的感受美、表现美、创造美能力的地理教师，才能有较强的美育教育能力。

（1）开设高校地理教学技能美学课程。地理教学技能美学课程的开设将有助于全面提升高等师范院校地理师范生的实践能力、审美素养和综合竞争力。在地理教育美学课堂上，地理师范生将探索在中学地理课堂教学中，如何引导中学生进行发现美、感知美、理解美、创造美的实践活动，使中学生认识、感受到教育和学习活动并非只有艰辛和劳苦，更有欢乐和满足，从而自觉地追求地理教育的审美价值，感受美和幸福。当地理师范生走上中学讲台时，便能通过美的地理教学内容、美的地理教学形式和手段等，让中学生享受

---

① 陈良豪，肖永贵．地理教学中融合美育的意义、原则及策略［J］．辽宁教育，2021（7）：9-12.

美的地理课堂，认识丰富多彩的地理现象，了解和欣赏地理环境的自然美与和谐美。

（2）成立中学地理美育师资培训中心。在地理教师师资队伍建设中可以成立专门的"地理美育资培训中心"，对地理教师进行短期培训，注重教师的培养和优化；同时成立专门的"地理美育教研室"，促使地理教师的审美能力在相互交流研讨中得到不同程度的提高，确保美育观念渗透在全部地理教育活动中，提升地理美育师资力量。

（3）挖掘地理学科所蕴含的丰富美育资源。地理学科的研究对象是自然地理、人文地理及人地关系。因此，地理学科所蕴含的丰富美育资源也可以分为三大领域：地理自然美、地理人文美及人地关系和谐美。在地理课堂教学中，地理教师要努力挖掘地理学科所蕴含的丰富美育资源，运用形象的语言，通过描写、叙述、比兴等艺术手法，将地理知识与美学知识"挂钩"，从而提高学生地理的审美能力，陶冶其情操，促其感悟如何从地理美的角度创造和谐美丽的世界。例如，地理教师教学"长江三峡"时，可作以下描述："船行峡中，峰回路转；仰望云天，如同一线；俯视江流，咆哮如雷"，如此运用有关描写地理景观的佳句进行教学，可提高学生发现地理之美、感悟地理之美的能力。总之，只要教师平时注意，善于积累，到时就可信手拈来，脱口而出，收到很好的美育效果。[①]

（4）充分运用直观教学手段展现地理美。地理学科包含许多独具特色的美的因素，地理教师应准确把握学科特征，充分挖掘其中美的内涵，并运用直观教学手段展示美，让学生以自己的审美方式去发现美、体验美、创造美。例如，一曲雄伟的《长江之歌》，能让学生在激昂的旋律中领略滚滚长江的气势美。电教系列片《话说长江》《话说运河》等，不仅能展现这些江河的自然美，而且也能反映五千年来勤劳勇敢的中国人民创造的灿烂物质文明和精神文明，学生在欣赏自然美的同时，还能深刻地体会到我国人民的勤劳、勇敢和无穷智慧，从而受到爱国主义思想教育。[②] 直观教学手段包括地理图表、仪器模型、标本、幻灯片、录像带、课件、电视、电影及现代信息技术如全球定位系统、地理信息系统、电子地图等。直观教具、直观教学手段能鲜明生动地反映某些地理事物和地理现象的表象，把某些抽象的地理事物具体化，使学生耳闻目睹，如临其境，体味到直观美、艺术美，丰富学生的直接经验和感性认识，从而为学生理解、掌握地理知识，形成正确而深刻的理性知识奠定良好的基础。教学中，地理教师应用地理感性材料时，应使用直观、生动、形象的教学语言，对所教学的地理事物和现象进行形象描述。在直观方法的基础上还要运用逻辑方法对知识加以深化，形成理性认识，不能为直观而直观。[③]

地理学科是一门极富美学特征和美育功能的学科，但目前在我国学校地理教育中挖掘美育的内容，以及探讨更好地实施美育的途径等方面，无论是理论研究还是实践研究均较少。为了更好地突破地理美育教育的瓶颈，寻找突破口，我们认为以下工作仍需进一步加

①　王海明. 渗透美学教育　彰显教师魅力 [J]. 新课程（中学），2013（5）：72 - 73.

②　刘恭祥. 地理教学中实施美育教育的途径 [J]. 福建地理，2001，16（1）：59 - 60.

③　陈大路. 试论体现素质教育的地理课堂教学原则 [J]. 黑龙江教育，1999（Z1）：37 - 39.

强：加强地理美育教育科研工作，认识到地理美育教育不但包括艺术美，还包括自然美、社会美、科学美，对学校地理美育教育进行重新定位和现代建构。加强地理美育教育的渗透与融合，建立学校、家庭、社会多位一体的地理美育教育协同育人机制。健全学校地理美育教育工作领导机构。探索建立学校地理美育教育评价制度，重点探索如何将地理美育融入地理教学之中，挖掘地理学科所蕴含的丰富地理美育教育资源。大力开展以美育为主题的跨学科教育教学和课外实践活动，将相关学科的美育内容有机整合，发挥各个学科教师的优势。围绕地理美育教育目标，形成地理课堂教学、地理课外活动、校园文化的育人合力。提高地理师范生及在职地理教师的审美意识和审美能力，促进其自觉的爱美、护美行动。构建从美学视野即东方美学真善美合一的理念、西方美学真善美统一的理念和马克思主义美学真善美同一的理念及社会主义核心价值观来观照地理教育，指导地理师范生及在职地理教师如何立足地理学科本位，创设地理美育教学情境，追求真善美相融合的美的地理教育。

第三节　发掘地理学科之美　提升学生审美能力①

德国教育家雅斯贝尔斯认为"美是教育的本质"。席勒说过："若要把感性的人变成理性的人，唯一的路径是先使他成为审美的人。"地理学是研究地理环境以及人类活动与地理环境相互关系的科学，地理学科之美无处不在。地理师范生在进行地理课堂教学设计时，要学会运用科学的教学方法和手段，努力发掘地理学科之美，以便能更好地在地理课堂教学中诗意地渗透，有效地引导学生发现地理学科之美、感受地理学科之美、欣赏地理学科之美及创造地理学科之美，不断提升学生的审美能力。

一、引导学生领略宇宙环境美

德国哲学家康德在《实践理性批判》中写道：世界上唯有两样东西能让我们的内心受到深深的震撼，一是我们头顶浩瀚灿烂的星空，一是我们心中崇高的道德法则。宇宙万物及其内在规律，如茫茫宇宙，渺无边际，无始无终；亿万星辰，交相辉映，奇异壮观；星移斗转，日出日落，月盈月亏；地球昼夜更替、四季轮回、潮涨潮落；宇宙、银河系、太阳系、地月系的结构组成；地球所处的宇宙位置，地球、月球和太阳之间的关系，等等，均会产生美感，关键就在教师如何引导学生去感受领略。

地理教师可借助天文望远镜或多媒体课件，让学生领略到宇宙的广袤、太阳的伟大、地球的独一无二，从而激发学生探索奇妙宇宙的浓厚兴趣和欲望，感知、欣赏宇宙环境之美。

---

① 李红. 发掘地理学科之美　提升学生审美能力 [J]. 地理教育，2019（6）：7-9.

二、 引导学生发现自然地理环境美

(一) 自然地理环境要素及组合美

罗丹说过:"自然总是美的。"自然地理环境由大气、水、岩石、生物、土壤、地形等要素组成,在其形成、发展过程中,无不演绎着五彩缤纷、鬼斧神工、富有诗意美的画面:千姿百态的地理景观,如一望无际的大海、郁郁葱葱的热带森林等,能使学生感受到形态美;五彩缤纷的地理景观,如天际间的彩虹、五彩斑斓的极光等,能使学生感受到色彩美;运动的地理景观,如北风呼啸、涨落的潮汐等,能使学生感受到动态美[①];至柔至韧的地理景观,如河流的侵蚀作用、风蚀作用等,能使学生感受到力量美;气势磅礴的地理景观,如浩瀚的宇宙、巍峨的山峰等,能使学生感受到雄伟美;清幽恬淡的地理景观,如崇山深谷、小桥流水等,能使学生感受到幽静美;富有哲理的地理景观,如"山重水复疑无路,柳暗花明又一村""青山缭绕疑无路,忽见千帆隐映来"等,能使学生感受到消长变化美;气势悬险的地理景观,如"谁将倚天剑,削出倚天峰"的华山、"西控巴渝收万壑,东连荆楚压群山"的瞿塘峡等,能使学生感受到险峻美;奇异的地理景观,如黄山的奇松、怪石、云海、温泉"四绝",塔克拉玛干沙漠扑朔迷离的海市蜃楼等,能使学生感受到奇特美;未被人类破坏的地理景观,如西双版纳的原始森林公园等,能使学生感受到置身于世外桃源的"野趣美"。

(二) 自然地理环境规律美

自然地理环境各要素并不是孤立存在的,而是通过大气循环、水循环、岩石圈物质循环及生物循环等过程,不断进行物质迁移和能量交换,形成一个相互联系、相互制约和相互渗透的整体。例如,大气圈既看不见又摸不着,但它却是严密包裹地球的一具防护罩。它挡住了大部分来自太空的宇宙射线及太阳发射的各种致命辐射线;它可使流星在到达地面之前与之摩擦燃烧而烧毁;它隔开了太空的严寒,积蓄着太阳辐射来的热量,对地面起到保温作用,使地球得以保持温暖。大气中的水汽凝结成雨、雪、冰雹等降落地面,使得地球上的水循环不止。这种地理美的和谐性反映了地球结构系统的协调完备。[②] 东方民族把自然本身看成是一个和谐美的所在,在"万物有灵论""生命整体论"和"同情观"的支配下,无论是具体的审美活动,还是集中体现美的艺术领域,都把体悟天地自然大美,顺应自然原生秩序,与自然共存共生、交融和合,促进情感的相互渗透作为其目的。东方美学处处渗透着对自然生命的崇拜与赞美,以整体的、和谐的、有机的生态维度观照天地

---

① 李红. 地理教学论 [M]. 广州:暨南大学出版社,2017:21.

② 洪伟. 把握地理美的特征发挥地理美育功能 [J]. 贵州师范大学学报(自然科学版),1999 (1):108 – 111.

山川、自然万物①，强调自然的流动之美，以诗意的幻想体验自然生命的意义，以整体直觉的形式把握人类的情感本体。《庄子·知北游》写道："天有大美而不言，四时有明法而不议，万物有成理而不说。圣人者，原天地之美，而达万物之理。"② "落红不是无情物，化作春泥更护花"，这就是自然地理环境和谐美的体现。生态系统中的生物与生物之间、生物与环境之间相互影响、相互制约，在一定时期内处于相对稳定的动态平衡状态，构成统一整体，达到生态的平衡与和谐，形成和谐美。

地理教师可通过引导学生身临其境直接审美，也可以是面对影像、图文等资料或者凭着想象进行间接审美，观察、感悟具有广阔空间性的自然地理环境，强调求真与求美的结合，欣赏地理事物的科学特征及地理科学规律之美，感悟王羲之《兰亭集序》中所说的"仰观宇宙之大，俯察品类之盛，所以游目骋怀，足以极视听之娱，信可乐也"，穷极于山水之间，尽享自然的和谐与美丽。

三、引导学生发掘人文地理环境美

（一）人类创造的人文景观美

历史古迹，如北京中轴线、罗马古斗兽场等，能使学生感受到华贵尊严美；宗教建筑，如庄严的基督教堂、伊斯兰教清真寺、佛教寺院等，能使学生感受到神秘超脱美；独具匠心的建筑，如北京故宫庭院式的组群布局、天安门城楼的木结构等，能使学生感受到建筑艺术美；历史文化名城，如丽江古城、拉萨等，能使学生感受到民族特色美；古典园林，如北京皇家园林颐和园、江南园林苏州留园等，能使学生感受到独特意境美；祈福建筑，如北京天坛、祈谷坛等，能使学生感受到隐秘幽玄美；古老建筑，如福建土楼、晋中王家大院等，能使学生感受到历史价值美；现代基础建设，如长江三峡水利工程、青藏铁路等，能使学生感受到勤劳智慧美。

地理教师在利用科学的教学手段，引导学生欣赏丰富多彩的人文地理环境要素美的同时，还要注意引导学生树立正确的民族观、人口观、资源观和环境观；培养学生崇高的爱祖国爱家乡情感；强化学生的全球意识；提升学生鉴赏美、感受美、创造美的能力。

（二）人文地理环境规律美

不同区域有不同的人文地理环境特征。由于不同区域所处的地理位置（地理坐标、海陆位置、经济区位）、地形、土壤、气候、水体、植被、动物等自然地理特征不同，人们对区域环境的理念和行为也有所不同。人类一方面受到自然环境的影响，一方面又在能动地改造周围环境，人类对环境的利用是多样化的。不同区域的人们通过不同的活动方式，创造出与之相适应的人文环境和多种多样的文化景观，真可谓是一方水土养一方人。

地理教师在引导学生感悟人文地理环境和谐统一的规律美时，需要以问题的形式呈现，让学生思考、体会。如，它是什么？在哪里？有何特征？为何在那里？何时发生的？有什么作用？有利于人类或自然环境吗？并提醒学生在寻求这些问题的答案时，必须研究相关地理现象在地球上的位置与分布、空间关系及相互作用。从历史和现状着手，解释现状格局，并预测发展方向。地理教师还要提醒学生，人类继承、创造的人文地理环境景观既包括和谐景观，也包括冲突景观，引导学生用心去感悟这两种景观的异同，从美学的视野，提出整改冲突景观的行之有效的措施。并让学生认识到：美的观念的产生是人类劳动的结晶，只有在生产生活中，在人类改造自然、改造社会的伟大实践中才能感受到真正的美。想先验地设定一个自然美的存在，然后让人们去膜拜、探寻、体验、反映都是不可能的。[①]

四、 引导学生感悟人地和谐美

东方各民族都强调人与自然之间的和谐美。《易经》坤卦《文言》曰："坤至柔而动也刚，至静而德方，后得主而有常，含万物而化光。"东方美学的终极目的是人类的和谐，个体与群体、人与社会、人与自然的和谐。东方美学以不同的方式呈现了对生命、生活、人生、感性、世界的肯定和执着。"主张为生命、生存、生活而积极活动，要求在活动中保持人际和谐、人与自然和谐。"[②] 自觉地运用这一生存智慧，可以有效地整合当代人类所面临的人与自然的紧张关系、人与社会的对峙、人与人的疏离甚至敌对等价值难题。[③] 地理学使得从地方尺度到全球尺度研究人类活动及其相互关系、人类与环境之间的相互作用成为可能。地理学把人地相关性作为重要的研究对象，揭示出：人类是自然界的一部分，人类与自然是密不可分的整体，人类与自然的关系是平等和谐、共生共存的关系。[④]

（一） 天地阴阳和谐美

承载并化育万物的大地，以宽厚、包容、安静的胸怀，为人类提供持续的福利，包括食物、衣着、住房、医疗和必要的社会服务等。自然环境决定人类的生产生活方式，人类的生产生活方式又将反作用于自然环境。因此，人类的各种生产活动、物质生活与精神生活，都是在人地关系的不断协调中完成的。人地关系是贯穿整个地理学科的主线，谈

---

① 王杰. 马克思主义美学研究［M］. 北京：中央编译出版社，2013.
② 李泽厚. 李泽厚学术文化随笔［M］. 北京：中国青年出版社，1998.
③ 彭修银. 回归东方　走向世界——全球化时代的东方美学［J］. 天津社会科学，2000（6）：77 – 81.
④ 王甦奕. 地理教学中人文精神体现刍议［J］. 地理教育，2008（6）：59.

"天"是为了说"地",谈"地"是为了说"人",最终目的是实现区域可持续发展,这是地理学科永恒的主题。①

(二)地理伦理道德美

古人的"天人合一"思想,就包含着人地关系的合理内涵。儒家主张"礼乐合一""美善相乐",把"仁"当作审美理想的核心,强调人类社会中人与人之间的和谐,但缺乏对环境、生命的广泛关注。道家主张"游于自然之道""返璞归真""清静无为",试图在人与自然之间建立起混沌的和谐,但其处世消极,最终被排斥到主流社会之外。地理学则要求人类在处理好社会关系的同时,还应处理好人与自然的一系列关系,对自然讲伦理道德,特别强调要处理好人与其他生命的关系。因而,在一定层面上也包含着丰富的环境伦理和生命理性,强调在人与人、人与其他生命之间建立起平等、公平的秩序,具有一定的伦理道德美。如地理教材呈现的沿海渔民与天鹅共生、藏族人民保护黑颈鹤等体现和谐美的动人画面,就是地理伦理道德美的具体表征。有人预言:生态文化必将成为未来社会的主流文化,一场群众性的环保运动正在世界各地兴起。②

(三)地理智慧美

地理智慧美主要是指人类与自然和谐共处的智慧以及人类自身生存、可持续发展的智慧。传统发展模式常常是以牺牲环境为代价,以片面追求经济增长为特征的。地理智慧美要求人们在消费时,提高对自然资源的利用率,倡导低碳生活,减少废物排放,保持人地复合系统结构和功能的平衡良好状态。在人类自身生产方面,主张人口的增长应与资源、环境相协调,与社会经济发展相适应。地理学对人地复合系统开放性和战略性的研究,为我们建立了正确的人口观、资源观、环境观和发展观等,有助于人们树立整体观、全局观,教给我们人类与自然相处的智慧和生存的智慧。③

地理教师要教会学生以地理的思维方式认识世界,科学地选择、安排生产和生活,理性地生产和消费。呼吁人类放弃高增长、高消耗、高污染的粗放型生产方式和高消费、高浪费、高污染的生活方式。④

(四)人地关系忧患意识美

美与丑总是相伴而生的,当今世界,越来越严重的环境污染和生态破坏行为造成局部或全球性的人地关系失调,如气候反常、臭氧层空洞、动植物灭绝、水土流失、荒漠

① 黄景,陈中凯,曾影.《美丽中国》纪录片的地理教学价值探析[J].地理教学,2013(24):44-45.
② 刘国谱.试论地理美[J].中学地理教学参考,2003(11):57-58.
③ 闫立新.论地理之美[J].中学教学参考,2009(18):87.
④ 刘国谱.试论地理美[J].中学地理教学参考,2003(11):57-58.

化等生态环境问题；毒废料和核废料、食品安全和饥荒、种族冲突等导致人文环境恶化。

这些问题所造成的冲突对有志于给人类以希望、信心和能力，以建设一个更美好的世界为宗旨的地理教育工作者提出了挑战。地理教师可把人类对动植物的侵凌和对环境的破坏，作为对学生进行人地关系和谐美教育的反面教材，反思人类纵欲主义、享乐主义、利己主义及物质主义等生活消费方式的危害，引导学生思考人地关系，树立正确的人地观。使学生认识到要解决全世界面临的系列问题和难题，需要全人类世世代代全身心的投入。教育学生不能把环境问题的解决寄希望于孤立的、无人的自然本身，而是要更加重视人与环境的相互协调美。① 在地理教学中，地理教师可结合乡土地理，注意人地关系的渗透，使学生通过对人地相关性的学习，树立尊重自然、适应自然、与自然和谐共处的理念，从中感悟人与自然的和谐美，并思考怎样才能创建、维持人类与自然之间的和谐之美。

五、 引导学生欣赏地理学科表现艺术美

心理学研究表明：视觉形象可以增强真实感，使人产生身临其境的感觉。地理教师要注意引导学生阅读富有结构美、色彩美、文字表达美、逻辑美及科学美等图文并茂的地理教材或地图，如教学"长江"时，通过鲜明的表现主题、形象的画面、醒目的色彩变化、富有思想启迪的优美文字，使学生感受流水之韵，欣赏自然之美，在精神上得到愉悦和满足，受到美的熏陶，进而较快地接受和掌握地理教材所呈现的教学内容。

六、 引导学生体验地理学家科学探索美

地理科学发展史其实就是一部人类探索地理事物发生发展规律，改造地理环境的过程美及成果美的历史。地理教师在教学过程中，要善于引导学生了解、体验一些地理学家的科学探索过程及成果，如明朝徐霞客历尽艰辛，云游四海，撰写了《徐霞客游记》；麦哲伦环球航行，证实了地球是球体；哥伦布发现美洲新大陆；哥白尼创立"日心说"；竺可桢纵论中国五千年气候之变化；李四光力探中国大地构造体系之规律等，从而进一步训练学生的形象思维、逻辑思维、抽象思维及发散思维等，提升学生的审美能力和创造美的能力。

地理学科蕴含着许多独具特色的美的因子，但中学生受阅历、知识和审美能力等局限，难以发现和感受地理学科之美。这就需要地理教师形成正确的地理审美教学观，注重外在美和内在美，实现感知美和实践美，增加游历，联系生产生活实际，积累丰富的地理审美教学素材，有效运用相关教学手段，讲究教学艺术，努力发掘地理学科丰富的美的素

---

① 王杰. 马克思主义美学研究［M］. 北京：中央编译出版社，2013.

材，诗意地展示地理学科之美，促使学生感悟地理之美，欣赏地理之美，激发学习热情，探索地球奥秘，注重生命体验，领悟生活之道，提高综合思维能力，[①] 树立正确的人地观，决心创造和谐美丽的世界。

思考与探究

1. 说说地理美育教育瓶颈及破解路径。
2. 说说地理学科之美主要表现在哪些方面。

---

① 白絮飞. 地理教育的价值 [J]. 地理教育，2017（11）：1.

第五章　地理课堂教学技能美学

本章导读

美的、高效的课堂教学是整个地理教学的中心环节。教育美学把教育作为一种审美活动。课堂教学的系统艺术，是地理教学技能美学所要研究的主要内容。地理教师不但要把地理学科中蕴含的美的内容展现于课堂教学之中，还要挖掘教学过程中的审美因子，按照美学法则组织和实施地理课堂教学，将学习活动转变为审美和创美活动，促使学生深深地感悟到学习的乐趣，从而激发浓厚、持久的学习兴趣，自觉学习、乐于学习，在美的课堂中达到润物细无声的教学效果，努力提升学生的核心素养，促进学生全面发展。

希望同学们通过本章的学习，能树立先进的教育理念，了解展现地理课堂教学美的策略，彰显地理教学个性，讲究地理教学艺术，提高地理课堂教学活动的组织能力和课堂教学秩序的管理能力。

第一节　地理课堂教学的美育功能

一、　课堂教学的系统艺术概况

教育美学把教育作为一种审美活动。它的研究对象主要包括三个方面：①整个教学过程中的审美活动。②审美主、客体的审美关系。③教育中的环境美学。在教育过程中，教学方法的艺术化、系统化是教育美学的主要研究方向。教学艺术的优劣，关系着教学的成败。因此，教育美学主要是教学美学，就是课堂教学的系统艺术。

所谓课堂教学的系统艺术，就是一个全面完整的教学艺术体系。它的主要内容包括教育中的形象美学、情感美学、语言美学、板书美学、节奏美学、风格美学、结构美学、创造美学八大部分。随着教育美学的不断发展，这个艺术体系还会不断扩大、不断丰富。课堂教学系统艺术的本质特征是：从美学的深度来归纳教学艺术的精神，从艺术哲学的高度来阐述教学艺术的原理。

课堂教学的系统艺术，是地理课堂教学技能美学所要研究的主要内容。怎样把核心素养教育和文化教育结合起来，怎样把知识的传授和能力的培养结合起来，既要高分，又要高能呢？教育美学对教师提出了三个修养的标准，即道德修养、文化修养、艺术修养；对教学方法提出了三个结合的要求，即左脑教育与右脑教育相结合、科学思维与形象思维相结合、智力因素开发与非智力因素开发相结合；对学生提出了三个优秀的培养目标，即优秀的知识品位、优秀的艺术品位、优秀的思辨能力品位。课堂教学的系统艺术正在为学生的全面发展探索着一条新的教育路线。[①]

二、地理课堂教学的美育功能

在地理课堂教学中，教师比较重视基础知识的传授和基本技能的训练，而忽视了美育的渗透。不善于发掘地理学科本身或地理教育本身所特有的美，不注意用地理美或地理教育美去诱发学生的求知欲望，激发他们的学习兴趣；不重视引导学生发现、鉴赏地理美或地理教育美，更谈不上引导学生创造美，导致一些学生感到地理课程没意思而不愿学。[②]

人的爱美天性在青少年时期表现得尤为突出。地理教师应抓住这个最佳时期，不失时机地向学生揭示地理之美，进行审美教育，充分发挥地理的美育功能。

（一）展示地理之美，激发学习兴趣

伟大的科学家爱因斯坦说过："兴趣是最好的老师。"心理学研究表明：没有丝毫兴趣的强制性学习，将会扼杀学生探求真理的欲望。兴趣是思维的动因之一，兴趣是强烈而又持久的学习动机。地理教师应充分运用地理之美诱发学生浓厚的学习兴趣、强烈的求知欲望。具体方法如下：①利用丰富形象的直观教具、教学地图、地理模型、地理图片、地理视频等，以组织学生进行实验操作等形式，将枯燥的知识形象化，抽象的知识具体化。②结合教材内容，联系乡土地理、地理科学前沿知识、形象生动的地理趣闻轶事、中外地理学家探索地理王国奥妙的故事以及国内外时事热点问题，向学生介绍地理在社会建设、政治建设、经济建设、文化建设及环境建设等方面的广泛应用，使学生觉得学有所用，明确今天的学习是为了明天的应用。③根据教学需要和学生的智力发展水平，提出一些富有趣味性、思考性的地理问题给学生思考，以趣启思，以思启智。④适当地开展地理课外活动，如组织学生自编地理黑板报，到地理园开展地理观察活动或气象观测活动，到校外实习基地开展研学旅行等。

（二）融贯地理之美，加深知识理解

地理美是美的高级形式，它的特点在于广阔时空中、抽象的理性形式中包含着无限丰

---

① 高桂喜. 教育美学：课堂教学的系统艺术 [J]. 东南大学学报（哲学社会科学版），2005，7（2）：120.
② 孙嘉琛，皇甫守先. 把握数学美的特征　发挥数学美育功能 [J]. 课程·教材·教法，1993（12）：31-33，26.

富多彩的感性内容。在教学中，地理教师应用大量生动的地理事物或地理现象给学生以美感直觉，对于抽象枯燥的地理概念、地理特征、地理规律、地理成因等，先给学生以具体的直观形象，再进一步引导学生进行思维活动，从而上升为理性形象，使学生对所学知识易于接受，便于理解。教师通过逻辑的推理、生动的语言、优美的图画、精美的视频、科学的板书等作出审美示范，创设思维情境，把地理美的直观性、奇异性、和谐性、统一性等特征融贯在地理教学过程中，使学生在美的享受中掌握知识、提高能力，在潜移默化中理解地理美的真正含义，[①] 提高理解美、感悟美的能力。

（三）创造地理之美，培养思维能力

中学地理教学的基本任务之一是在传授地理知识和培养能力的过程中发展学生的逻辑思维能力，培养学生的地理核心素养。根据青少年好奇心强，生活阅历浅，思维活跃，善于接受新鲜事物，喜欢猎奇探险的特点，可在教学中通过地理丰富的、综合的、奇异的美，鼓励学生多向思维，标新立异，找到掌握地理知识的最优方法。地理教师要善于把握教学机智，以能引发青少年好奇心的"奇"和"谜"为切入点，全方位、多角度地介绍地理事物或地理现象的相关奇迹、奇观等，创设思维情境，用地理美的魅力启迪学生思维。当学生对地理美感受最强烈、最深刻之时，便是他们的思维活动进入最佳状态之时。逻辑思维和灵感思维交融促进，聪明才智得到充分发挥，一旦"灵感"出现，他们就会感受到创造地理美的喜悦和成功后的乐趣。毫无疑问，他们的思维能力也便从中得到培养和提高。[②]

（四）发掘地理之美，陶冶思想情操

地理教学中的审美教育同文学艺术一样，具有潜在的思想教育功能。青少年因受阅历、知识和审美能力的局限，不能轻易地感受和意识到地理的美。这就需要教师内化教材，深入发掘和精心提炼教材中蕴含的美育因子，为学生创设一个和谐、优美、愉快的学习环境，引导学生按照美的规律去发现美、感悟美、鉴赏美和创造美，进行审美教育，提高审美能力，培养审美意识。它的核心是通过情感教育，使学生在美的熏陶中，心智得到启迪，以自己的知、情、意、行去追求客观世界的真、善、美，摒弃假、恶、丑，让精神升华，产生情感共鸣，起到美化心灵、净化感情、陶冶情操的作用，对培养学生良好的个性品质和形成正确的人生观、价值观、世界观也能起到积极作用。[③] 例如，在教学中联系国内外相关时事热点问题，及时补充与教材内容有关的世界政治经济发展等最新信息，使

① 汪长明，王晓华. 基础教育阶段数学教学的美育功能析论 [J]. 内蒙古师范大学学报（教育科学版），2010，23（2）：109–111.
② 孙嘉琛，皇甫守先. 把握数学美的特征　发挥数学美育功能 [J]. 课程·教材·教法，1993（12）：31–33，26.
③ 孙嘉琛，皇甫守先. 把握数学美的特征　发挥数学美育功能 [J]. 课程·教材·教法，1993（12）：31–33，26.

学生感受到地理具有强烈的时代感和紧迫感，用直观的教具和富有感情的语言，向学生介绍祖国的壮丽河山和建设成就，增强他们的民族自尊心、自信心和自豪感;[①] 运用有效信息进行严密推导，探寻完美结论，可以培养学生独立思考能力及标新立异、勇于探索、坚韧不拔的坚强意志。[②]

第二节 地理课堂教学组织技能美学

课堂教学组织是提高教学效率，保证教学质量的关键。课堂教学不是简单地讲教材，而是传播教学信息与反馈教学信息，是师生间的双向沟通与交流。教师必须认真考虑课堂教学组织艺术。一般来说，若按照地理课堂教学的教学对象划分，地理课堂教学的组织艺术包括：①以群体结构为组织对象的地理课堂教学群体调控艺术。[③] ②以个体差异为组织对象的地理课堂教学个体调控艺术。若按照地理课堂教学的环节划分，地理课堂教学的组织艺术包括：①地理课堂教学导入的调控艺术。②地理课堂教学过程的调控艺术。③地理课堂教学结束的调控艺术。④地理课堂教学各环节渗透的调控艺术。

一、 以教学对象为组织对象的地理课堂教学调控艺术

(一) 地理课堂教学群体调控艺术

群体的对象以班级为主，教师需要了解各班级学生情况，组织教学因班而异，因势而教。一般来说，每位地理教师需要承担几个班级的地理教学任务，由于受外界因素和内部因素的影响，每个教学班都会形成群体风格，这种风格在表现形式上各异，因而存在班风学风差异。所以，教师必须把握它的整体性，施以不同的教学组织手段。

(1) 课堂气氛活跃法。对于学习气氛比较沉闷，师生、生生互动较差的班级，教师授课时就得尽量结合课文讲一些笑话、故事，或者做做游戏等，增强授课的趣味性，激发学生愉快的情绪，活跃课堂气氛，提高他们的教学参与度。例如：在教学宇宙的形状和大小时，通过讲解同学们熟悉的孙悟空不能翻出如来佛手掌心这个故事来阐明宇宙的形状和大小，引起了学生的兴趣，效果较好。

(2) 课堂生动有趣法。对于班风学风良好，且师生、生生互动较好的班级，教师不能"一言堂"。在教学过程中，教师应尽量把课讲得有条不紊且生动有趣。用比喻、拟人、背歌词、讲故事等形式，辅助教学内容，使教学效果更上一层楼，形成良性循环。

① 洪伟. 把握地理美的特征 发挥地理美育功能 [J]. 贵州师范大学学报 (自然科学版)，1999 (1)：110 - 113.

② 张先荣. 数学中的美育教育 [J]. 安阳工学院学报，2008 (6)：124 - 126.

③ 赵文茹，牟炳友. 中学地理课堂教学组织方法略谈 [J]. 兵团教育学院学报，2001 (4)：94 - 95.

（3）课堂深沉抑制法。对于太过活泼好动而情绪极易激动的活跃型班级，教师结合教学内容，授课风格宜以深沉、抑制型为主。例如，教学地球的形状和大小时，可突出讲授麦哲伦是如何历经千难万险才到达目的地，最终为地理大发现作出伟大贡献的。通过本节课教学，学生不但学习、掌握了相关地理知识，而且被麦哲伦不屈不挠、坚持不懈、为科学献身的伟大精神所感动，还树立了学习榜样。整个课堂气氛浓重热烈而不会活跃过度。

（4）"统一战线法"。对于学生学习态度两极分化，课堂纪律较差的班级，地理教师应与该班班主任及其他科任教师积极配合，目标一致，从思想上正确引导，从行动上给予规范。一是利用优秀学生帮助后进生，像滚雪球一样，慢慢带动全班学生；二是帮助后进生树立信心和勇气，改正、克服其不足之处。例如，让他们参与班级管理或绘制一幅地图等，点燃他们内心的自尊与求知欲，让后进生感到教师信任他们，不鄙视他们。①

（二）地理课堂教学个体调控艺术

群体结构构成班风学风的总体风格，但整体内又会存在个体差异。教学质量的好与坏，跟群体有关，但有时与个体关系更大。一个学生的一举一动，也许会使课堂的整个秩序走向反面，出现教师意想不到的后果。因此，对同一班级内的不同学生，还要因材施教。为此，地理教师需要对每个学生所处的环境、思想、感情、智力和学习基础都进行全面了解，有的放矢地进行引导、教育。

（1）以"动"制"动"法。学生的学习兴趣培养起来后，教师还应该意识到这个年龄段的个别学生意志品质尚未健全，他们精力旺盛，爱说、好动、好奇心强，注意力容易转移。如果教师命令这些好动学生安静或集中注意听讲等，结果只会使课堂秩序更乱，或者死气沉沉。教师必须把课讲得形象生动，如采用讲故事、读歌词、地图旅游、提示提问以及简单的游戏等方式来调动好动的学生动眼、动耳、动脑、动口、动手的积极性，使他们真正能做到动中乐，乐中学，学中乐，从而达到以"动"制"动"的目的。

（2）随机应变法。一般来说，地理教师授课是严格按照地理课程标准要求进行的，受教学时间限制，课堂上不允许有太多意外发生。但一个教学班或行政班有几十个学生，课堂教学中发生一些偶发事件也是正常的，如个别学生不够专心听讲，甚至做出违反课堂教学纪律的行为。如果发生了，教师需充分发挥教育机智，快速作出反应，当机立断，有随机应变处理偶发事件的能力，甚至能化消极因素为积极因素。处理结果的好坏会直接影响教师的形象和学生的身心健康，直接影响教学任务能否顺利完成。② 课堂教学机智的形成并非一日之功，它是以教师高度的修养、深厚的功底、广博的知识、熟练的技巧和丰富的经验为基础的，是教师"厚积精思"的产物。地理知识浩瀚如烟，地理教师更应该努力让

① 赵文茹，牟炳友，赵峰松. 中学地理课堂教学组织方法略谈［J］. 丝路学刊，1997（4）：40 - 41.

② 赵文茹，牟炳友. 中学地理课堂教学组织方法略谈［J］. 兵团教育学院学报，2001，11（4）：94 - 95.

自己成为一个"杂家"，掌握地理教学策略，丰富自己的教学机智，以适应新课改地理教学的需要。①

（3）隔离法。有个别学生不是不想学习，也不是想故意捣乱课堂教学纪律，只是克制能力太差。教师如果每节课都批评他，不但制止不了其不良行为，反而会造成逆反心理，甚至浪费学生的课堂教学时间。面对这类学生，采用"隔离法"加以约束是最合适的做法。所谓"隔离法"就是把他安排在中间位置，四周调集一些比较文静、克制力较强的学生。当他克制不住自己，想做小动作或者讲话时，四周无人回应，他只好放弃。此时，教师可走下讲台以贴近他讲课的方式来提醒他。

（4）罚分法。这种方法值得商榷。面对班风学风较差的班级，要进行扭转并不是一朝一夕的事。教师除了需坚持不懈地进行正面引导外，还必须采取一些强制手段。学生一是害怕被叫到办公室挨训，二是害怕老师请家长见面。根据学生这两个心理因素，可宣布规定：在课堂上被点名批评一次（因说话、做小动作、走神等）则罚分1分，罚满10分的会被请到办公室接受批评教育，凑满20分的就让该生家长到学校详谈。这种方法能在一定程度上约束学生，对调控课堂起到积极作用。但教师宣布"罚分"前，要先给学生改正的机会，如用目光、手势、贴近身边讲课、提问等方式提示、警告学生，无效时再点名"罚分"。另外，点名时应注意一点即过，切不可生硬、粗暴，借题发挥。"罚分"记录员也应公正，不徇私情。

一切事物都在不断发展变化之中，只有变化才能推陈出新。新则奇，奇才能引起兴趣，兴趣才是最好的老师。教师要细心，要善于捕捉学生思想的微妙变化，因材施教，随时出新招，出奇招，与时俱进，不断提高自己的教学组织管理艺术。②

二、 以课堂教学程序为组织对象的地理课堂教学调控艺术

（一）地理课堂教学导入的调控艺术

俗话说："好的开头是成功的一半。"精彩的导入，在教学刚开始就能抓住学生的眼球，促使学生的大脑立即处于"兴奋"状态，集中注意力，激发学习兴趣和参与热情，③带给学生鲜明的印象及心灵的共鸣，从而影响整个课堂教学的效率。导入不仅指一节课的开始，在一个新的学习内容开始时也应有相应的导入。教师导入新课时要讲究导课艺术，做到巧妙导课，以趣启思。教师或联系已知，温故知新；或从解词释义破题入手；或激情启趣，因势利导；或设疑布阵，造成悬念；或补充材料，搭桥铺路；或演示实验，直观导之，等等。导课贵在巧，而不在话多。④ 导课时要面向全体学生，目的明确，感情充沛，

① 杨震华. 地理课堂中的教学机智及其修炼［J］. 地理教学，2009（8）：11–13.
② 赵文茹，牟炳友. 中学地理课堂教学组织方法略谈［J］. 兵团教育学院学报，2001，11（4）：94–95.
③ 邵洁. 设置精彩导入　激发学习热情［J］. 地理教学，2010（21）：58–59.
④ 肖春燕. 课堂教学的组织艺术管见［J］. 教育探索，2000（3）：58.

语言清晰，导入时间得当，能引起学生的注意和兴趣。[①]

1. 地理课堂教学导入新课的常用方法

导入有法，但无定法，下面就地理教师导入新课常用的十一种方法进行分析。

（1）复习导入法。

复习导入法是比较常用的新课导入方法，符合学生学习知识由浅入深、循序渐进的认知规律。地理知识往往是相互联系的。新的地理知识的学习常常离不开旧的地理知识。在讲授新课知识前，适当地组织对旧知识的复习，既能促使学生牢固掌握已学知识，又利于学生"温故而知新"，发现问题，探索新知识。如教学"锋与天气"时，可以先复习提问以下内容：锋面、锋线、锋、锋面雨，然后再导入新课："那么锋面与天气有什么联系呢？这就是下面咱们要学习的内容。"

（2）时事热点导入法。

当今世界信息瞬息万变，地理教师应时刻关注国内外有关地理的时事热点问题，在课堂教学中适时补充讲解，使地理教学内容更加丰富多彩。在新课导入中可以引入时事材料进行教学。如在教学高中地理"地震"时，可以这样导入新课："据报载：北京时间 2022 年 3 月 16 日 22 时 36 分（当地时间 2022 年 3 月 16 日 23 时 36 分），在日本本州东部（37.79°N，140.95°E）发生 7.4 级地震，震源深度为 57 千米。截至当地时间 2022 年 3 月 19 日上午 10 时，该地震已造成 3 人死亡，205 人受伤。那么，地震是怎么形成的呢？上面提到的震级、震源深度是什么意思呢？我们应如何及时预测和预报地震呢？这就是下面我们要学习的内容。"

（3）直接导入法。

直接导入法具有简明扼要、直接切入主题的特点。如教学"海水的盐度"时，可以这样导入新课："同学们见过浩瀚的大海吗？你品尝过海水的味道吗？如果你没有品尝过海水，那你也不必遗憾，因为海水的味道不但咸而且还苦呢！那么同学们知道为什么海水既咸又苦吗？下面咱们就来学习这部分内容。"这样的直接导入，学生兴趣盎然，自然就做好接受新知识的心理准备。

（4）故事导入法。

故事导入法可使学生对课程内容产生兴趣，激发求知欲望，全神贯注地掌握所学的知识。如，教学"国际日期变更线"时，可以讲述这样一个小故事："有一位年轻妇女，乘船自西向东航行，在越过日界线前生下一个女婴，越过日界线后又生下一个女婴，请同学们判断哪个女孩大呢？这里说的日界线又是什么呢？"带着这些疑问进入课堂，学生很想知道答案，这样同学们自然地打开了思维的闸门，学习气氛也随之浓郁起来。[②]

---

①   刘恭祥. 地理微格教学［M］. 3 版. 厦门：厦门大学出版社，2019：190.

②   卢大亮. 新课导入"九法"［J］. 地理教学，2000（S1）：52–53.

（5）设疑导入法。

教师根据教学内容，设计启发性提问，通过学生思考激发学习动机，使学生快速地进入新课教学情境中。例如，讲授地球自转前可先提问学生：为什么太阳每天东升西落？

（6）直观导入法。

教师在讲课前通过展示直观教具如挂图、模型、标本、图片、录像等，或用实验等方法引入新课。这一方法通过展示→观察思考→引入问题的程序进入新课，具有形象、生动、有趣的特点，十分有利于激发学生的学习兴趣。[1] 例如，①视频导入法。此法就是选用与教材内容紧密相关的录像内容为切入口导入，可以使教学内容直观化、形象化，激发学生的学习热情。如在教学"天体和天体系统"之前，先播放录像"宇宙科普知识"，使同学们了解宇宙间物质存在的形式，然后再进行讲述，如此，学生便能理解并愉快地接受所学的新知识。[2] ②图像漫画导入法。中学地理教材图像丰富，种类众多，运用图像教学是地理教学的一个突出特点。若合理运用图像漫画导入新课，既形象又直观，对学生具有很强的吸引力。如教学"世界的人口问题"时，先让同学们观看展示"人口众多""棚户区""饥饿的儿童""一个多子女的家庭"的彩图，然后指导学生观看漫画《苦难的母亲》，这样从一开始就让学生认识到世界人口问题的严重性。接着教师抛出问题：如此，是否世界各个国家和地区都要实行计划生育呢？为什么有些国家需计划生育，而有些国家则要鼓励生育呢？衡量人口增长速度合理的标准是什么呢？结合问题，教师可引导学生自主学习思考→小组讨论→请学生发言→师生共同总结，最后得出：人口增长要与经济发展相适应，要与资源环境相协调。如此导入新课，大大激发了学生的学习兴趣，活跃了课堂气氛。

（7）实际应用导入法。

对于教材中的许多问题，教师通过向学生介绍所学知识在实际生活中的应用，可以使学生印象深刻。如在教学"时区"时，告诉同学们："NBA总决赛将于明天华盛顿当地时间18点举行，倘若同学们在明晚北京时间18点打开电视机将肯定看不到这场球赛，为什么呢？那么，我们在什么时间打开电视机才会准时看到这场比赛呢？学过'时区'以后同学们就会知道了。"这样的导入能使学生很想知道"时区"在日常生活中的应用，从而积极地去学习新知识。

（8）"辅文"导入法。

中学地理教材"辅文"较多，如"读一读""想一想""做一做"等。在新课导入时，教师也应重视"辅文"的作用，这是教师搞好教学的一个前提。如在教学"水资源"时，教师可以先请同学们一起朗读正文前的"读一读"，并结合"读一读"的内容看漫画

① 李红. 地理教学论 [M]. 广州：暨南大学出版社，2017：114.
② 韩海兵. 思想政治课的导入艺术 [J]. 中国教育技术装备，2010（7）：134-135.

《非洲灾区的儿童》，这有利于同学们理解"水资源"的重要性，从而轻而易举地过渡到"正文"的学习。

（9）即兴导入法。

新课导语不可能课前做到百分之百设计妥当，也不是一成不变的。有时，由于环境改变，教学对象改变，原先设计好的导语也许就不能使用，需要随机应变，重新设计。例如一位教师在一个陌生的班级上公开课，教学"中国的人口"时，虽然课前已设计好导语，但上课一开始，学生就提出了一堆问题，使原导语无法使用。有学生认为："人口越多，国家才越强大。"还有学生认为："中国国土面积大，人口越多越好。"也有学生说："人口多了，国家负担变重，这样国家反而不强大了，应注意控制人口增长。"众说纷纭，课堂陷入混乱。这位教师立刻进行引导："究竟是人口多好还是人口少好呢？衡量标准是什么？我国是不是应控制人口增长呢？咱们现在不说，等上完这节课后，就见分晓了。好，下面就让咱们一起来学习这一课吧！"这位教师通过即兴灵活的引导，很快便把学生带入了教学活动之中，使得公开课的讲授顺利进行。

（10）其他科目知识导入法。

在学到相关知识时，教师可以从学生已经学过的其他科目知识入手，引起学生对已有知识的共鸣，然后再学习新的地理知识，这样常常能达到事半功倍的效果。如在教学"台湾省"这一节时，师生可一起朗诵余光中的诗歌《乡愁》，这样不仅能让学生欣赏到《乡愁》结构和韵律上的艺术之美，还能让学生感到诗人对故乡恋恋不舍的情怀和对中华民族早日统一的期待的情感之美。然后教师提出问题：诗中那一湾浅浅的海峡指的是我国哪个海峡？引出台湾与祖国大陆隔台湾海峡相望，再讨论台湾与祖国大陆在血缘、历史与文化渊源上的联系。量算台湾与福建的最近距离，让学生有台湾与祖国大陆不可分割的感性认识。一个导入，就把地理与语文、数学、历史知识等整合起来，勾起学生浓浓的爱国之情。[①]

（11）学法导入法。

从满足学生终身发展的需要出发，"会学"比"学会"更重要。新课标明确提出"改变地理学习方式"，使学生"获得地理基本技能以及地理学习能力"。因此，教学中必须重视学法指导，提高学生发现问题、分析问题、解决问题的能力。在章节导语中也应有针对性地提醒学生每一章节的学习将主要用到哪些方法，以让学生首先在心理上有所准备，对一些重难点知识的方法指导尤为重要。如在人教版七年级上册第一章"地球和地图"的导语中，可以提出"我们将借助地球仪，采用实验演示法探究地球的自转和公转；通过动手画地图和制作地理模型，从实践中学会判读等高线地形图"，以此来强调和提示学习探究的方法。当然，学法指导的渗透主要是在具体的教学情境中进行，但在导语中增加适当

---

①　邵洁. 设置精彩导入　激发学习热情［J］. 地理教学，2010（21）：58－59.

的画龙点睛式的方法指导也是必要的。①

2. 地理课堂教学导入新课的策略

导入新课是整个地理课堂教学中重要的环节，它直接影响学生学习的情绪和效果。因此，导入新课应注意以下七个方面：

（1）导入新课要有针对性。导入新课要根据具体教学内容而定，不能牵强附会，生拉硬扯。导入方法要具体、简捷，从一开始就要把学生的思路带入一个新的地理知识情境中，让学生对将要学习的新内容感兴趣。

（2）导入新课要有启发性。导入新课要对学生接受新内容具有启发性，能引导学生发现问题、解决问题的强烈欲望，调动学生学习的积极性，促使他们更好地理解新知识。

（3）导入新课要有趣味性。"兴趣是最好的老师"，寓教于情，寓教于乐，不仅可以活跃课堂教学气氛，激发学生浓厚的学习兴趣，而且使学生易于接受新知识，防止学生产生厌倦心理。

（4）导入新课要有艺术性。在导入新课时，语言要简洁精练，形象生动，富有韵律，准确无误，使新课一开始就能紧扣学生心弦，激发学生思维火花，使学生的观察、思维、想象、记忆等能力不断提高，进而提高他们的综合素质。②

（5）导入新课要有时效性。课堂教学导入要以最少时间、最快速度拉近学生与教师、学生与教材的心理距离，使学生尽快进入正课学习状态。因此，导入时间一般应尽量控制在 3 分钟以内，忌冗长拖沓。

（6）导入新课要有连贯性。许多教师为导入而设计导入，因而其设计的导入内容脱离教学内容，牵强附会。尽管导入很别致、精彩、吸引学生，但随后的知识内容讲解却又是老一套，这种导入方式不可能产生好的教学效果。例如，在导入"福建省泰宁县"一课时，教师用华丽的语言引导学生进入"泰宁游"的旅游团情境中，随后，教师却进行纲要式的内容介绍。这种导入新颖、内容陈旧的"新瓶装陈酒"做法，实则是导入脱离教学内容，导入与教学形式分离，导致课堂教学缺乏连贯性和完整统一性的表现。

所以，在导入时，要考虑教学内容的整体，要服从整体。导入只是一个开头，从课堂结构的角度来看，它的作用是为教学打开思路。如果脱离课堂整体，即使是再精彩的导入也会失去它应起的作用，这是不可取的。

（7）导入新课要有新颖性。心理学家研究表明，引起注意的诸多因素中，感知对象的新颖性是重要条件。在单调重复的信息刺激下，注意会迟钝。因此，在针对教学目的、教学内容等要求的基础上，地理教学导入形式应新颖、灵活多样，不能总是以一个模式或一个腔调开讲。③

---

① 李志伟. 浅谈新课程导语设计 [J]. 地理教学，2010（21）：31－32.
② 卢大亮. 新课导入"九法"[J]. 地理教学，2000（S1）：52－53.
③ 刘恭祥. 地理微格教学 [M]. 3 版. 厦门：厦门大学出版社，2019：188－189.

（二）地理课堂教学过程的调控艺术

地理课堂教学过程组织就像孔雀开屏一样，向学生展示最精彩的美，是课堂教学组织的关键。把握好教学过程这一环节，[①] 是课堂教学成功的关键，因此，地理教师不可等闲视之。

1. 环环相扣，循序渐进

教师要注意按照学习的认知规律来组织教学，使教的活动适应学的活动。学生掌握知识的认知活动一般表现为感知教材、理解教材、巩固知识、运用知识四个阶段。教师在组织各个阶段教学的过程中，应注意环环相扣，严格要求，并结合教学实际发展学生多方面的能力。[②]

2. 突出重点，突破难点

地理学科的教学重点是根据地理课程标准的要求确定的。教学难点，因教学对象的不同而不同，难和易反映了人们认识能力与被认识客体之间的矛盾。对一些学生来说是难的，但对另一些学生来说却是易的。这种难易交叉是自然的，也是可以转化的，奥妙就在于教师如何对教学内容进行合理组织。教师在组织教学的过程中，应突出重点，突破难点，切忌平均使用力量。要做到重点知识突出，反复地讲；难点知识应分散，缓慢地讲；一般内容则简明地讲，使学生感到层次清楚，节奏分明。同时，教学信息的密度也应疏密相间，使学生的心理感受有张有弛，节奏感强。

3. 动静结合，新颖有趣

教师应巧妙安排教学方式，使之有动有静。如在课堂教学中，需注重师生、生生教学双边活动，把教师讲解和学生静听、教师提问和学生回答、教师演示和学生观察、教师启发和学生思考，学生动手和教师指导、学生质疑和教师答疑、学生讨论和教师总结、学生自学和教师点拨、学生做题和教师评价等巧妙地结合起来，使教学活动在动静、快慢、强弱交替中有节奏地进行。同时，还要做到教学内容和教学方法新颖有趣，如运用妙趣横生的讲解、生动形象的分析、简洁明快的点拨、精心设计的演示等。

4. 机智灵活，随机应变

在教学中有时会遇到偶发事件，即课堂上突然发生，为教师所未预料的事件。对偶发事件必须随机应变，发挥教育机智，妥善处理，才能保证课堂教学顺利完成。如教师在课堂教学的过程中，被学生"问倒"了，怎么办？处理方法建议如下：做到实事求是，不懂不要装懂，更不能胡乱回答，欺骗学生；不能打击提问题的学生，要注意保护学生的学习热情和求知欲望；要尽快给学生回复、解答。

① 王志强，柯强. 浅谈成人教育的课堂教学组织艺术 [J]. 黄石教育学院学报，2005（1）：60-62.
② 杨有明. 中学英语课堂教学的调控艺术 [J]. 教育艺术，2012（3）：70.

（三）地理课堂教学结束的调控艺术

常言道："编筐编篓，全在收口""好头不如好尾"，课堂教学的组织也是如此。为此，教师在课堂教学的组织上，绝不能虎头蛇尾，而应注意首尾兼顾，善始善终。一般来说，课堂教学结束的组织应做到：扣紧教学目标，简洁明快，画龙点睛，首尾呼应，使结课和导课脉络贯通。教师在一堂课结束时，要注意梳理概括出本堂课的知识线索①，指出所教学内容的精髓之处，使学生学有所得，甚至感到"言已尽而意无穷"，课后反复咀嚼玩味，渴望下次课的到来。②

（四）地理课堂教学各环节渗透的调控艺术

1. 情绪调控艺术

夏丏尊先生曾说："教育不能没有情感。"写文章最忌平铺直叙，没有起伏波澜，讲课也同样如此。教学活动并非纯理性的信息传输活动，其中必然渗透强烈的情感因素，是"情理相融"的过程。教师在讲解不同教材内容时，应表现出不同的神情，这样学生就会情不自禁地与教师的喜、怒、忧、乐产生共鸣，达到"未成曲调先有情"的境界。学生的学习情绪，课堂的学习气氛，很大程度是与教师的情绪同步的。因此，教师在课堂教学中，要注意将自己的情绪调整到最佳状态。如果教师在课堂上始终目光炯炯有神、情绪饱满、精神抖擞、激情满怀、活力四射，学生势必会潜移默化地受到教师情绪的感染，也会精神振奋，情绪高涨，思维敏捷。③

2. 承转过渡调控艺术

教师要讲求教育艺术，促使地理课堂教学承转过渡自然，达到起承转合了无痕的效果。

（1）地理课堂教学中的有效承转。

正如木工要用榫头才能把部件组合成美观实用的家具那样，地理教师在教学中也要借助承转来衔接不同的教学内容。最终通过颇为有效的承转策略，实现心理学家们指出的"整体大于各部分总和"的功效——最大程度地发挥课堂教学整体功能。承转是教学中衔接不同教学内容的一个环节，其前提首先必须有助于学生找准新知识的"泊陆点"，即通过承转，使学生找到将要学习的新知识与前面所学知识之间的连接点，从而将新知识迅速地融入已有的认知结构，构建新的、良好的认知结构。

一方面，只有当学生学习的知识本身就是一个完整而严密的结构、知识之间有着深刻的内在联系与关系时，生成的认知结构才是良性的，才会产生"生成力"或"迁移力"

---

① 王志强，柯强. 浅谈成人教育的课堂教学组织艺术［J］. 黄石教育学院学报，2005（1）：60－62.
② 尹子开. 浅议英语课堂教学的组织［J］. 学子（教育新理念），2013（6）：159－160.
③ 肖春燕. 课堂教学的组织艺术管见［J］. 教育探索，2000（3）：58.

的效能，使学生更好地认知新的知识，从而实现"知识的自主建构"。例如，"大气的削弱作用"与"大气的保温作用"之间的承转可设计如下：引导学生认识了大气的削弱作用，且顺利地解决了"为何青藏高原太阳辐射强度大"这一问题后，教师趁热打铁，利用多媒体课件（在"中国太阳年辐射总量的分布"图上叠加了"中国年平均气温分布"图的课件），向学生提问："太阳辐射强度大的青藏高原，年平均气温有何特点？""比较低……"学生似乎有些疑惑了。"凡去过青藏高原'日光城'拉萨的人，都深有体会——头上热滚滚、脚下冷飕飕、日照胸前暖、风吹背后寒，这是为什么呢？"教师绘声绘色地进一步推波助澜……同学们陷入深思之中，处于愤悱状态，教师打破沉静："那就让咱们一起来探究大气的另一种作用——保温作用吧！"根据前后教学内容之间的关系，教师借助新颖的材料，通过巧妙的质疑，使学生欲答而不能。带着悬念、带着迫切要求问题得到解答的心理，每一位学生都怀着强烈的学习热情投入"大气的保温作用"的学习之中。①另一方面，从可行性而言，地理课堂教学内容的内在联系（结构）十分清晰，多呈现出：①有序的线性结构。例如，从城市起源到城市化，再到城市化问题的事物发展演化的线性结构；从"大陆漂移"学说到"海底扩张"学说，再到"板块构造"学说的地理问题探究历程的线性结构，等等。②均衡的对称结构。例如，气流运动中的气旋和反气旋等。这一特征为成功找准知识"泊陆点"奠定了丰厚的基础。

（2）地理课堂教学中常用的过渡方法。

一堂好课的教学过程往往给人"行云流水，天衣无缝"的感觉，执教者往往具有高超的"架桥搭梯"本领，即善于运用课堂过渡。地理课堂教学中，教师巧妙地运用好"过渡"语言等，既能引导学生从一个阶段的学习顺利地转入下一个阶段的学习，又可以把一节课的教学内容衔接成一个整体，给学生以层次感、系统感。下面就地理课堂教学常用的过渡方法进行分析。

①设置悬疑进行过渡。设置悬疑进行过渡是指地理教师围绕课堂教学的主要目标，事先设置一个悬而待解、富有吸引力的问题，从而牢牢抓住学生的期待心理，增强课堂教学的目的性，充分调动学生学习的主动性和积极性。当教学任务完成之后再回应这个问题，让学生思考解决，从而达到既学以致用又有前后呼应之效。例如，在教学"洋流"一节时，预先设置悬疑："日本大地震引发核泄漏之后，美国公民非常担心受到影响，他们的担心是否多余？"从而激发学生学习的兴趣，待学生积极、主动地把"世界洋流分布规律"学习之后，再回过头来分析这个问题，最后又可通过这个问题的解决，自然而然地过渡到"洋流对地理环境的影响"这部分内容的教学。②

②利用知识本身的逻辑关系实现自然过渡。在中学地理教材中，许多教学内容之间有

---

① 王燕. 地理课堂教学中的有效承转 [J]. 中学地理教学参考，2006（10）：9-10.
② 王舒俪. 浅谈地理教学中过渡语言的使用技巧 [J]. 课程教育研究，2012（16）：105.

着很密切的联系，充分利用知识本身的逻辑关系完全可以达到过渡目的。这种方法将知识本身的逻辑关系呈现在学生面前，讲解和过渡浑然一体，可以保持知识结构的完整性。这种过渡方法对于条理性较强的知识内容较为适用，特别是自然地理部分的教学。例如，在教学"河流地貌的发育"时，完成"河流侵蚀地貌与堆积地貌"的教学后，教师可以提出："河流地貌对人类活动有什么影响呢？"然后直接过渡到"河流地貌对聚落分布的影响"内容的教学。

③通过对比进行过渡。当两个教学内容之间相似时，可以通过对比进行过渡。例如，在教学"低气压（气旋）与高气压（反气旋）"时，待教学了"气旋及其天气特征"后，教师可提出"反气旋及其天气特征又是如何的呢？"然后出示表格，通过与气旋及其天气特征对比，完成"低气压（气旋）与高气压（反气旋）"的教学。

④使用转折词语进行过渡。当两部分教学内容有较大差别时，可以采用"但是……""然而……""却……"等词语达到过渡的目的。例如，进行"气压带和风带"教学时，完成"理想状态下赤道与极地间的热力环流"活动后，教师可提出："这是一种理想状态，而实际情况是：地球在运动，地表性质并不均匀，至少有海陆差别。"从而过渡到"地球上的气压带和风带及其季节移动"和"北半球冬夏季气压中心"的教学。

⑤小结上一个教学环节实现过渡。地理教师在上一个教学环节内容结束后，用简明扼要的语言，对教学的重点作一小结，然后过渡到下一环节。例如，进行"常见天气系统"一节教学时，教学完"锋与天气"后教师可引导学生一起进行小结："冷锋、暖锋、准静止锋等锋面活动形成不同的天气现象，这是冷暖气团的相互运动造成的。其实，一个地区大气的水平涡旋也可以形成天气系统，影响天气现象，下面我们一起来分析气旋、反气旋与天气。"这种过渡方法的特点是，能再现教学重点，加深学生印象，增强教学效果。

⑥通过拓展延伸完成过渡。地理教师在教学内容基本完成后，通过引导学生向课外拓展，将具有某种内在联系的地理知识进行关联，在新旧知识之间搭建桥梁，实现内容或环节的过渡。例如，在进行"自然环境的地域差异性"教学时，教学完"陆地地域分异规律"后[①]，教师可引导学生再次分析"世界陆地自然地带的分布"图，并思考："与我们所学的地域分异规律，有没有不吻合的情况？如果有请在图上找出并思考其成因。"以此引导学生分析"非地带性规律"。

以上是地理课堂教学中常用的几种过渡方法，具体运用哪种方法实现过渡，主要依据地理教学目标、地理教学内容、所教班级学生情况、地理教师自身专业技能优势及教学环境等有针对性地进行选择和设计。[②]

3. 课堂教学节奏调控艺术

节奏，原指音乐中交替出现的有规律的长短、强弱现象。教学节奏是指课堂教学进程

---

① 刘彬. 地理课堂教学中常用的过渡方法［J］. 考试周刊，2012（25）：123.
② 王舒俪. 浅谈地理教学中过渡语言的使用技巧［J］. 课程教育研究，2012（16）：105.

中的快慢、缓急、强弱、张弛等，具有起伏感，富于动态变化。地理教师要合理安排课堂教学进度，每节课都要有一定的教学目标、教学任务、教学重点、教学难点。如何才能突出教学重点，突破教学难点，抓住教学关键，顺利完成教学任务，实现教学目标，这离不开地理教师巧妙安排教学进度的艺术。因此，地理教师要合理地掌握教学节奏，适当掀起课堂教学的小高潮，使教学活动在轻松活泼、愉快和谐的气氛中进行。[①]

（1）课堂教学节奏调控原因。

地理教师要根据不同的教学内容、教学目标以及课型等有意识地改变教学方式和速度，使整节课处于有规律的动态变化之中。地理课堂教学节奏调控的主要原因如下：

①从教学内容方面看：一堂课的教学内容本身就有着一定的节奏感，除包括一般教学内容外，还包括教学重点、教学难点（有些教学内容既是教学重点又是教学难点）。教师组织教学时不应平均使用力量，对一般内容只要简单介绍即可，而对教学重点、教学难点内容则应加以强调，这样就很自然地形成了节奏。

②从教学过程方面看：一堂课至少包括这样三个阶段——导入新课、讲授新课和结束新课。其中，讲授新课阶段应根据不同的教学内容和教学目标，采用教师系统讲述或教师提问、学生思考后加以回答等不同方法进行教学活动。因此，整堂课是不可能自始至终持续保持在某种稳定状态之中的。

③从学生听课心理方面看：学生不可能一节课自始至终都全神贯注听教师讲解，若没有适当的放松，是会产生疲倦感的；若教学富有节奏感的变化，学生即使专注较长时间学习也不会觉得疲劳。因此，教师授课一定要十分注意节奏变化，从导入新课、讲授新课到结束新课，环环相扣，紧张与舒缓交替，学生大脑皮层的"兴奋灶"才能不断地转移和变换，持续保持最佳思维态势，从而轻松愉快地理解和掌握教学内容。

（2）课堂教学节奏调控的基本要求。

①体现明确的教学意图。教师要根据本节课的教学意图来确定教学节奏——本节课要传授哪些知识？解决哪些问题？其中哪些知识和问题是需要着重传授和解决的？如此，一节课便有了主次轻重的节奏之分了。

②体现清晰的教学思路。地理教师要根据自己的教学思路来安排好讲课节奏——这堂课有哪几个主要教学环节？先讲什么，后讲什么？讲课时怎样做到"张"与"弛"交替出现、声调高低起伏变化？明确的思路会使整个教学过程逻辑性强，清晰而流畅。

③注重教学内容与教学形式相统一。教学内容是安排课堂教学活动节奏的内在因素，教师一定要对其内在逻辑联系有个明晰的了解；而教学形式则是安排课堂教学节奏的外在因素，教师一定要根据不同的教学内容、不同年龄段学生的具体情况精心加以选择，从而形成内在因素与外在因素完美和谐地融合在一起的讲课节奏。

---

① 范家木．课堂教学组织艺术杂谈［J］．小学语文教学，1998（3）：18.

（3）课堂教学节奏调控原则。

总的原则是节奏必须"适当"。所谓"适当"指的是这种节奏要适合一般学生的听课心理，该紧张时紧张，该舒缓时舒缓，紧张和舒缓交替出现，既要使学生的注意力高度集中，让他们接受知识毫不费力，又不至于因精神持续高度紧张而引起过分疲劳，对学习产生厌倦心理。教师要根据教学内容，随着教学活动的进行随时调节课堂节奏。要使一堂课具有鲜明、恰当、有利于学生理解和思考的节奏，必须做到主次分明，重点突出。讲解教学重难点内容时语气应加重些、紧张些，并一字一顿，放慢语速，以引起学生的注意和重视；讲解一般内容时语气可舒缓些，加快语速，提高时间的利用率。

①快慢变化原则。快节奏就是教师要培养学生快看、快说、快写、快做、快思的习惯。[①] 慢节奏就是教师在教学重点、难点等知识时，需充分揭示知识的发生过程和培养学生的思维过程。教学速度的快、慢安排，既包括对教学内容各个部分、教学活动各个步骤的时间分配比率，更强调对教学过程中时间消耗速率的有效控制和灵活调节。教师在设计教学节奏时，宜突出重点，突破难点，切忌平均用力。教学重点要突出，可反复地讲；教学难点要分散，可缓慢地讲；一般教学内容要交代，可简明地讲；新课引入宜快，时间不能拖得太长；需要学生记笔记的地方，则应适当放慢速度；学生易懂的内容可以一带而过，学生难以理解的问题则要重锤敲打；两个小步骤之间的过渡可以快些，而两个大步骤之间的过渡就要慢些。要力求做到教学艺术节奏快慢得宜：使用快节奏时，要保证学生的思路能跟上讲课的进度，不致使后进生出现掉队现象；使用慢节奏时，仍能保证学生适度紧张的学习活动，不致使他们觉得无事可做，注意力涣散；课堂教学中快、慢节奏交替要保证出现"柔性"转换，使教学组织结构如行云流水，顺畅自然。

②动静交替原则。所谓"动"是指课堂教学活动的一种活跃状态。如学生踊跃发言、热烈讨论、积极辩论等；所谓"静"，是课堂教学活动中的一种相对安静状态，如学生自主阅读教材内容、聚精会神听讲、深入思考等。如果一堂课一直处于"动"的状态，以至于学生兴奋过度，造成课堂处于失控状态；或自始至终处于"静"的状态，课堂气氛十分沉闷，抑制学生的思维，都不能取得良好的教学效果。符合教育美学的教学节奏，应是动与静的交替与有机结合。课堂教学活动的"动""静"间隔变换，有助于学生消除疲劳，保持注意力。教师组织教学时，要巧于安排教学方式，使之有动有静，动静结合。如把教师讲学生听、教师提问学生回答、教师演示学生观察、学生自学教师辅导、学生提问教师释疑解惑、学生动手教师指导等教学双边活动，按照科学顺序进行有机搭配组合，使其在"动""静"交替中有节奏地进行。高明的导演，总是在闹场之后又会安排一个静场，以调节和平衡观众的情绪，优秀教师的教学也是很注重动静的合理搭配与巧妙转换的。如在学生讨论、回答问题之后，教师进行总结并板书，学生做笔记，课堂气氛由动转为静。这

---

① 李清岩，宋丽娟. 课堂如歌——课堂教学节奏感悟［J］. 青年教师，2007（7）：23-24.

样做可以把所讨论的问题条理化，提到分门别类、规律性高度来认识，进一步加深学生对所讨论问题的透彻理解，达到动静相成、动静相生的好效果。

③张弛错落原则。"张"，就是紧张、急促；"弛"，就是轻松、舒缓。如果课堂教学一味地"张"，就会造成学生的紧张心理，影响学生的身心健康；如果课堂教学一味地"弛"，就会造成学生精神涣散，注意力难以集中。因此，地理教师在课堂教学中，既要运用课堂竞赛、课堂辩论和教师急促的语言表达等制造紧张的课堂气氛，也要运用游戏、故事、活动和幽默的语言等，使学生以轻松愉快的心情学习。通过张与弛的错落交替，使课堂教学活动具有韵味美。

④疏密相间原则。"疏"就是间隔大、频率小、速度慢，给人以徐缓、轻松的感觉；"密"，就是间隔小、频率大、速度快，给人以急促、紧张的感觉。课堂教学要通过时间分配的多少与信息交流的快慢使课堂节奏疏密有间隔变化。课堂教学既要"密"，如基础训练速度快，密度高，使学生达到脱口而出的程度；也要有"疏"，如对教学的重点、难点，教学速度要慢，要给学生留有思考的时间。疏密相间，则会给学生带来有张有弛的心理节律，使之保持旺盛的精力。密而不疏，学生精神长时间紧张，容易疲劳；疏而不密，学生情绪则会过于松弛，注意力就难以集中。

⑤起伏跌宕原则。"起"，是指在教学活动中学生思维最活跃、师生情感交流最畅通的高潮状态；"伏"，是指学生情绪相对平稳，兴奋稍微退落的状态。教师在地理课堂教学中要善于运用一起一伏的节奏，将学生带入起伏跌宕、波澜变化的教学艺术情景中去，使学生享受教育艺术的美。[①]

⑥整体和谐原则。课堂教学艺术的探讨是无止境的，诸如教学启发艺术、教学语言艺术、教学"三板"艺术、多媒体教学艺术、教学提问艺术、教学幽默艺术等，都有待地理教师进一步研究探讨。课堂教学"起承转合"的每一个细节，都应缜密思考、精心设计，才能真正把一堂课"雕塑"成精美的"艺术品"。课堂教学的艺术节奏也必须综合考虑，巧妙安排，使各要素搭配合理，穿插得体，衔接有序，融洽统一，以构成整体节奏的和谐美。课堂教学的节奏要有一定的章法，如一首乐曲，不可乱弹。应像徐大椿在《乐府传声》中所说："曲之徐疾，亦有一定之节，始唱少缓，后唱少促，此章法之徐疾也；闻事宜缓，急事宜促，此时势之徐疾也；摹情说景宜缓，辩驳趋走宜促，此情理之徐疾也。"课堂教学的节奏还应存在于每一课时自始至终的渐变之中，符合一种有生气的变化规律，正像音乐里的"渐强""渐弱"一样，通过规律性变化，体现出一种流动美，使整个课堂教学节奏分明、充满活力。教学艺术节奏的整体和谐程度，体现着教师教学艺术的水平。教师在讲台上，犹如乐队指挥，要用心调动每一种乐器，演奏出节奏和谐、旋律优美的乐曲。具有整体和谐的教学艺术节奏的课堂教学，可以给学生美妙的艺术享受，使之在身心

① 李建福. 刍议教学节奏的调适策略 [J]. 吉林教育，2008 (32)：55.

愉悦中接受高效的地理教育。①

（4）掌握课堂教学节奏调控艺术的对策。

①根据学生学习顺序来掌握节奏。课堂教学是师生的共同活动过程，而学生是活动的主体。因此，节奏的快慢、强弱、轻重、缓急，应根据学生认识问题、学习知识的顺序而定。一般需经过"感知—理解—运用"这一过程，而教学节奏则相应地经过"舒缓—急促—舒缓"这一过程。当然，假如一节课只经过一个过程，节奏的处理就会比较简单。假如一节课经过两个这样的过程，或者几节课连起来经过好几个这样的认知过程，那就会形成波浪形的教学节奏。

根据耶克斯—多德森定律：在完成复杂和困难的任务中，偏低动机水平下的工作效率最佳。为此，地理教师设计教学起伏时还要注意时间知觉阈限。有关实验研究发现，45分钟的一节课，学生学习的注意力变化呈现出一定的规律性，可以分为五个小段。下面就每个小段的时间范围、学生注意力变化规律及课堂教学节奏把握分析如下：

开头 3～5 分钟：注意力分散。因为上一节课是其他课程，又经过课间休息，学生注意力难以集中。因此，此时间段的教学节奏可以松弛一些，慢慢地把学生的注意力集中起来。

第 6～15 分钟：注意力比较集中。因此，此时间段的教学节奏要加快，加强紧张度，让学生高效地学到新的知识。

第 16～20 分钟：疲劳，注意力较分散。因此，此时间段可把教学节奏放松，减轻学生的负担，让学生轻松地渡过。

第 21～40 分钟：注意力集中。此阶段是一节课中的黄金时间，学生的注意力高度集中，教学节奏应该加强、加紧、加快。

最后 5 分钟：疲劳，又等着下课，注意力分散。此阶段教学节奏自然放慢，愉快地结束课堂教学。

②根据课堂教学结构来掌握节奏。"先教后学，随教而学"的课堂教学模式是中学地理课堂教学中使用较多的教学模式之一，其教学程序是"组织教学—复习旧课—引入新课—讲授新课—巩固新课—布置作业"。现在人们又总结了许多教学模式，其中比较简单的是把它归结为"发问—解疑—练习"，教学节奏可以相应地设计为"缓—急—缓"：发问阶段，要诱导学生思考，训练发散性思维，节奏就要舒缓，让学生的脑子多转几个圈，想出问题来。假如这时节奏过于紧张，教师不断地提出新要求，反而干扰了学生的思维活动。解疑阶段，是教学的主要环节，教学的重点、难点要在这个阶段解决，教学目的的实现也要靠这个阶段的努力，因此，这个阶段的教学节奏，应该是急的、张的、强的、快的。当然，从细节来说，这一阶段也应加插些缓慢的、轻松的因素，使教学节奏强中有

① 李如密. 课堂教学节奏探微［J］. 山东教育，1995（Z1）：19－20.

弱、急中有缓。最后的练习阶段，总的来说可以舒缓下来，让学生自己消化知识，动手做练习。

③设计课眼，激起高潮。每节课，除了总体上要处理得波澜起伏之外，最好还能设计个课眼，激起高潮。诗歌创作讲究"诗眼"，"诗眼"是最能表达诗的意境的一个词；一篇好的文章，总有一两处"点睛"之笔，这往往是理解和领会全文的关键，人们常常称之为"文眼"。好课也应该有"课眼"。有"眼"的课就如同画龙点睛，充满灵气。"课眼"是课堂教学的切入点、突破难点的关键点。

"课眼"从哪里找？主要是从一堂课的教学重点、教学难点、教学关键中去寻找设计。课眼之处，要设法激起教学节奏上的高潮。课的高潮，应该是学生精神最亢奋、情绪最高涨、脑子最灵活之时，是学生学习最入神、学习效率最高之处。激起高潮，可以用一段精彩动人的话、一次演示或实验、一个生动的案例等，可以令学生黯然顿悟，情绪高涨。如地球大气运动的课眼就是"热力环流的形成示意图"，只要学生全面透彻地理解了这个示意图，则学习"海陆风""山谷风""城市热岛效应""锋与天气""低气压（气旋）与高气压（反气旋）""气压带和风带""季风"等知识时，就会感觉容易理解、掌握了。

一节课以有一个高潮为好，当然"高潮迭起"也未尝不可。不过，切忌高潮不断。全是高潮，就等于没有高潮。

④注意学生反应，随时调整节奏。教学节奏的设计，只表达了执教者的良好愿望，能否按设计实施，主要取决于执教者的努力及学生的配合程度。执教者在具体施教时，一方面要按计划掌握节奏，另一方面还要时刻注意学生在课堂上的反应，随时作节奏上的调整，以保证教学任务的顺利进行。例如，a. 发现学生在课堂上心不在焉，就要考虑是否教学内容太浅或太深？若太浅，就得加快节奏，转入学习新的教学内容；若太深，学生听不懂，就要放慢节奏，力求把难点讲解明白。b. 如果发现学生学习兴致很高，精神奕奕，即使处在一节课的"疲劳区"，也可以不改变节奏，一直维持强节奏，帮助学生避开"疲劳区"。但在快节奏地解决教学重点、教学难点时，如果学生显得疲惫，就要想办法提起学生的精神，不妨放慢节奏。c. 有时候，因为自然环境的变化，也迫使教师调整教学节奏。如天气酷热，学生心情烦躁，无法安静下来学习，教学节奏只好放慢一些。但也有特例，如：有一位地理教师上课时，天空突然乌云密布、电闪雷鸣，降下倾盆大雨，课室里必须靠电灯照明才能看得见书本内容，全班学生的目光均齐刷刷地望向窗外，这属于学生的无意注意。但地理教师并没有放慢节奏，而是叫学生马上拿起笔来，描写当时天气骤变的情景，并分析此天气变化的成因。学生兴致勃勃，唰唰地写个不停。虽然教学节奏加快了，但教学效果反而不错。此外，有些学校一天之内穿插安排有 30 分钟一节的小课和 45 分钟一节的大课，这也是一种节奏的调整。

⑤以抑扬顿挫的教学语言增强节奏。抑扬顿挫指声音的高低起伏和停顿转折。现代生理学研究表明：人在一种单调的声音刺激下，大脑皮层会很快地进入抑制状态。而抑扬顿

挫、具有节奏感的教学语言，则是打破这种单调的催眠刺激、提高教学效率的有效手段。所谓"抑"和"扬"，是针对教师教学语言的特点而言的，即指地理教师的教学语言中节拍的强弱、力度的大小等的交替变换，以及句子长短、语速快慢、语调升降等的规律性变化。教学语言的抑扬顿挫可明显增强语言的表达能力和感染力，正如古人所讲："唱曲之妙，全在顿挫……顿挫得款，则其中之神理自出，如喜悦之处，一顿挫而和乐出；伤感之处，一顿挫而悲恨出。"地理教师教学语言的抑扬顿挫要有适当的调控，不致过强或过弱、过频或过缓。做到流畅连贯、富有动感，宛如"嘈嘈切切错杂弹，大珠小珠落玉盘"。

⑥因人、因课掌握节奏。首先，不同教师，掌握节奏各有特色。节奏的快慢、张弛、轻重、缓急、强弱，表现在课堂教学上有一定的规律性，但是也不能要求人人一律、课课相同。有的教师上起课来，知识如淙淙流水，缓缓渗入学生的心田；有的教师上课如重锤敲响鼓，声声敲在学生的脑海里。教师的性格、习惯不同，处理节奏也就有不同的特点、风格，不能强求一律。学生的学习习惯、课堂的学习气氛，对节奏的掌握也有影响。有的班级学生适应较缓慢的节奏，有的班级学生却喜欢快节奏。但从学生的年龄特征看，他们还是偏好快节奏、强节奏的，作为教师应该尽量适应他们的特点和要求。其次，不同的课型和不同内容的课，其节奏也是变化不一的。我们常说的课型，如新授课、综合课、复习课、练习课、实验课等，有的侧重于慢节奏，有的侧重于快节奏。课的教学内容不同，节奏的处理也有所不同，知识传授性的课，多采用慢节奏；感情浓烈的课，节奏则比较快而急。

时间如流水，一去不复返。一节课45分钟，"分分秒秒急煞人"。作为教师，要想充分利用好这分分秒秒，以取得最佳的教学效果，就要掌握好教学节奏，让学生在每个45分钟内，无论处于何种情况都能学有所得。无论上什么教学内容的课，什么时候上课，都让学生绷紧神经，紧张学习，毫无轻松之时，固然不会有好的教学效果；相反，无论什么时候上课，都是轻松愉快，像游戏似的，毫无紧迫感，没有一点压力，也不一定能取得良好的教学效果。①

4. 巧设疑问艺术

教学过程其实就是提出问题、分析问题、解决问题、再发现新问题的过程。疑问是引起学生学习兴趣的关键因素。因此，在地理课堂教学过程中，教师应提出问题，组织学生进行思考、讨论，有效利用学生的好奇心理，引导其学习新的教学内容。对于中学生而言，他们的学习很大程度上会受到兴趣和情绪的影响。因此，巧设能够激发学生学习兴趣的问题，有助于提高学生的学习积极性和学习效率。

5. 丰富教学方式艺术

地理教师在组织教学的过程中，需要积极采用多样化的教学方法手段，有效利用多媒

① 侯美莲. 如何把握课堂教学节奏 [J]. 读与写（教育教学刊），2012，9（3）：179.

体进行教学，通过丰富的声、形、色、画等元素，创设生动形象的教学情境，营造良好的教学氛围，引导学生自觉、主动地参与到课堂教学中来，积极进行师生互动、生生互动，获取更多的地理知识，减轻学习负担和压力。[①]

总之，组织课堂教学是一门艺术，吸引学生的注意力是上好一节地理课的先决条件。地理教师不能将课堂教学艺术理解为表演类的艺术，它是一种成熟的朴实的教学过程，是科学性、教育性和艺术性的统一体，需要不断实践和调整以符合教育教学规律。[②] 只有不断进行实践总结，才能更好地驾驭课堂，达到最优、最佳的教学效果。

第三节　地理课堂教学的五个层次

地理教学过程也是教师成长的过程，包括知识储备、教学技巧、教学观念、价值观的提升。一个教师的成长离不开学校的导向、老教师的细心呵护以及学校的教学环境。课堂教学艺术的最高境界是让师生自始至终沐浴着美的享受，滋养创新灵感，培养审美情趣，提高美学素养。根据地理教师成长的五个级别，地理课堂教学相应地也划分为五个层次。

第一层次："不识庐山真面目，只缘身在此山中。"

这一层次也可以说是本我角色——教师主体中心期。特别是刚毕业不久的年轻教师，所掌握的地理知识有限，对中学地理教材的内容、编排体系及知识结构，学生的学情等了解得不够全面。教师成了复印和传输知识的工具，把学生当作接收知识的容器；教师授课照本宣科，单纯传授知识，不明确哪些是教学重点和难点，对知识系统的内在联系也不是很清楚，对于学生的知识基础、能力水平更是一头雾水。单纯以教师为主导和主体，学生活动参与只局限于机械回答老师提出的问题，一切都是按照事先制订的计划进行，没有悬念，没有意外，属于典型的教师"一言堂"。没有较好地实现教学目标，培养学生的核心素养。

第二层次："会当凌绝顶，一览众山小。"

处于这一时期的地理教师最明显的表现是：教学行为不再是教师个人的主观愿望、思想、性格、文化修养的真实反映，而是带有一定的灵活性、客观性、外展性和开放性，由更多地根据自我愿望所导致[③]转向根据学情、教学内容等客观情况调整自己的教学行为。"教然后知困！"此时期的教师发现地理教学真的是太难了：地理学科在大学属于理科，在中学属于文科，其实地理是一门文理兼跨的学科。它有理性的思维，特别是地球运动的地

① 徐洪锋．初中数学课堂教学中的组织艺术分析［J］．中学教学参考，2019（18）：45-46.
② 田进．课堂教学艺术之我见［J］．卫生职业教育，2012，30（11）：28-29.
③ 王立舜．超我——教师教学水平的最高境界——从角色定位看教师教学能力的提高［J］．教学与管理，2004（18）：12-13.

理意义等自然地理知识，对于一上高中就学习这部分内容的高一学生来说学习难度较大，没有深厚的理科思维真是难以学好。地理的文科性质体现在，需要学生背诵记忆的内容较多，且还有那么多地理的灵魂——地图穿插在教材当中。若是地理教师没有三年以上的苦功夫是难以达到"会当凌绝顶，一览众山小"的。"问渠那得清如许，为有源头活水来。"要想活水不断，就得不断学习、不断反思、不断提高。尤其是对新教师而言，需要练习并分析大量的地理例习题及高考试题，才能实现专业快速成长。

第三层次："海阔凭鱼跃，天高任鸟飞。"

"授人以鱼"不如"授人以渔"，"授人以渔"不如"授人以欲"。兴趣是最好的老师，教育不是灌输，而是点燃火焰。苏联教育家苏霍姆林斯基曾说过：教育的真谛在于教会学生学习，也就是说让学生会学。叶圣陶说："凡为教者必期于达到不须教。教师所务惟在启发导引，俾学生逐步增益其知能，展卷而自能通解，执笔而自能合度。"教师会经常对学生说："你们要善于提问，提不出问题，说明你们没有学进去。你不提问题，我就不讲；你有了问题，我就给你答疑。"随着教师教学理念的进一步更新，学生参与课堂的积极性就会越来越高，课堂也逐渐演变成了讨论式课堂——群言堂，教师开始尝试组织学生进行自主学习、合作学习的教学模式，课堂教学全开放，教师要做的工作只是引导并适时点拨，学生真正成为学习的主人，是课堂的主体，教师成为课堂的主导。[①]

第四层次："等闲识得东风面，万紫千红总是春。"

地理课堂教学亮点纷呈。教学亮点是教师教学艺术的集中反映，能充分激发学生积极思考，调动学生学习的主动性、积极性，掀起课堂教学的高潮。地理教师在教学过程中善于制造亮点、强化亮点、捕捉亮点，才能使课堂精彩纷呈，魅力绽放。

亮点一是地理课堂教学的结构美。课堂结构美，犹如人之有美丽的形体，给人以整体的协调美感。地理教师应深入研究地理课程标准及教材，从宏观角度把握知识结构，研究课堂各组成部分间的内在联系，将其组织成一个有机的整体，使课堂各要素间相互协调，相得益彰。在教学环节的设置上，导入、展开、高潮、舒缓、结尾环环相扣，浑然一体。抓住了课堂教学结构整体的优化，也就抓住了实现课堂教学艺术美的根本。

亮点二是地理课堂教学的节奏美。张弛相济、动静结合的教学节奏美，使学生陶醉其中，精神振奋，积极思考。

亮点三是地理课堂教学的视觉美。它既体现在传统的地理教学手段"三板"美，也体现在现代的多媒体教学课件美。黑板上漂亮潇洒的粉笔字、精美的板图、流畅准确的板画，教学屏幕上精美的课件、精彩的教学视频等会使学生为之耳目一新，精神振奋。它同地理教师的仪表风度、地理教学语言相配合，构成地理课堂教学特有的视觉美。[②]

① 李立新. 浅谈地理教学的几个层次［J］. 课外阅读·中旬，2011（10）：268.
② 张霞. 构建地理课堂教学艺术美［J］. 中国科教创新导刊，2011（6）：194.

第五层次："淡妆浓抹总相宜，映日荷花别样红。"

返璞归真，人课合一是地理教学的最高境界。它让师生自始至终沐浴在美的地理课堂里，让地理课堂焕发出生机与活力。激发学生学习兴趣，滋养学生创新灵感，培养学生地理核心素养，师生生命潜力在高效的"地理美味"课堂中得到开发，就像做菜的高手，会让食物恢复本来的面目，看似最普通的菜却会让人回味无穷，并且色香味俱佳，营养搭配合适。[①]

第四节　美丽地理课堂的创造[②]

地理之美，可谓无处不在：迷人的宇宙、浩瀚的海洋、巍峨的高山、广袤的平原等，这一切都为教师在地理课堂教学中实施美育提供了丰富的资源。教师通过创造美丽的地理课堂来引导学生发现、欣赏地理之美，获得积极愉快的情感体验，激发学生学习兴趣，培养学生的美好心灵、高尚情操和健全人格。

一、　美丽地理课堂的特征

美丽地理课堂是最大程度地激活学生创造潜能的师生交往的场所。在此场所，教师为主导，学生为主体，学生学习生活中的地理，学习对终身发展有用的地理；教师根据不同的教学内容，巧妙地重组教学资源，选择合适的教学方法和手段，让学生能在轻松愉快的课堂教学氛围中掌握地理基础知识和基本技能；在师生互动、生生互动的过程中，产生新问题、新思想，探索新方法。

美丽的地理课堂应是动态的、开放的、互动的，它充满生命活力，充满智慧与挑战，教师和学生在课堂上均能充分展示自己的学识才智、人文思想、情感态度与价值观，教学过程能不断体现地理学科之美、地理教学之美和地理创造之美，师生在充满智慧与挑战的课堂教学过程中，情感得以丰富，思想得以提升，生命和生活的境界得以升华。美丽的地理课堂是地理课堂教学的最高境界。[③]

二、　创造美丽地理课堂的策略

1. 积极钻研教材，发掘地理学科之美

地理学科蕴含着丰富的宇宙环境美、地理环境美、人地和谐美、地理艺术美及科学探索美。地理学科之美是主观美与客观美的统一，是内在美与外在美的统一，是隐蔽美与外

---

①　李立新. 浅谈地理教学的几个层次 [J]. 课外阅读·中旬，2011（10）：268.

②　廖书庆. 创造美丽地理课堂 [J]. 地理教学，2009（6）：14 – 18.

③　余裕浪. 追求和创造美丽的生物学课堂 [J]. 生物学教学，2008（1）：13 – 17.

显美的统一，是简单美与深邃美的统一。地理教师要积极钻研教材，运用科学的教学方法和手段，努力发掘地理学科之美，在地理教学过程中诗意地渗透，有效地引导学生发现、感受、欣赏地理学科之美，① 从中获得美的愉悦和美的熏陶，不断提升学生的审美能力及创造美的能力。

2. 选择合适的教学方法，展现教学艺术之美

审美经验表明，客观事物的丰富多样性是引起审美注意的主要因素。正如人们若长时间只欣赏一幅画或一首歌，即使是最耐看的国画或是最动听的歌曲，也会令人生厌，变得索然无味。同理，教学方法的单调重复、千篇一律，也会扼杀美感，乃至引发学生的逆反心理。"教无定法，贵在得法"，地理教学内容丰富多彩，教学对象又存在个体差异，这就要求地理教师在课堂教学时，需采用灵活多样的教学方法，让学生在丰富多彩的审美活动中发现美、欣赏美。教师在平时的教学中要敢于突破定式，敢于标新立异，敢于独辟蹊径，抓住一切机会，努力寻找合适的教学方法，尽可能地吸引学生的注意力和充分调动他们学习的积极性，使学生在多种美感体验中保持最佳状态，让学生在掌握科学知识的同时又能感受到地理教学的艺术美。② 如学习"中国地形"这一知识时，教师若只靠课本和自己的嘴巴来讲解，学生必然昏昏欲睡，如果能出示挂图进行讲解、讨论，效果会好一些，若能用多媒体课件进行动态演示讲解、用橡皮泥作材料让学生亲手制作中国三级阶梯的模型，学生一定会陶醉于中国地形分布之美，还会精益求精，不断修改，使自己制作的模型更加完美。此时，科学性和审美性就得到了和谐统一。

3. 提升自身素质，塑造教师的形象之美

美丽的地理课堂，可敬、可亲、可信的地理教师是它的灵魂。故地理教师除了要有深厚的专业知识和广博的文化知识外，还应不断提高自身课堂教学语言的艺术修养、"三板"水平和儒雅得体的教态。

（1）地理教师要有深厚的专业和文化知识。

①教师在地理专业知识方面必须要有较深入的研究。只有"深入"，才可"浅出"，如此，在课堂教学中运用和表达知识时才能游刃有余、挥洒自如，才能让学生既知其然，又知其所以然。②教师要具有广博的百科知识。学生的兴趣十分广泛，好奇心强，凡事都爱刨根问底。出于对教师的信任，他们总希望从教师那里获得对一切问题的答案。教师具备这一品质，既可满足学生的求知欲望，又可提高自己的威信，才能让学生尊其师而信其师之道。教师要想扎实地掌握专业知识，就必须对相关学科有所了解，否则教师只能就事论事、穷于应付。拥有广博的知识，才会感到充实、幸福，实现自我价值，也才有利于地理教师自身的全面和谐发展。正所谓"台上一分钟，台下十年功"，美丽的地理课堂是复

① 李红. 发掘地理学科之美　提升学生审美能力［J］. 地理教育，2019（6）：7-9.
② 余裕浪. 追求和创造美丽的生物学课堂［J］. 生物学教学，2008（1）：13-17.

杂多变、富有灵性、充满挑战的，需要地理教师用一辈子的时间去准备。胸有沧海，才能品味出水滴的丰富多彩；站在高山之巅，才能指点江山。

（2）地理教师要对学生充满爱心和尊重。

①热爱教育事业。与其他职业相比，教师热爱自己的职业更有其特殊意义。教师的工作对象是正在成长中的学生，他们作为有理想、有情感、有个性的活生生的人，具有特殊的发展规律。教师要完成培养和教育学生的任务，其工作的复杂性和艰巨性是非常突出的，这需要教师倾注自己的全部心血。没有对教育事业的热爱，教师就不可能很好地完成自己的工作任务。教师必须有甘为人梯、为教育事业奉献的崇高品质。②热爱和尊重学生。这既有利于教师工作的顺利开展，又有利于学生的健康发展。心理学研究表明，受到喜爱的确可以使人变得柔情，使人更乐意接受对方的影响，即使当自己因为自身的缺点而被对方批评时，心理承受力也会增强，也会更乐于接受而尽快改正缺点和错误。教师对学生的热爱不但有利于学生的地理学科学习，更有利于学生的健康成长和发展。教师的爱心是学生学习兴趣的催化剂，是学生思维的激活剂，教师要用高尚的心灵去点燃学生的学习热情，这样的课堂才会生机勃勃、精彩纷呈。地理学习过程之美才能在教学中自然而然地产生。

（3）地理教师要拥有教学的智慧和能力。

创造美丽的地理课堂是一门艺术，需要地理教师不断去研究、去创造传授知识的最佳途径，去挖掘开启学生思维大门的金钥匙，去探求引导学生体验求知快乐的通道，这些都需要教师的智慧来引领才能实现。智慧型地理教师能根据不同的教学条件、教学对象和复杂多变的教学情境，依靠直觉、灵感、顿悟和想象力的临场发挥，在一瞬间把握事物的本质，作出相应的判断和裁决，从而采取独特的、新颖的、适合特定情境的教育方式和方法，以实现对地理课堂教学动态生成资源的充分利用，实现教育理论和教育实践的有机融合。生机勃勃的地理课堂为地理教师提供了许多稍纵即逝的教育时机，可以充分展现教师的教育机智，检验教师的教学能力和教育智慧。缺少智慧，绝佳的教育时机也会从教师身边溜走；拥有智慧，才能抓住机遇创造精彩。如果教师只是死板地把地理知识从教材上搬到教案上，从教案上搬到黑板上，从黑板上搬到学生的作业本上，那教师充其量不过是扮演一个搬运工的角色，而学生只是一个卸载工，这样的课堂将是机械的、乏味的、毫无生气的课堂。①

（4）地理教师要构建和谐课堂之美。

美是和谐的，要将地理教学过程转化为美育过程，首先要使教学过程中的各要素之间、教学过程与教学环境之间达到和谐、平衡的状态，使学生实现全面和谐的发展。所以，这里的和谐，是地理教学的目的，也是教学的重要手段。教学过程是一个动态发展的

---

① 余裕浪. 追求和创造美丽的生物学课堂［J］. 生物学教学，2008（1）：13－17.

过程，教学过程的各要素总是处于不稳定、不平衡的发展状态之中。因此，美丽和谐的课堂教学要求地理教师能够准确把握教学过程内部各要素之间、教学过程与教学环境之间运动变化的规律，及时调整各要素间的关系，使整个教学处于一种动态变化的和谐状态之中。

教学过程首先表现为师生与教材之间的交流，其次才表现为师生、生生之间的互动交流。在课堂教学中师生要进行良好的交流，就必须营造轻松的对话氛围，必须创设民主平等的对话情境。在美丽的地理课堂中，教师是主导，学生是主体，师生关系是平等的，教师只是平等关系中的首席。在民主、平等、和谐、友好的教育氛围中，师生才能敞开心扉、交流体会、切磋论辩，共同提升思想，共享美丽地理课堂的精神之旅。①

（5）地理教师要注重教学语言艺术。

地理教师的语言应抑扬顿挫、字斟句酌、言简意赅、形象生动、通俗易懂、绘声绘色、幽默风趣。每一位地理教师均应十分重视提高自己的语言修养，在教学过程中努力创造语言美，以更好地抓住学生的听觉，拨动学生的心弦，引起他们的情感共鸣，使教学充满艺术活力。

（6）地理教师要注重"三板"美。

地理"三板"具有展示知识结构、突出教学重点、突破教学难点、抓住教学关键、指导学生学习等多种功能。"三板"的审美化设计应注意科学性、引导性、启发性、示范性、直观性、和谐性等原则，并灵活运用提纲式、问答式、结构式、图解式、表格式、网格式、绘图式等多种板书设计形式，力求"三板"布局合理、重点突出、前呼后应、条理清晰、层次分明及字迹工整、苍劲有力，让学生赏心悦目。

（7）地理教师要注重仪表美。

教师的一举手一投足均会影响学生的情绪和修养。教师可根据自身的特点塑造严肃但不失活泼，亲切但不随便，宽容但不纵容的形象，让学生在感受地理科学知识之美的同时，也领略地理教师的素质之美和人格之美，使他们如沐春风、如饮甘醇。②

4. 创设问题情境，引导学生体验成功之美

爱因斯坦："提出问题比解决问题更重要。"问题是学生学习的起点和动力，学习的过程就是发现、分析、解决问题的过程。没有问题，就不能激发学生的好奇心和求知欲；没有问题，学生就不会深入思考、探究。头脑中不断生成问题的学生，才能更好地融入课堂并参与互动。能提出高质量问题的学生，才可能拥有超凡的创造力。问题的激发可以使学生迸发出创新思维的火花。因而地理教师要会设问、巧问，要培养学生的问题意识，使学生能问、善问。③

---

① 张秀珍. 创造美丽的语文课堂 [J]. 新课程（综合版），2008（6）：46－47.

② 廖书庆. 创造美丽地理课堂 [J]. 地理教学，2009（6）：14－18.

③ 陈巧红. 初中科学课堂的预设与生成 [J]. 新课程（新高考版），2008（3）：13.

地理教师在教学中创设的问题情境，要符合因材施教原则，要根据学生的心理特征和知识水平，设计难易适中的问题。课堂教学既要面向全体学生，又要照顾到学生的个性发展。因此，教师要将问题按难易程度设置成难、中、易三个等级，分别让不同类型的学生回答，要让所有学生都能"跳一跳，摘桃子"。并注意多表扬取得进步的学生，使他们形成"我也能学好"的良好心理状态，充分调动所有学生学习的积极性和主动性，从而使每个学生都能享受到成功的乐趣。① 例如，在教学"气旋和反气旋"这一问题时，可设计以下问题让不同层次的学生回答：

（1）气旋和反气旋的气压高低及其在南北半球气流的旋转方向各是什么？

（2）在气旋和反气旋控制下的天气特点有什么不同？原因是什么？

（3）冬季和夏季在反气旋控制下各会出现什么样的天气？夏季的伏旱天气与反气旋有什么关系？

（4）台风与气旋有什么关系？有什么区别？当台风中心位于上海时，苏州吹什么方向的风？

从这一组地理问题来看，第（1）组问题难度较低，随后难度逐题加大。这样就能使不同水平层次的学生都认真地思考分析，全班所有学生的学习积极性和学习热情都能被激发起来，学生经过思考后都能全部或部分回答以上问题。每个学生都有自己的见解，每个学生都想发表自己的观点、都能看到希望、都能体验成功，这极大地激发了学生的求知欲望。此时的课堂，学生们神采飞扬，充满生机，美不可言。

在地理教学美育的实施中，必须处理好审美主体（地理知识学习者——学生）与审美客体（地理学科之美）的关系，使两者相适应，才能收到真正的美育效果。由于学生受主观条件（如审美能力、地理学知识储备以及年龄特征等）的限制，并不是教学中的一切审美客体都能与学生发生审美关系。这就必然要求教师按照学生的审美心理发展的阶段性、顺序性的客观规律，有针对性地选取合适的审美对象，由浅入深、由具体到抽象、由低级到高级，循序渐进地进行美的渗透。

追求美丽的地理课堂，需要我们有更多的认识和了解；追求美丽的地理课堂，需要我们做出更多的努力。②

第五节　地理课堂教学反思技能美学

上完一节课，必定有优缺点，地理教师要运用教育美学观点，及时进行教学反思，审

---

① 赵万泉. 课堂教学中问题情景的创设［J］. 生物学教学，2004（12）：24-25.
② 廖书庆. 创造美丽地理课堂［J］. 地理教学，2009（6）：14-18.

视自己的地理课堂美不美，全面总结本节课的教学优点和不足，做到扬长避短，才能不断提高教学效率。教学反思不仅是对教师与学生共同成长过程的记录，更是教师全面提升自身教学素养的有效方法和途径。教学反思的实质是一个"回顾教学—总结得失—分析原因—探寻对策—改进教学"的过程。

一、 美学视野下的地理课堂教学反思的内容

地理教学反思是地理教师在教学实践中，批判地考察教师自身及学生的教学行为及行为依据，通过回顾、诊断、自我监控等方式，或给予肯定、支持与强化，或给予否定、思索与修正，从而不断提高其教学效能的过程。[①] 美国心理学家波斯纳认为：一个教师的成长 = 经验 + 反思。地理教师不对自己的教学工作进行反思，是无法提高教学质量的。

（一）关注教学预设，课前积极反思

每一次地理课堂教学都是一次有目的的教学活动，教学目标能否顺利实现，取决于教学设计是否合理：是否符合地理课程标准的要求？是否切合学情？是否课前准备充分？所有这些内容，教学之前均必须进行反思。通过反思，不断调整自己的教学计划，做好充分准备，积累直接经验，学习间接经验。[②]

（二）关注课堂细节，课中有效反思

备课是上好课的前提。课前的充分准备是为了保障课堂教学的顺利开展，但由于不同班级的班风学风不同及教师自身存在的一些不足，实际教学效果与教学设计往往存在较大的差异。因此，在课堂教学过程中，要关注自己课堂上的教学表现，关注学生的信息反馈，及时反思自己的教育行为，并作出相应调整。课中有效反思的内容主要包括以下几个方面：

（1）教师在课堂上通过对学生学习参与度的观察，判断自己的教学语言是否具有美感、吸引学生，地理教学模型、"三板"、课件等是否美观清晰，通过观察及时反思并作出相应改善。

（2）通过教学环节中学生的反馈信息，全面了解学生对知识点的掌握情况，及时调整教学方法和手段，以及一些知识点的教学时间，从而适应具体的学情。

（3）通过学生对教师评价的反馈信息，反思教师教学评价的科学性、客观性及民主性，坚持鼓励和包容的原则，保护学生的自信心，维持学生的学习积极性。

（4）反思问题情境的设计是否得当：是否能激发学生的学习兴趣，激活其积极思维，

---

① 宋明钧. 反思：教师专业发展的应有之举 [J]. 课程·教材·教法，2006（7）：74.
② 韩旭东. 学会教学反思，做科研型教师 [J]. 数学教学通讯，2020（8）：41−42.

突出教学重点，突破教学难点，抓住教学关键。如一位地理教师讲授"地域文化与乡村景观"时，起初只讲授课本上江西婺源月亮湾案例，可发现学生明显对此缺乏兴趣，那位教师便灵机一动，改为讲授本地中国传统村落桥溪村，学生的学习气氛明显浓厚起来，各小组学生认真讨论，将分析结果记录下来，并提出相应的解决措施。这位地理教师感触颇深，认为在今后的地理教学工作中要尽量选择学生身边的地理事物或地理现象进行举例、提问①，使学生学习生活中的地理。

（三）关注教学效果，课后及时反思

地理教师课后可主要从以下几个方面进行教学反思：②

1. 反思地理课堂教学目标

反思本节课的课堂教学目标是否依据课标、教材和学情而设计，维度是否全面，难度是否适中，表述是否具有可操作性。教学是否实现了教学目标，是否做到突出教学重点，突破教学难点，抓住教学关键。

2. 反思地理课堂教学内容

（1）反思地理课堂教学内容选择的合理性。

反思课堂教学内容是否符合地理课程标准的要求；是否有利于实现地理课堂教学目标，是否符合"教育应促进全体学生的共同发展、促进学生的全面发展、促进学生的个性发展"的教育理念；是否符合中学生的知识基础、生活体验和理解接受能力；是否有效利用地理教材，不偏离课堂主题；是否尽可能与地方地理环境特色及学生生活实际相结合，引领学生学习生活中的地理，学习对终身发展有用的地理；是否科学、充实、丰富、难度适中、适当兼顾两头（即优生和后进生）、时代感强。

（2）反思地理课堂教学内容处理的合理性。

新课导入是否充分激发学生的学习兴趣，讲解的内容是否为教学重点、教学难点；提问的内容是否处于学生的"最近发展区"；是否紧密结合之前学过的知识，知识点是否讲得透彻；学生练习的内容是否符合其心智发展水平；学生讨论的内容是否具有开放性、探究性。

（3）反思地理课堂教学内容组织呈现的科学性。

地理课堂教学内容的组织是否遵循由易到难、由已知到未知、由简单到复杂、由现象到本质的顺序；是否重视表达方式的直观性，充分利用地图、图片、标本、模型、实验、多媒体来表现地理事物和地理现象；表述语言是否准确精练、形象生动、幽默风趣。

3. 反思地理课堂教学方法与媒体

（1）反思地理课堂教学方法选择的恰当性。

---

① 郑路路. 论地理教学中的有效反思 [J]. 新课程，2020（42）：180.
② 廖名良，赫兴无. 中学地理教师该如何进行教学反思 [J]. 中学地理教学参考，2018（9）：61-62.

选择的教学方法是否符合地理教学目标实现的要求；是否符合课堂教学内容的性质和特点；是否充分考虑学情、教师自身专业特长以及学校的教学媒体等硬件条件。

（2）反思地理课堂教学方法组合的科学性。

能否根据课堂不同阶段教学内容的需要，科学地将几种教学方法组合在一起（但主要的教学方法一般不超过三种），发挥各自的优势，使教学过程处于和谐状态。[①]

（3）反思地理课堂教学方法运用的有效性。

地理教学活动的安排是否调动了学生学习的积极性，让学生加深了对地理科学思维方法的理解，感受到了地理课程学习的无穷乐趣；提问是否有助于引发学生深层次和多角度思考，提高学生的思维能力、想象能力，培养学生的地理核心素养；讲解是否突出教学重点、突破教学难点、抓住教学关键，有利于学生理解地理教学内容。

（4）反思地理教学媒体选择的适宜性。

是否根据地理教学目标、教学内容、学生特点、教师特点、媒体自身特性、学校教学环境等的实际情况恰当地选用传统教学媒体或现代教学媒体。尤其是，教师不能忽略对自身的仪容仪表的反思和塑造。教师的仪容仪表也属于教学媒体，它反映着一位教师的文化素养和审美情趣。教师的仪容仪表对学生的影响是不容忽视的。处于青春发育期的中学生是人生自我意识觉醒和发展的重要时期。教师的行为举止应儒雅大方，要注意穿着、言语和行为符合现代文明要求，能够成为学生的榜样。教师在课堂上的站姿、坐姿、走姿同样需要反思，应微笑自然，行走从容，坐姿端正，举止大方。如站姿应挺直、舒展、立正，尽管是一个静态的动作，也要给人以优美、典雅的气质美感。坐姿应注意端庄、文雅、得体。所以，地理教师应通过对自己仪容仪表的反思，塑造具有艺术美的外在形象。[②]

（5）反思地理教学媒体设计的科学性及艺术性。

①反思地理多媒体课件与网络课件设计的科学性及艺术性。课件内容选择是否科学、无知识性错误；课件内容组织是否遵循地理学科逻辑、体现启发性；课件内容呈现是否注意表征多样化，包括地图、图片、声音、文字、动画、视频等，而不是单一的文字。[③] 注意本节课采用的教学方法与教学手段是否得当，如动画演示是否吸引学生，能否帮助学生理解知识，地图是否有助于培养学生的全球观念等。

②反思"三板"设计的科学性及艺术性。板书设计是否层次清楚、条理分明，讲究语句的精练和符号的醒目。板书、板图、板画是否准确、工整、简洁，能否清晰地体现教学的思路和分析过程，便于学生理解掌握，突出重点，突破难点，构建出整节课的教学主体框架，使课堂中教与学的双边活动得以更优美直观、更系统地展开，从而较大地提高教学效果。

① 王发昌.体育课堂教学方法探析［J］.教育与职业，2014（6）：183-184.

② 赵智鑫.地理教学反思的研究［D］.石家庄：河北师范大学，2014：7-8.

③ 廖名良，赫兴无.中学地理教师该如何进行教学反思［J］.中学地理教学参考，2018（18）：60-62.

4. 反思地理课堂教学过程

（1）反思地理课堂教学过程运行的良好程度。

反思从组织教学、课堂导入到讲授新课、课堂承转、提问、"三板"、教具演示、课件展示、练习示范、学生活动、学法指导、学习评价、新课总结、新课结束等各个环节是否完整且结构紧凑、过渡自然，是否有主有次、时间分配合理。

（2）反思学生学习行为与教师教学行为的契合度。

地理教师授课时要注意观察学生的学习行为（如倾听、答问、练习、讨论等）是否与教师的教学行为（如讲授、提问、评价、管理等）相吻合，进行师生互动。问题驱动是否具有针对性和有效性，教学评价能否促进学生的深度学习，是否尊重学生的主体地位、激发学生的学习热情，是否实现师生之间、生生之间有效的沟通与合作。[①] 教师要结合学生的反应不断改进教学策略，进行教学实践。

5. 反思地理课堂教学环境

（1）反思地理课堂教学硬环境。

是否根据天气的变化和多媒体教学的需要及时开关灯与拉闭窗帘，保证教室光线适度；是否根据课堂讨论、角色扮演、游戏等活动的需要及时将座位的行列式排列调整为田字形、马蹄形、T字形等。

（2）反思地理课堂教学软环境。

地理教师是否创设民主、自由、轻松的教学环境，使学生敢于自由提问、发言、参与活动；是否做到教师充满激情，学生精神抖擞，课堂上气氛活跃，师生互动良好，身心愉悦。[②]

6. 反思地理课堂教学效果

（1）反思教学目标的达成度。

是否按照地理教学计划按时、按质、按量完成地理教学任务，达成地理课堂教学目标；计划一节课完成的知识点是否已经讲授完；设计的地理核心素养培养目标是否已经实现。

（2）反思学生的学习兴趣激发情况。

反思授课时学生反应是否强烈，是否配合教师进行教学活动，是否对地理课程产生较为浓厚的兴趣；课后是否仍意犹未尽津津乐道，还沉浸于地理课堂教学带来的学习乐趣之中。

（3）反思地理课堂教学与美学的融合情况。

①以美启真，开发智力，激发创造。"以美启真"是指通过美的感染和教育，启迪学

① 周玲. 教学反思助推高中地理新教师的专业成长［J］. 中学地理教学参考，2020（17）：75－79.
② 廖名良，赫兴无. 中学地理教师该如何进行教学反思［J］. 中学地理教学参考，2018（18）：60－62.

生的智慧，促进知识学习，完善智力结构，激发创造活力。地理学科教学中的美，既有地理学科之美，也有地理教学之美。审美化程度越高，教学效果越好。

地理教师要反思地理课堂教学是否以美为先导，将知识教学赋予美的内涵，如美的景观、美的语言、美的教学媒体、美的教学环境等，以此吸引学生主动参与、积极投入，形成形象思维与抽象思维互补互促的整体思维，完善智力结构并激发创造能力。

②以美促善，完善人格，陶冶情操。"以美促善"是指通过美育促进学生高尚道德情操的发展和人格的完善。首先，美善两者有天然联系，美中寓善。其次，美可促善。地理教师要反思地理课堂教学是否以丰富多彩的教育内涵及生动活泼的教育形式，在促进学生学习进步的同时也促进了其精神道德的发展，具体如下：

地理教师要反思在课堂教学中是否充分挖掘地理学科大量生动的地理事物、地理现象所蕴含的丰富思想内涵。如通过教学巍巍高山、滔滔江河、如画田园，展现出祖国母亲的玉质天姿；通过教学"复兴号"高铁、青藏铁路、北斗卫星导航系统，透出中华民族的豪迈气概；通过教学水土流失、大气污染、小鸟哀鸣，敲响生态灾难的警钟；通过教学沙漠防治、节水农业、湿地保护，表达出可持续发展的信念；通过教学星移斗转、沧海桑田，让学生认识到宇宙万物是不断发展变化的；通过教学山水相随、人地两依，和则共存、争则俱败，启示人地要和谐共处……爱国爱民的情怀，科学的资源观、人口观、环境观、人地协调观、唯物辩证观尽在感人至深的地理事物、地理现象之中。

地理教师要反思在课堂教学中是否以令人深感愉悦的多种教学形式，促使学生油然而生高尚的情感。如，使用一幅彩色地图，使学生神游五洲，心连世界；播放一曲《长江之歌》，令学生热血沸腾，豪情无限；带领学生奔向大自然，令学生仿佛回到母亲怀抱；驻足博物馆，学生耳边长鸣时代的呼唤……没有严肃的指令，无须冗长的说教，理性之光与激情之火已经照亮每个纯真的心灵世界，这就是地理美育的独特之处，这也正是地理美育的魅力所在。在学生的感想畅谈中，在学生的习作中，随处可感受到他们的炽热情怀。如，有学生写道："神奇而又旖旎的姜家溶洞是我的故乡——重庆的一笔宝贵财富，更是祖国乃至世界的瑰宝。我们应当加倍地爱护这难得的地下博物馆……我热爱这大自然鬼斧神工的奇迹，更热爱我的家乡、我的祖国以及我们共同拥有的这颗蔚蓝色的星球。"

③以美育美，躬身实践，提升能力。当今世界，人地关系的恶化及人际关系的不和谐，呼唤人们要高度重视学科美育。以美育美，即通过使学生参与渗透美育要素的审美学习活动和实践活动，培养学生健康高尚的审美观，良好的审美欣赏能力、审美表现能力及审美创造能力。其中，审美观是指导，审美欣赏能力是基础，审美表现能力是发展，审美创造能力是升华，它们相辅相成，密不可分，最终促成美的人格与美的世界之建造。

④以美统率，五育共进，和谐发展。除了上述美能启真、促善、育美，地理学科美育还对人的身体健康、劳动技术教育以及和谐人际关系等方面有促进作用，即以美助健，以美益劳，以美乐群。由于美育可以使人产生愉悦的心理感受，消除紧张、烦躁情绪，保持

心理健康；美育使人心情舒畅，肌肉放松，心律舒缓，机能协调，促进有益健康的生物化学物质的分泌，增强体质体能；美育还能促进人对有助于形体美的各种体育活动、野外活动的向往，所以美能助健。马克思所说的"一种美好的心情，比 10 副良药更能解除生理上的疲惫和痛楚"，就是对"以美助健"的形象而经典的概括。我国许多地理学家、地理科学工作者、地理教育工作者辛勤工作一辈子，人至老年仍精力充沛、才思敏捷，与其一生倾情自然、畅游山水密切相关。在丰富多彩的课外美育实践中，同学们普遍反映"既开阔了视野，学活了知识，陶冶了情操，还增强了体质"，亦是对美能助健的生动印证。劳动创造了美，学生在地理学科学习、实践的过程中，不仅培养了良好的劳动习惯，掌握了技能，而且通过对自己精美劳动成果的欣赏，体会到劳动创造了美之深刻意蕴，看到了自身创造美的本质力量，并由此产生对更多、更新的劳动创造的向往，所以，美能益劳。地理美育实践中的大量活动是学生的集体活动，必须通过同学们的密切协作、团结互助，才能高效地完成学习任务。同时，由于美育活动是高层次的精神享受活动，在由美引起的共鸣及对美的共同追求中，常使人得以放下个人得失，突破功利束缚，而较容易关心他人、与他人友好相处。这些都有利于引导学生协调好人际关系，所以，美能乐群。

综上所述，美能启真、美可促善、美能育美、美能助健、美能益劳、美能乐群，美的促进作用渗透于教育的各个方面。如此，美对五育的统率作用、贯通作用已不言自明。美为"智"增其灵性，为"德"增其崇高。正是美育统率各育并与诸育融为一体，成为一个人修身立业的强大力量。苏霍姆林斯基曾指出："美是道德纯洁、精神丰富和体魄健全的强大源泉。"可见，美育的价值更为深远，无可限量。①

7. 反思"再教设计"

"反思"的最终目的是"再教"得更好。通过教学反思，教师可以总结教学的优点和不足，并探索解决问题的对策。如思考：若重新组织教学，自己可以采取哪些有效的措施帮助学生突破理解知识的"藩篱"？在教学方法上，自己还可以作哪些创新？通过及时反思，教师对原教学设计进一步修改完善，并撰写"再教设计"，以扬长避短、取长补短，精益求精，将教学水平提升到一个新高度。经过多次的实践、反思、再实践、再反思，教师驾驭课堂的能力将得到不断提高，课堂教学也会逐渐走上良性循环之路。

教学反思既可以是教师个人的反思，也可以是备课组、教研组甚至是合作共同体的集体反思，通过对话交流激发不同层次、不同视角的思维碰撞，燃起智慧火花。教学反思贵在及时，贵在坚持。教师应积极反思自己的教学行为，转变教学方式，从众多的教育教学理论和教育策略中吸取精华，勇于实践，探寻适合自己的专业发展道路，形成具有自己个性特点的教学风格，成为研究型教师。②

---

① 黄京鸿. 地理学科美育的价值［J］. 中学地理教学参考，2002（Z1）：10 – 12.

② 周玲. 教学反思助推高中地理新教师的专业成长［J］. 中学地理教学参考，2020（9）：75 – 79.

二、　美学视野下的地理教师教学反思智慧培养

（一）教学反思的途径

1. 与自己对话——提升自我智慧

自觉地将自己的课堂教学实践作为研究对象，课后进行全面而深入的思考和冷静而仔细的总结。通过对自身的教学优点分析、教学错误认知及纠偏，反思自身的教学行为是否实现了地理教学目标、是否符合地理教学规律；教学活动是否起到与学生沟通及合作的作用；是否创造性地使用地理教材，用教材教，突出教学重点，突破教学难点；教学过程中是否给学生留下思考空间，小组合作学习是否流于形式，讨论是否有效，是否有"满堂灌"之嫌；教学过程是否因材施教，适应学生的个性差异；是否追求高超的教学艺术，培养学生发现美、感悟美、表现美、创造美的能力等。教学反思是教师职业生涯的必修课程，只有将地理教学反思作为一种职业意识，且能够形成良好习惯的地理教师，其教学反思才是高效的。

2. 与学生对话——促进师生协同发展

教师教学的对象是学生，学生对于教师教学的感知是最直接的。新课程要求地理教师树立为学生服务的思想，以学生为中心，秉持"一切为了学生，为了一切学生，为了学生的一切"的理念，尊重学生，与学生对话。要求教师正确处理好师生关系，课后可通过作业和检测试题获得教学反馈，就教学问题与学生进行对话和交流。也可采用问卷调查、走访家长、个别谈话或让学生写"纸条"等形式引导学生对教师教学进行评价，及时观察和捕捉学生的反馈信息。对学生在学习中遇到的困难和普遍存在的问题加以记录，了解学生的思考和感悟，以拓宽教学思路，发现教学实践中存在的问题，不断积累教学经验，使教学设计更合理。地理教师通过与学生对话，师生关系更融洽，教学效果更佳，获得"教学相长"之效。[1]

3. 与同仁对话——碰撞思维火花

与同仁对话，是寻求共同提高的有效途径。课堂教学观摩活动、公开课、集体备课、教学研讨会、专家咨询活动等形式，都可以促进教师与外部的对话并逐渐形成反思共同体。[2]

同行之间应相互观摩彼此的地理课堂教学，并详细做好听课记录；也可用摄像机将教学活动拍摄下来，组织教师观摩，各抒己见，并结合教学实践分析、讨论、交流，反思教学中普遍存在的困惑、共性和个性等问题，集体研讨、集思广益，并提出解决问题的行之有效的对策和措施。在平等自由状态下的交流，是经验、思想的碰撞，能发挥集体智慧和

① 王树勋. 如何追寻有效的教学反思？［J］. 地理教育，2014（12）：11.
② 王晓惠，郭志永，康健. 地理教师教学反思智慧培养策略研究［J］. 地理教育，2017（3）：49-50.

团队力量，弥补自我反思的缺陷，往往能闪耀出思想的火花。古人云："以人为镜，可以明得失。"以旁人的眼光审视自己的教学实践，有利于开阔思路，使思维不断完善、进步，能提高自己对问题的洞察力，并获得解决问题的最佳途径和手段。教师之间多开展相互听课、评课活动，不但可避免闭目塞听、孤芳自赏而成为"井底之蛙"，而且能站在同伴的肩膀上高瞻远瞩，还有助于建立合作学习的共同体。因此，地理教师应加强集体反思。

4. 与名师对话——促进专业成长

在日常的地理教学中应多研究各地优秀教师的课堂教学实录，多观摩名师的公开课，从课堂结构、教学方法、学情、多媒体课件、"三板"设计、教学效果等方面，客观、公正地评价其得失，取人之长，补己之短，进而更好地提升自己的教学能力及水平。[①]

5. 与理论对话——追求理性智慧光芒

教学实践的超越性很大程度来自教学理论给予的指导。若地理教师只靠教学经验，会导致"坐井观天"，教学质量难以突破和提高。地理教师的教学反思应有一定的理论高度。地理教师需要用理论武装头脑、具有深厚的理论修养、广阔的教育视野、过硬的教育科研能力。只有用一定的理论去观照自身的教学实践，这样的反思才能更加深入，见人之所未见、云人之所未云，这样的反思才更有价值。

苏霍姆林斯基这样要求教师："读书，每天不间断地读书""不断补充其知识的大海"，他认为"这样，衬托学校教科书的背景就宽了"，再借助有效的教学手段，课堂效率的提高就更明显了。因此，地理教师平时要经常阅读著名的教育学、心理学、美学、教育美学、系统论、控制论与信息论等理论书籍，关注教育教学改革的新动态，不断开阔视野，并自觉运用理论反思自己的地理教学实践，指导自己的地理教学活动，在学习中深刻反思，认真消化，并付诸实践。[②]

6. 与技术对话——建立现代化反思平台

在信息化不断发展的今天，教学反思也可以依靠信息技术来完成。一些知名度很高的教师会通过博客、微博、QQ群、微信公众号等网络平台，将自己对教学的感悟、反思展示出来供众人分享。另外，高师院校或中学应建设微格教室，将地理师范生或地理教师在微格教室进行说课、模拟课堂、说题、授课等过程录制成视频，供地理师范生或地理教师自己课后以"旁观者"的身份观看、总结与反思所用。[③]

(二) 教学反思的方法

1. 角色模型反思法

角色模型反思法是教师将自己认为非常优秀的同事或师长作为观察与学习的对象，找

---

① 王树勋. 如何追寻有效的教学反思? [J]. 地理教育，2014 (12)：11.

② 张志红，姚万才. 追寻有效的教学反思 [J]. 中学政治教学参考，2010 (11)：33 – 34.

③ 王晓惠，郭志永，康健. 地理教师教学反思智慧培养策略研究 [J]. 地理教育，2017 (3)：49 – 50.

到合适的同伴并建立良好关系，采用观察和对比的分析方法，对自身教学理念及教学实践进行教学反思，在改进的基础上又进行教学实践，如此循环往复，从而不断促进自我专业成长。具体反思过程如下：

（1）确定学习榜样。思考：哪些教师可以成为自己学习的榜样？这些教师的哪些行为值得学习？如果是自己上此课会如何表现？学习之后如何提升自己？

（2）找到合适的同伴。与同伴建立良好关系，向同伴介绍自己确立该学习榜样的原因及相关学习内容。

（3）邀请同伴进入角色模型中。与同伴一起观摩学习榜样的课堂，课后一起分析其优点及值得学习之处；邀请同伴观摩自己的课堂教学，认真观察并做记录；课后根据同伴所记录内容，与同伴一起分析自身教学行为的优缺点，并与同伴一起研究改进措施。

由上可见，使用角色模型反思法，借助同伴观察技术，可避免个人意见的偏颇，使反思效果更优化。

2. 教学日志反思法

教学日志反思法是教师通过记录教学日志，对自身的地理教学进行反思，以求不断更新教育理念，改进教学工作，促进专业发展的方法。一般以一周作为一个时间单位。教学日志没有特定的格式及内容要求。诸如地理教学中的成功或不足、学生的表现、教学改革创新及教学中的灵感闪光点等都可以记录在教学日志上。学期末，教师采用教学审计技术，对一学期来自己在教学日志上的感想、感悟加以归纳与总结，进而优化教学。

3. ALACT 教学反思模式反思法

为推动教师教学反思系统化，科瑟根提出了 ALACT 教学反思模式。此模式主要包括行动、回顾行动、意识到主要问题所在、创造行动方案、尝试这五个阶段（如图 5-1）。这五个阶段紧密相连，周而复始，循环往复，构成一套地理教师反思的螺旋式上升系统，运用得当则能不断提升教师的反思能力。

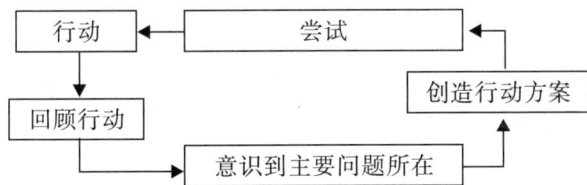

图 5-1 ALACT 教学反思模式示意图

柯瑟根强调：应用 ALACT 模式能触及教师素质的各个层面，其所遭遇的阻力是不一样的，越接近素质结构的内层，反思的阻力越大，一旦通过反思实现内层素质的提升，就能带动外层素质的提升。①

4. 课例研究反思法

课例研究是通过教师集体对研究型课例进行设计、观察和反思的循环以促进教师专业发展的活动。具体关键环节包括准备、计划、讲授（观察）、反思几个阶段。②

5. 教学录像反思法

教师可以借助教学录像来进行教学反思。教师可自行浏览自己或其他教师的教学录像，找出一些自己觉得很特别的画面，思考（或反思）为何当时会这样教，是否妥当，下次该如何改进等。还可以在观看了全部的课堂结构和教学流程后，思考"如果让自己重新设计这一课（或假如让自己上这节课）将如何设计教学？"等问题。教师主要通过自我观察、自我监控、自我评价来进行自我反思，相对来说，具有一定的封闭性和局限性。毕竟单纯的内省反思活动，往往是比较模糊、难以深入的，而且容易囿于自我。因此，最好找一位（或几位）同事和自己一起观看教学录像，共同进行教学交流和探讨，针对教学现象或问题进行比较深入的分析和思考。当然，如果有专家从旁帮助进行分析和评价，这一反思方法的作用将发挥得更好。

6. 课堂观摩反思法

教师在时间和条件允许的情况下，可以邀请同事观摩自己的地理课堂教学，课后及时进行教学反思。来自同事的反馈，有利于教师在了解和借鉴其他教师不同观点的同时，进一步加深对自己的了解，激起自己更深入的思考，使自己的教学思路更加清晰，激发自己更多的创意。

三、 美学视野下的地理课堂教学反思评价体系构建

（一） 教师自评

教师对于自己的教学反思结果进行评价与再反思，考虑反思是否深刻地反映了教学存在的问题，原因探究是否全面与准确，解决对策是否行之有效等。教师可以在评价时设定今后的努力方向和教学预期，把握好评价与延时评价的度，客观深刻地评价自己，发掘地理学科之美，提高美育教学效果。

（二） 同事互评

在教师的知识结构中，缄默知识以隐性形式存在，教师需要把隐性知识显性化，同伴观察和行动研究是较好的方法，可谓旁观者清。同事互评时，要注意把握评价标准和尺

① KORTHAGEN F. Practice, theory, and person in life-long professional learning [M] //Teacher professional development in changing conditions. Dordrecht: Springer, 2005: 89.

② 王晓惠，郭志永，康健. 地理教师教学反思智慧培养策略研究 [J]. 地理教育，2017 (3): 49 – 50.

度，最大限度降低主观因素的影响，定性评价与定量评价相结合。

（三）学校评价

学校应该为教师教学反思创造良好的氛围并且完善相关制度，如反思日志评价制度、反思任务分配制度、集体备课评价制度、公开课教学反思质量评价制度等，构建中学地理课堂教学评价体系。[①]

再缜密的课堂教学设计也不可避免地会存在疏漏、失误、考虑不周之处。学生的知识基础和理解能力参差不齐，课堂预设与生成总会有一定的差距，导致每节课总会有不尽如人意之处。如教学目标没有很好地实现，教学重难点不够突出，学生的学习兴趣没有得到较好的激发，等等。教师课后要对课堂教学情况进行系统回顾，并对其作深刻的反思和剖析，尝试寻求解决问题的行之有效的对策。对教师而言，每次反思都是一次"校准"与调节，会对教师自身的专业成长产生积极的影响。[②]

思考与探究

1. 地理教师如何创造美丽的地理课堂？
2. 地理教师如何导入新课？
3. 地理教师如何进行地理课堂教学的承转和过渡？
4. 地理教师如何结束新课？
5. 美学视野下的地理课堂教学反思的内容有哪些？
6. 美学视野下，地理教师如何培养自己的教学反思智慧？

① 王晓惠，郭志永，康健. 地理教师教学反思智慧培养策略研究 [J]. 地理教育，2017 (3)：49–50.
② 周玲. 教学反思助推高中地理新教师的专业成长 [J]. 中学地理教学参考，2020 (17)：75–79.

第六章　地理课堂教学质量评价技能美学

本章导读

　　如何评价课堂教学质量的好与坏？不同时代，评价标准是不同的。20世纪80年代，埃里奥特·W.艾斯纳将美学思想引入教育评价领域，重塑教育评定，为教育教学评价打开了新的一扇窗。追求美是人的天性，塑造人的教育教学活动应该是"美"的，真善美的和谐统一应是教育的最高境界。作为学校教育教学活动核心部分的课堂教学也应该努力追求美的境界。不少教育专家、一线地理教师都在探索教育评价的标准。但到目前为止，还没有一个大家公认的、统一的标准。其实，时代在发展变化，教育也在发展变化，地理课堂教学质量的评价标准不可能是一成不变的。

　　希望同学们通过本章的学习，能了解在美学视野下，该如何进行地理课堂教学质量评价。

第一节　真实评定——教育评定新方法

　　在《经验与教育》（*Experience and Education*，1938）中，杜威强调指出："教育的最大谬误之一是，学生仅仅学习被教的东西。"教室的参观者发现，教室生活——这儿不涉及学校整体的生活——是复杂的、不可预期的，它远比系统分类及科学管理所想象的更为参差不齐。20世纪早期的理想是，试图通过标准化程序设计消除多余动作，达到课堂管理和教学的科学高效，这对于不可预期的8岁甚至18岁的儿童、青少年来说确实是不现实的、有悖常理的。课堂中的游戏相当复杂。① 与课程改革运动相伴而生的教育评价领域，不足以抵抗公众对讨论实质问题、回到基础、测量、管理、命令的需要。然而，十年后我们发现自己在探索通向优异的新途径。究其原因，部分是因为我们已认清命令是无效的；部分是因为用测量工具进行的、极少具有预见性和一致性效度的结果测量，并非改善学校教育的有效方式；还有部分原因是我们已经警醒，除非能创造出比我们所用方法更具教育

---

　　① 埃里奥特·W.艾斯纳. 教育想象：学校课程设计与评价［M］. 李雁冰，等译. 北京：教育科学出版社，2008：205.

效力的评定程序，否则学校教育向更好的方向发展变化是不可能实现的。[1] 教育的想象适合用批评的方法来鉴赏，需要多一些艺术少一些技术。"真实评定"引起了人们极大的兴趣。在埃里奥特·W.艾斯纳看来，下列八种标准适合于创设和评估教育中新的评定实践。

（1）用于评定学生所知与所能的任务，要反映学生在校外的世界中将会遇到的任务，而不能仅仅局限于学校自身。

（2）对学生进行评定的作业应该揭示学生是如何解决问题的，而不仅是针对他们得出的结论。

（3）评定作业应该反映它所源自其中的理智共同体的价值观。

（4）评定任务不必局限于单独完成，我们从事的许多最重要的任务都需要小组努力。

（5）新的评定应该允许这种可能：一个问题拥有一个以上可行的解决方法或答案。

（6）评定任务应该具有课程适切性，但此处的课程不局限于所教授的课程。

（7）评定任务应要求学生展示对结构和整体的敏感性，而不是简单地感知分散的部分。

（8）评定任务应允许学生选择一种表现形式，用以展示自己所学。[2]

第二节　地理课堂教学美的评价艺术

要使课堂教学美的评价标准变得切实可行，地理课堂教学美的评价必须处理好以下三大关系。

一、 处理好美的价值标准与教育价值标准之间关系的艺术

教育价值是指教育对人和社会发展所起的积极意义，教育价值包括社会价值和个人价值。教育评价就是评价教育活动及教育活动中的每一因素是否具有教育价值。一个国家在一定时期的教育价值取向，决定着教育评价标准的制定。

长期以来，我国的教育评价在总体上偏重于教育的社会功利价值。具体到地理学科来说，地理课堂教学评价偏重于课堂教学对学生升学、选拔所产生作用大小的功利价值评价，而对课堂教学在促进学生身心健康、陶冶学生高尚情操、形成学生完整人格等方面所起作用的非功利价值评价重视不够。

新一轮课程改革的背景下，地理核心素养教育理念的提出，就是要重视教育在个人身

① 埃里奥特·W.艾斯纳.教育想象：学校课程设计与评价［M］.李雁冰，等译.北京：教育科学出版社，2008：207.
② 埃里奥特·W.艾斯纳.教育想象：学校课程设计与评价［M］.李雁冰，等译.北京：教育科学出版社，2008.

心发展上的非功利价值。马克思主义美学观认为，美是人的本质力量的感性显现，人的本质力量就是人在社会实践活动中形成和发展起来的自由创造的能力。课堂教学美的评价标准，就是要评价在课堂教学这一实践活动中，以感性形式所显现出来的师生活动，特别是教师活动的多种自由创造的能力，即正确的教育思想，高超的教学智慧与才能，美好的教学情感等，这是美的价值标准的出发点。

美的评价标准既具有功利性的一面，也具有非功利性的一面。在课堂教学活动中，美的功利价值主要表现为课堂教学在促进学生品德形成、知识获得、能力发展等方面的重要作用；而美的非功利价值主要表现为课堂教学在愉悦学生的心情，陶冶学生情操，形成学生和谐、健康人格方面的潜在作用。因此，运用美的评价标准对课堂教学进行评价，并不是对课堂教学教育价值标准的削弱，相反，它不但体现了现代教育的价值观，而且进一步丰富和发展了现代教育价值观的内涵。①

二、 处理好美的教学内容与美的教学形式之间关系的艺术

从美学的角度看，课堂教学活动作为一种人类的社会实践活动，必然要体现内容美与形式美的高度统一。

首先，美的内容是主要的，形式是次要的，美的形式只有体现和突出了美的内容，才算完成了任务。我国古代思想家孔子在乐的审美上就区分了内容美与形式美，并要求两者统一。孔子称"子谓韶，尽美矣，又尽善也；谓武，尽美矣，未尽善也"②。这里的"善"指内容，"美"指形式。"美"与"善"相比，孔子认为"善"是根本的。同样，在课堂教学中，内容是根本的。在课堂教学美的评价中，一切标准的制定必须要体现课堂教学活动的本质，要体现教学活动的求知性（真）与育人性（善）。

其次，美的特征在于其形象性，美的内容要通过具体的、生动的外在形式表现出来。法国著名思想家狄德罗说过，"真、善、美是些十分相近的品质。在前面的两种品质之上加上一些难得而出色的情状，真就显得美，善也就显得美"③。课堂教学评价美的标准，不仅要从内容上体现科学性的"真"，体现思想、道德上的"善"，还要体现教学形式上的"美"。只有教学形式美得以实现，"真"美和"善"美的价值才能得到体现。兼具内容美与形式美的课堂教学，不仅可以使学生在良好的教学氛围中掌握科学真知，形成良好品德，而且还能使学生的情操得以陶冶，思想得以启迪，精神得以振奋，身心素质得以综合发展。这正是进行素质教育课堂教学美的评价所要着重强调的。

因此，设计课堂教学美的评价标准，要正确处理好美的内容和形式的关系，切不可只

---

① 余明友. 素质教育课堂教学美的评价应处理好三个关系——素质教育课堂教学美的评价标准再探［J］. 教育科学研究，2003（Z1）：41－43.

② 曹利华. 美学基础理论［M］. 北京：首都师范大学出版社，1992：351.

③ 杨辛，甘霖. 美学原理［M］. 北京：北京大学出版社，1993：70.

重内容而疏于形式，或只流于形式而疏于内容。[①]

三、 处理好 "目标参照" 标准和美的评价标准衔接问题的艺术

用美的标准对地理课堂教学进行评价，是一种全新的教育评价理念，但并不意味着对"目标参照"评价的全盘否定。美的评价标准考虑的着眼点是课堂教学的多目标或非预期目标的评价。处理好"目标参照"标准与美的评价标准的衔接，是保证美的评价标准得以顺利实施的重要环节。下面结合一个具体的评估指标体系来分析美的评价标准的设计思路。

表 6 – 1　"目标参照" 标准与美的评价标准对照表

"目标参照" 标准		美的评价标准	
评价指标	评价要点	评价标准	评价思路
教学目标	（1）目标的确定性 （2）目标的具体性	教学内容美	"真美"与"善美"结合的评价
教学内容	（3）知识的传授 （4）技能的培养 （5）能力的培养 （6）思想道德教育		教学内容的选取、组织是否符合客观规律，体现科学性；是否与学生身心发展规律相适应；是否体现思想性与教育性；是否与现代的社会发展及先进的教育理念相适应；是否充分挖掘科学知识本身所具有的美的因素等
教学过程	（7）教学过程完整 （8）教学过程合理	教学形式美	应符合形式美的一般法则
教学方法	（9）教学方法的选用 （10）教学手段的使用		教学方法、手段、媒体等是否反映了美的教学内容；是否体现教师的情感美、教师劳动的创造美；是否体现出节奏美、整齐美、对称美、多样统一美等形式美的一般法则等
教学能力	（11）教案 （12）语言 （13）教态 （14）"三板"		
教学效果	（15）教学质量 （16）教学效率 （17）测试成绩	教学效果美	美的价值体现 课堂教学过程是否形成了综合的审美性；是否体现出学生求知后的愉悦性；是否体现出课堂教学的多目标性等

① 余明友. 论和谐课堂教学的审美视角评价［J］. 中国成人教育，2009（23）：176 – 177.

　　在表 6-1 所列的评价标准中,"目标参照"标准把课堂教学的评价指标分为六大项。运用美的评价标准,在遵循"目标参照"标准基本框架的基础上,可以把课堂教学的评估简化为三大项:

　　(1) 教学内容美的评价,包含了"目标参照"标准中的教学目标和教学内容等。美的评价标准一方面要深化"真"的标准(科学性)和"善"的标准(教育性)的内涵,不仅要强调教学内容的科学性,还要强调所选内容对于学生身心健康发展所起的作用。另一方面,要评价教师在教学内容的选取、组织上是否结合地理学科特点,充分挖掘了教学内容所蕴含的美的因素,包括智慧的、情感的、意志的、道德的等美的内容。

　　(2) 教学形式美的评价,包含了"目标参照"标准中的教学过程的进行、教学方法的选用、教学能力的体现等。"目标参照"标准的评价主要强调的是教学方法、教学手段的选择要安排得当,要与教学内容、教学目标相一致。而美的评价标准中对教学形式美的评价,除了强调美的形式要突出和体现美的内容之外,重点强调了教师劳动的智慧美、教师的情感美等在教学中的体现;强调教学形式要符合形式美的一般法则。使用美的标准进行教学形式的评价,就是要创造一个良好、宽松的教学环境,使学生能在愉悦的氛围中学习,这对于促进学生的身心健康是非常重要的。

　　(3) 教学效果美的评价,是对"目标参照"标准中教学效果评价内涵的修正和延伸。"目标参照"标准的评价比较重视预期教学目标的完成,强调教学的效率以及学生的测试成绩等。运用美的评价标准,教学效果美主要体现在整个教学活动中,教学效果美可以从对教学内容和教学形式美的评价中反映出来。因此,要淡化对教学效果的评价,这有助于充分发挥教师劳动的创造性,减轻学生的学习负担,从而有利于学生的身心健康。或者说,教学效果对目标的体现是多方面的,对其进行评价不要只着眼于预期目标。只要教学活动能使学生综合素质的某些方面得到提高,就应该理解为达到了目标。而无论是达到什么样的目标,都必须建立在促进学生身心健康,形成学生审美愉悦心理的基础之上。

　　从以上分析可以看出,美的评价标准与"目标参照"标准是既相互联系又相互区别的两种评价方式,美的评价标准是对"目标参照"标准的丰富和扩展。进一步找到两者具体的结合点,就可以设计出切实可行的评价指标体系。①

---

　　① 余明友. 素质教育课堂教学美的评价应处理好三个关系——素质教育课堂教学美的评价标准再探 [J]. 教育科学研究, 2003 (Z1): 41-43.

第三节　营造地理课堂教学评价的美学韵味

教学是科学，也是艺术。苏联教育家马卡连柯说："教育是最辩证、最灵活的一种科学，也是最复杂、最多样化的一种艺术。"中学地理课堂教学中学生的学习评价急需以艺术化的态度去关爱学生生命的发展，营造课堂教学评价的美学韵味。

一、　意味深长的评价——幽默

幽默作为一种地理课堂教学语言艺术，不仅仅能博学生一笑或给学生警醒，让其产生愉悦感或羞愧感，而且还能于笑声中或沉默中给人以智慧的启迪，产生意味深长的美感效应。因此，幽默的语言是评价语言的首选。[①] 如有一位地理教师在上课铃响后，走进教室时发现一位学生正在擦黑板，粉尘弥漫，还有不少学生仍在大声吵闹，便借题发挥，幽默地说："同学们请看，这里粉尘飘飘洒洒如瑞雪，教室吵吵嚷嚷像闹市。"学生默不作声，面面相觑。教师若无其事地继续说："在这种环境中学习能行吗？"学生随口答道："不行！""那么，怎样保护好咱们的环境呢？今天，咱们就来学习环境的保护。"这样，嘈杂的教室却成了借题发挥导入新课的话题，既教育了学生，维护了课堂教学秩序，又激发了学生的求知欲望。这就形成了一节课良好的教学开端。[②]

二、　意境深远的评价——形象

生动形象的语言是最富有感染力的。课堂教学要注意语言的生动形象，课堂教学评价恰当地运用比喻、拟人、夸张、排比、对偶等多种修辞手法，能够使评价更富有感染力。如一位教师在执教"地方文化特色对旅游的影响"一课时，男女生分组朗读课文，学生读得很好。教师评论说："男生声音洪亮、奔放、整齐，女生声音甜美、圆润、整齐。男生读得好，让人仿佛置身于三亚的海边，广阔而深远；女生读得好，让人仿佛置身于日出的金光里，温暖而绚丽。"学生的学习积极情绪被激发出来了，他们不厌其烦地练了一遍又一遍。从这个例子可以看出，形象的评价语言，不仅激发了学生的学习兴趣，还让学生领略到了语言所创设的丰富意境。[③]

三、　春风化雨的评价——适时

地理课堂教学是一个动态生成的过程，常常会有一些出乎意料的情况发生，即突发事

---

① 李振华. 谈小学语文课堂教学口头评价的诗意追寻［J］. 中国校外教育，2011（7）：70–71.
② 袁书琪. 地理教育学［M］. 北京：高等教育出版社，2010：222.
③ 汤再兴. 营造课堂评价的美学韵味［J］. 小学语文教学，2010（35）：56.

件。教师如果能及时捕捉这些片段，通过巧妙的评价处理课堂上发生的意外，往往会有意外的收获。例如，在"走向人地协调——可持续发展"的课堂上，教师创设了一个存在严重捕杀动物现象的森林的情境，让学生想想保护动物的办法。这时，一位学生说："可以把这片森林中的人都杀掉，从别的地方迁移一些喜爱动物的人过来，这样他们就不会捕杀动物了。"此语一出，四座皆惊，这个办法不仅不能解决问题，而且可以说是惨无人道。该生讲完后也觉得这样的办法欠妥当，满脸通红悄然坐下。教师一时也愣住了，这可是事先没有意料到的答案。该教师迟疑了片刻，说："同学们，你们说这办法好不好？大家讨论讨论。"这话引来了一场激烈的辩论，最后得出结论：人是最高级的动物，更应该保护。关爱生命，珍惜生命，这是文明社会的表现。这些捕杀动物的行为固然令人痛心、令人痛恨，但国有国法、家有家规，应该根据情节严重程度，采取批评教育、罚款或其他法律惩戒手段来让他们改正自己的错误做法。在肯定学生的认识之后，该教师说："大家能够得出这些结论，要感谢谁？"于是，大家纷纷把目光投向刚才"犯傻"的学生……从以上的例子可以看出，课堂上的一次意外，在教师的巧妙评价引导下，收获了不曾预想到的精彩：学生从中受到了人文教育，学到了法律知识，感受到宽容的美德，真是一箭多雕，春风化雨，润物无声。①

艺术的评价，能够营造宽松和谐的诗意氛围，教师用近乎自然生态的语言，采用人文化的方式，引发师生心灵产生共鸣，从而拨动学生的心弦，奏响一曲和谐教育之歌，让学生扬起快乐学习的风帆，到达成功的彼岸，找到自我发展的生长点，促使他们的身心、情智甚至生命均得以自然、健康、均衡地发展。②

第四节　让地理课堂教学质量评价美起来

随着新课程改革的推进和学生对全面教育的渴望，学校要与时俱进，丰富教学内容和教学方法，让原来枯燥的课堂生动起来、美起来，让学生在令人身心愉悦、能够给人带来美的体验和感受的美的地理课堂教学中学习知识、培养兴趣、发展个性。要从教师和学生层面制定美的地理课堂教学评价标准，以激励师生共创美的课堂。美的课堂不仅能够使学生具有较好的美的感受，也能有效促进学生的生理素质、心理素质、思想政治素质和文化素质等方面素质的全面提高，是师生生命成长过程中不可或缺的一部分，是打造高效课堂的有效措施。③

① 仇海红. 语文课堂评价的诗意追寻［J］. 文教资料，2006（27）：102-103.
② 汤再兴. 营造课堂评价的美学韵味［J］. 小学语文教学，2010（35）：56.
③ 安罡. 美的课堂教学评价标准［J］. 教育，2016（50）：71.

一、 语言要美

（1）教师标准。①地理教师的授课语言能做到准确规范、抑扬顿挫。概念表达清晰、推理符合逻辑、严谨简约、通俗易懂、重难点突出、富有启发性。教师语言能传递一种积极向上的力量，发音吐字清晰、音韵准确、语气强弱变化得体、音量语速适中、生动形象、幽默风趣、充满激情、富有感染力。②地理教师的评价语言能充满热情、有爱心和智慧，能真诚、指向明确、富有语感，能因材施教，尊重学生的个性发展，让学生在评价中获得成功的愉悦和前进的动力。③地理教师体态语言要优雅规范，一个动作、一个眼神、一个表情，都能与学生达成无声的默契，彰显融洽师生关系的和谐美。

（2）学生标准。①学生普通话发音准确，声音洪亮，吐字清晰、流利，能针对教师提出的问题乐于回应，表达自信、富有感情。②学生在课堂上能用抑扬顿挫的语言表达自己的想法与见解，合乎情理、条理清晰。①

二、 行为要美

（1）教师标准。①地理教师仪表自然大方，服饰整洁得体，亲和力强，符合教师职业特点，言谈举止温文尔雅，有自信心，具有一定的人格魅力。②地理教师有一定的职业素养，熟悉地理学科教育特点与要求，教学基本功扎实，板书条理清楚，板书字体苍劲有力、框架结构好，板图和板画科学、美观、速度快，尊重热爱每一位学生，努力为学生营造安全、愉悦、和谐的学习情境。③地理教师努力钻研课程标准、教材、教法，提高自己对地理学科的审美能力，挖掘美的教学内容，潜心按照现代教育新理念精心备课。教学设计目标明确，重难点突出，层次清楚，提问设计精练，活动设计新颖，练习设计高效，符合所授课学生特点，能激发学生兴趣，促进自主学习。④地理教师在教学中能把握好自己的角色定位，在教学活动中成为学生学习活动的指导者、参与者与合作者。灵活处理预设与生成，有一定的教育教学机智，善于处理突发事件，具备驾驭课堂的能力，为学生创建自主探究、合作交流的学习机会与时间，让学生成为学习的主人，提高学习兴趣，充分体验课堂教学之美。⑤地理教师有足够的爱心和耐心，以审美的眼光看待每位学生，发现每位学生的闪光点，坚持因材施教原则，兼顾学生差异，采用小组合作、互助等有效的教学方式，适时对学生进行学法指导，促进每位学生在教师的鼓励、赏识、宽容中取得不同程度的进步。⑥地理教师能根据地理学科特点，采用灵活多样的教学方法，充分合理地使用现代化教学手段，独立制作精美的地理多媒体教学课件，熟练操作多媒体教学设备，恰如其分地运用网络资源为教学服务，提升课堂教学效率。②

---

① 安罡. 让课堂评价美起来［C］//国家教师科研专项基金科研成果（十三），2017：865－866.

② 安罡. 美的课堂教学评价标准［J］. 教育，2016（50）：71.

（2）学生标准。①课前准备好学习用品，上课铃声响起，要迅速而安静地走进教室，铃声刚落学生全体起立并向老师问好，在课堂上能遵守课堂纪律，坐姿端正，专心致志，回答问题能举手，遵守基本的文明礼仪，养成良好的学习习惯。②在课堂上要阳光、自信，对学习有强烈的求知欲望，积极主动参与学习，认真倾听、勤于思考、自主探究并乐意与同学分享自己的想法与收获。③能积极参与小组合作学习，具有合作意识与团队精神，积极主动地表达自己的观点，认真听取同伴的意见，并能虚心听取同伴、教师的评价。④具有勤奋专注、不畏困难、勇于挑战、不耻下问等优秀的学习品质，写作业坚持独立思考，认真细致，举一反三，灵活应用，作业本整洁，不乱涂乱画，无卷角、缺角。

三、 结果要美

（1）教师标准。①地理教师经过精心准备和充分运用教学方法手段后高效地完成教学任务，心旷神怡，享受成功的喜悦。②地理教师在课堂教学中不断反思和获得顿悟、启迪，在充满自信、探索、成功的课堂教学中提升教学技能和自身审美素养，更加热爱教育事业，增强职业幸福感。

（2）学生标准。学生的地理核心素养得到较好的培养。①学生在学习中理解和掌握当堂知识，并能灵活应用所学知识解决实际问题。②在宽松、和谐、愉悦、成功的地理课堂教学中，学生获得自主学习的方法，提高思维能力、动手操作能力、创新能力以及与人沟通合作的能力，发展智力，提高学习兴趣与学习热情，获得积极的情感体验。③养成积极向上的生活态度和良好的学习习惯，体验学习的快乐，热爱生活，形成健康稳定的审美情趣，使个性得到良好发展。

"美的课堂"是使师生身心愉悦的课堂，不仅学生能享受到学习的美，教师也能享受到工作的美。美的课堂教学评价标准为"美的课堂"深入落实提供保障，在美的课堂上，师生生命潜力得到极大开发，为学生全面发展和未来美好的人生奠定基础。①

第五节　地理课堂教学质量评价多元化的追问

核心素养的提出，要求学生能从地理学的角度观察地理事物，运用地理学的技能解决相关地理问题。为此，本书认为在对地理课堂教学进行评价时，应该把握以下四个方向：

一、 完美抑或真实

教育教学本就是缺憾的艺术，可人们却喜欢追求完美，如果课堂真的完美了，教师就

---

① 安罡．让课堂评价美起来 [C] //国家教师科研专项基金科研成果（十三），2017：865 - 866.

变成了神仙，学生就变成了机器。因为只有神仙才能将事情做到近乎完美，只有无人格、无思想、无意识、无主见的机器才能任人摆布，达成教师预设的目标。

为了追求所谓的"完美"，教师的公开课变得不真实——教师不再是那个教师：他的教学风格和平时不一样，甚至有180度转变；学生不再是那些学生：他们学会了应承、附和。这是教师、相关领导或专家以往评价地理课堂教学时过分苛求课堂教学的完整性、严谨性、目标的达成度等所导致的。觉醒的教师认为追求完美不如追求真实，真实的课堂才能获得客观的、有效的、有借鉴价值的评价：教师是真实的，学生是真实的，地理课也应该是真实的。有些教师为了上好一节公开课而事先花几节课时间对公开课教学内容进行试讲演练。诸如公开课时教师将提哪些问题，由哪些学生回答，都已经指定好，学生也背好了答案，这样的公开课是毫无意义的，浪费了教师、学生及听课者的时间，对学生造成很多负面的影响。如此，有为不如无为。地理课堂应该是原生态的真实再现：呈现给听课者的是鲜活的、真实的自我，没有欺诈、没有伪装，听课者可以看到授课教师一直以来的形象和作风。这样的课堂，评价才能发自内心，才有借鉴价值，才能实现培养学生核心素养的目的。

二、 模仿抑或个性

有的地理教师喜欢模仿：模仿优秀教师上课的姿态、模仿网络课件的制作、借鉴发表的设计思路。其实模仿的课堂不如个性的课堂。《给新教师的100条建议》中就提到，作为新教师，要有自己的个性，才能促进教师和学生的成长。每位地理教师都应该发挥自己的特长，如语言功底好的教师可以发挥其讲解特长，"三板"功底深厚的教师可以构建、整理板书板图板画体系，计算机水平高的教师可以制作精美的多媒体课件。用自己的长处吸引学生，这样才能彰显个性，这样的课堂才会收到事半功倍的效果。

三、 自我感受抑或换位思考

如今，评价者对地理教师的课堂教学进行评价时不再一味强调自己的感受，而是进行换位思考：①能和上课教师换位思考，设身处地地想象上课教师的思路。②能和授课对象——学生换位思考。在地理课堂教学评价时，常常缺少了学生的声音。在核心素养的背景下，作为评价者，在评课时不是拿授课教师上的课和自己的课比，看看自己是否能比别人上得好，自己有什么更出彩的地方，重要的是和学生换位——假如你是授课教师的学生，你能理解吗？你能听懂吗？你愿意参与吗？你有兴趣吗？你的思维能跟得上教师的思路吗？

因此，在今后的地理课堂教学评价中，应该多关注学生的表现：回答问题的积极性、回答问题的次数、参与活动的愿望、展示自我的频次等，彰显学生综合素养的切入点。

四、 尽兴抑或留白

若地理教师授课时很"尽兴"，课讲得满满的，这是否就一定是一节好课？学问，学生一直在学，却不会"问"，一节课下来，学生一点疑问也没有，恐怕这样的课并不是一节好课。学生将来面对的局面不可能都是教师课堂上所能预测到的，若只满足于全盘理解和接受，可能会慢慢地扼杀学生潜在的应变能力和创造力。如，某教师课上得很好，讲解、分析得均很透彻，学生一听就懂，但是一做就差，这里面恐怕就不能排除教师的"功劳"了。因此，在对地理课堂教学进行评价时还要关注授课教师的留白艺术：课中、课后是否给学生留下一些思维拓展的空间和余地。

诚然，对地理课堂教学的评价还有很多方面需要地理教师去探索。地理教师要进一步理解核心素养的内涵，在评价时多些追问，会让地理课堂教学更加动人和吸引人。①

第六节　美学视野下的地理课堂教学质量评价标准

地理课堂教学质量评价是科学评判教师地理教学工作效果和学生地理学习效果之必需。评价不仅仅是评判，更主要的是激励和促进，帮助地理教师更好地提高教学水平。课堂教学是学校教育的主渠道，地理教学质量很大程度上是由地理课堂教学质量所决定的。什么样的地理课才算是好课，这是一线地理教师心中永远的"结"。评价引领潮流，审美驱动行为。但到目前为止，关于地理课堂教学质量评价的定义仍未统一，② 美学视野下的地理课堂教学质量评价标准的版本比较少，以下探索可供参考。

一、 评教学目标

1. 教学目标明确，符合课程标准要求

教学目标主要指培养学生的地理核心素养，即人地协调观、综合思维、区域认知、地理实践力四个方面，见《普通高中地理课程标准（2017年版2020年修订)》《义务教育地理课程标准（2022年版)》。教学总体方案设计应合理，体现新课标要求。教师在教学时一般不要严重超出地理课程标准要求，增加学生的学习负担；也不能低于课程标准要求，造成学生知识的缺漏及能力培养水平的降低。

2. 教学要求切合学生实际，体现因材施教原则

教师要根据地理课程标准和所授课班级学生的实际知识及能力水平，切合学生实际情

① 唐玉法. 核心素养标准下地理课堂教学评价的多元化追问——以两节市级公开课评价为例［J］. 中学地理教学参考，2017（12）：42-43.

② 李红. 地理教学论［M］. 广州：暨南大学出版社，2017：183.

况，确定教学要求。学生综合素养好，要求可适当高些；学生基础差，要求可适当降低，同时兼顾优秀学生和学习能力较差学生，因材施教，使每个学生的综合素养在不同起点上获得不同程度的、最大限度的提高。[①]

二、　评教学内容和结构

1. 教学内容系统、科学、无知识性错误

教师要内化教材，全面了解地理教材内容，明确教材知识的来龙去脉，掌握本节课教材内容在本章节乃至整个中学地理课堂教学中的地位与作用。教学内容正确，无知识性错误。如果教师知识水平低下，在课堂上信口开河，那么或多或少会出现知识性错误，这是绝对不允许的，也是最忌讳的。

2. 教学突出重点、突破难点、抓住关键

教材是教师向学生传授知识的主要依据，但在使用教材时，不能"眉毛、胡子一把抓"，平均使用力量。一节好课应该做到主次分明：教学重点突出，教学难点突破，教学关键抓住。[②]

3. 教学要寓德于教、寓教于乐、寓教于美

地理知识教育是智能培养、思想教育、美育教育的基础，而智能的发展、思想品德及审美能力的提高，又能促进地理知识的学习。轻视智能培养的思想教育、美育及脱离地理教学内容的空洞说教都是不符合现代教育要求的。成功的地理课堂教学，是寓能力的培养于探求知识的过程中，寓思想教育、美育于地理知识教育和能力培养之中[③]，并在教学过程中，寓教于乐，激发学生的地理学习兴趣，变学生被动学习为主动学习，变"要我学"为"我要学"，起到春风化雨、润物无声的作用。学生在积极主动、创造性的学习活动中培养地理核心素养，提高能力。让地理课堂盛开德育之花，让地理课堂充满欢声笑语，寓教于美，以美辅德，以美怡情，以美启真，以美启智，以美育美，把地理教学提高到一个新境界。

4. 教学环节清楚、安排合理、衔接紧密

教学过程是教学各个环节包括导入、讲授、反馈、总结、课堂练习及课外探究等连续活动的整体。教学过程各环节时间分配是否合理，衔接是否紧密，承转、过渡是否自然，直接影响地理教学任务能否顺利完成。地理教师只有精心设计师生活动，才能避免教学的随意性，从而收到预期的教学效果。

5. 教学容量适度、思维密度适宜、学习负担适当

课堂教学进展、知识容量、思维密度既要考虑提高课堂效率，用最少的时间达到教学

---

① 郭新亮，于秀杰. 中学地理课堂教学评价的标准［J］. 教学与管理，1997（Z2）：85 – 86.
② 苏庆华，吕宜平，代合治. 中学地理课堂教学评价模型的构建［J］. 教学与管理，2004（31）：68 – 71.
③ 郭新亮，于秀杰. 中学地理课堂教学评价的标准［J］. 教学与管理，1997（Z2）：85 – 86.

目标，也要考虑学生的年龄特点、身心发展特征和接受能力，不给学生过重的课业负担。地理作业、练习要精练，内容和分量要适当，最好能当堂课完成。

三、 评教学方法和手段

1. 教学方法灵活多样，坚持启发式教学、探究式教学

首先要能根据具体的教学目标、教学内容、学生情况、教师特长及教学环境择优选用教学方法，并能根据课堂不同阶段教学内容的需要，以一种教学方法为主，合理地将几种教学方法组合在一起，发挥各自的优势，使教学过程处于良好状态。其次，要实行启发式教学、探究式教学，避免注入式教学，充分培养学生的思考能力和创造能力。

2. 体现教师为主导，学生为主体，师生双边活动协调

课堂上要真正体现学生的主体地位。学生是思维的主人，是课堂的"演员"，而教师则是课堂的"导演"，指导、启发学生"演戏"，让学生积极参与知识的获取过程，教和学得到和谐统一。

3. 加强直观教学，选用直观教学手段

地理教师应能充分利用学校现有设备，如地理园、地理室等，并能自制一些简易的地理教具，加强地理课的直观教学，帮助学生增强感性认识，发展形象思维，更好地理解和掌握所学地理知识。

4. 重视学法指导

地理教师不仅要教给学生知识，更要培养学生求知能力，不但要教学生学会，更要教学生会学，要寓学法指导于地理教学过程之中。在讲述具体地理知识的同时，要注意指导学生如何阅读教材，如何抓住关键，如何记忆和回答问题，如何读图和绘图等的方法，以提高学生的地理学习能力，学会自己寻求知识和解决问题的本领。[①]

四、 评教学技能

（1）教态亲切自然、举止文明、端庄大方。

（2）教学语言普通话准确、规范、流利、生动，幽默风趣，抑扬顿挫。

（3）"三板"速度快，简明扼要，布局巧妙，工整美观。

（4）现代化教学手段和教具使用娴熟、自然、恰到好处。

（5）课堂应变和调控能力强，充满教育的思想和智慧。

课堂教学是一个复杂的人—人系统，它充满变化和问题。任凭事先如何周密设计，教师总会碰到许多新的"非预期性"教学问题：或者是学生跟不上教师的授课节奏，或者是学生提出一些古怪的、超纲超本的问题，或者是课堂突然受到外界因素的干扰，或者是学

---

① 梁洁仪. 地理课堂教学评价的标准［J］. 文教资料，2005（22）：66-68.

生身体出现毛病，或者是个别调皮学生无理取闹……这些都需要地理教师拥有较强的教学组织能力，才能避免课堂教学陷入困境或僵局。

五、 评教学效果

（1）基础知识掌握情况。

（2）基本技能训练效果。

（3）发展能力活动的完成情况。

（4）思想品德教育效果。

（5）课堂教与学气氛的融洽程度。

（6）学生的审美能力培养效果。[①]

学生是课堂教学的主体，通过学生表情的变化、思维的速度，以及回答问题、练习、测试、动手操作的准确性等信息反馈，可看出学生对新知识、新技能的掌握情况。一堂好课应该是在教师的引导帮助下，全体学生的潜能得到极大程度的开发，优秀学生吃得饱，中等水平学生吸收得好，后进学生消化得了，学生人人学有所得，都能获得不同程度的进步。课堂教学充分体现师生平等、教学民主的思想，师生信息交流畅通，情感交流融洽，合作和谐，配合默契，教与学的气氛达到最优化程度。教师教得轻松，学生学得愉快，整个课堂教学印象鲜明、深刻。[②]

根据以上评价内容，本书试图制定美学视野下的地理教师课堂教学质量评价量表，见表 6 - 2。

表 6 - 2 地理课堂教学质量评分标准

评价内容	评定指标	分值	得分
教学目标	教学目标明确，教学总体方案设计合理，体现新课标要求	10	
教学内容	对概念原理等讲解清楚，能够突出教学重点、突破教学难点、抓住教学关键，无科学性错误；能理论联系实际，引导学生学习对生活有用的地理、对终身发展有用的地理；作业布置合理	15	
教学方法	教学模式体现地理学科特点，独特新颖，教学方法使用得当，实现有效师生互动；寓德于教、寓教于乐、寓教于美	15	

---

① 郭新亮，于秀杰. 中学地理课堂教学评价的标准 ［J］. 教学与管理，1997（Z2）：85 - 86.

② 苏庆华，吕宜平，代合治. 中学地理课堂教学评价模型的构建 ［J］. 教学与管理，2004（31）：68 - 71.

（续上表）

评价内容	评定指标	分值	得分
教学课件	教学多媒体课件设计和运用恰当，操控性好，和谐美观，起到课堂教学的辅助作用	15	
"三板"	设计合理，形象直观，能反映教学内容；字体规范、清晰，"三板"速度较快，排版和谐、精美	10	
教仪教态	教态亲切自然，穿着大方，姿态得体，仪表端庄	5	
教学语言	通俗易懂，普通话准确，吐字清晰，语言流畅，形象生动，幽默风趣，抑扬顿挫	5	
教学效果	讲授生动有趣，能调动学生学习积极性；完成教学目标，教学容量大，学有所获；时间分配合理，在规定时间内完成教学任务；学生感受美、鉴赏美、创造美的能力提高	15	
教学创新	教学方法或教学设计有独到之处，且效果好	10	
合计		100	

思考与探究

1. 埃里奥特·W. 艾斯纳的真实评定——教育评定新方法包括哪八种标准？
2. 课堂教学美的评价应处理好哪三大关系？
3. 如何营造地理课堂教学评价的美学韵味？
4. 如何让地理课堂教学质量评价美起来？

第七章 地理说课技能美学

本章导读

说课与讲课相同，教师均需要投入强烈的情感，体现自身的教学风格和艺术魅力。说课讲究一个"说"字，斟酌一个"说点"，地理教师要善于把教学内容的美加以揭示、提炼与升华；教师说课要注意仪表美、语言美、情感美、"三板"美、课件美；要把自己先进的教育理念、清晰的教学设计思路、科学的教学活动安排意图及教育理论依据、合适的教学策略以及教学目标的确定与达成等按照一定的逻辑顺序艺术地展现出来，似一首优美的诗、一曲典雅的歌，使听说课的专家和同行如饮醇醪，不觉自醉。

希望同学们通过本章的学习，在进行地理说课时，能注意加强自己说课的语言美、形式美和内容美。

第一节 地理说课的语言美

说课重在"说"，因而对说课者的语言提出了更高的要求。地理教师说课语言发挥着传递说课信息，沟通说课者与听说课者双方思想感情的重要作用，这就要求说课者语言要有高度的艺术性。由于许多说课艺术都是通过说课者的语言艺术去体现的，因此，说课者的语言艺术，又是说课艺术的核心，说课者应成为深受听说课者欢迎的演说家。缺乏语言艺术修养，就不能说好课。要使说课具有高度的艺术性，必须讲究说课语言的艺术性。

一、 运用讲述语言美说教材分析及教法学法

讲述是讲说，把事情和道理讲出来。说课主要运用这种语言，其特点是说课者个人输出单向的语言信息，便于说课者系统地介绍自己的教学设想及理论依据，避免因听说课者的插话和双方对话过多占用时间。同时，由于不便于及时有效地接收听说课者的反馈信息，讲述语言的运用又有一定局限性。在说教材分析、教法及学法设想时，运用讲述语言效果较好。此时的说课语言要力求条理清晰，简明扼要，语言速度和轻重要适当，注意抑扬顿挫，切忌一个调子照念说课稿，要使听说课者从语言的轻重、快慢、强弱中体会出说

课内容的变化，以此使听说课者产生共鸣。

二、 运用讲解语言美说怎样教

说课之所以要运用讲解语言，是由于说课还要说怎样教。虽然不像课堂上有问有答那样具体细致，但必须使听者明白你的教学设想和程序安排。说课者根据教学实际，有问有答，谈讲结合，生动的语言使听者仿佛提前进入课堂，犹如身临其境，如见其人，进而预测到说课者的教学效果。那么，在说怎样教时，如何应用讲解语言呢？

首先，说设计的课堂导语应用讲解语言。这关系说课者对地理课程标准、教材的理解和教学重、难点的确定是否正确，故说课者应用新奇生动、设置悬念的个性化语言作为导语来吸引听者。如讲"水循环"时，教师可朗诵李白的诗句，并提出下列问题，从而导入新课："你知道吗？李白的《将进酒》中有佳句：'君不见黄河之水天上来，奔流到海不复回。'其实从地理学的角度来看，这千古流传的佳句，却隐藏着一个巨大的错误，你知道错在什么地方吗？违背了地理学中的什么原理呢？"因为学生对诗句内容熟悉，从而对问题产生兴趣，急于想知道答案，所以设计这样的新课导语，简明扼要、紧扣主题、新颖生动，充分体现了语言的艺术性，有力地激发了学生的学习兴趣和学习热情。

其次，说课中的阐释语和提问语应用讲解语言。阐释语是指教师向学生阐述和讲解地理基础知识时用的讲授语。提问语即教师向学生提问题用的语言，这是针对讲授和提问而设计的，可以使听者了解说课者讲授内容的科学性、思想性、逻辑性及清晰性如何，判断说课者提问的质量和效果如何。

最后，说课教学总结应用讲解语言。教学总结是教师对一节课的教学内容所作的归纳概括，是为了系统巩固所学知识。这就要求教师设计的总结语，既要激励学生奋发向上或遐想复思，又要打动听者，并能以生动精练的语言表述出来。如教学"气旋"这部分内容，教师可以用讲解语言组织以下教学结语："同学们，在《三国演义》火烧上方谷一战中，诸葛亮本想以火攻一举歼灭司马懿的军队，不料一场大雨却将大火熄灭了。诸葛亮感叹道：'这是天意啊！'同学们，这真的是天意吗？还是有其他原因导致下雨呢？看看哪些同学能作出正确的回答。"这样的总结语不是停留在一般的内容归纳，而是让听者运用已有的知识去想象，去丰富和补充新的知识。这样的说课语能将听者引进课堂情境，并使听者产生浓厚的探索兴趣。

三、 运用朗读语言美说教材语言阅读

朗读语言，就是有表情地运用各种语调、语速、语气读出来。说课者是否能抓住教材内容中的重要词句及突出中心的段落，根据教学内容的思想感情，采用相适应的语气、语速、语调，带着感情，进入角色，沉浸意境，置身于课堂教学的氛围中，以饱满激昂的情感、铿锵有力的声调进行朗读，激起听说课者与说课者的共鸣，这是衡量说课优劣的一个

重要指标。如以下这段文字，若说课者能有感情地朗读，将有助于听者领会文中表达的真挚感情，进一步培养学生的人地和谐观："每当我为同学们讲到自然环境，我就感到，大自然是那么奇妙。在我脑海中，自觉不自觉地就形成一幅美丽的图画。当露珠在绿叶上滚落时，鸽子在窗下咕咕叫，牵牛花在麻雀叽叽喳喳的吵闹中绽开笑脸。太阳出来了，天空中翱翔着山鹰，小溪边，草丛里，小鸟为了爱情，扇动着它那美丽的羽毛。茂密的森林里，伏着一只美丽的猫。在沙沙作响的晚风中，大地睡着了，夜静悄悄的。我们的自然就是如此的美好，它确实是个奇迹，而现在，我们人类正在破坏这美好的一切，正在将这美好的大自然推向死亡的边缘。"①

总之，地理教师说课时，要能做到综合运用多种教学语言，如，既有条理清晰、通俗易懂的讲述语言，又有生动形象、妙趣横生的课堂讲解语言，还有富于感染力、艺术性强的朗读语言。多种教学语言综合运用，起伏跌宕，有声有色，引人入胜，使听说课者得到高雅的艺术享受。如此，说课者才称得上达到了较高的艺术水平。②

第二节　地理说课的形式美

说课不仅要关注"课"，即说课内容，也要关注"说"，即说课形式。然而在实际说课实践中，说课形式却往往被忽视。在"说"的形式上不讲究策略，不注重外在美感。要么缺乏整体观念，教学思路未说清，无逻辑美感；要么像记流水账，未突出重点与特色，无中心美感；要么陈述性语言一用到底，形式单调令人觉得索然无味，无演示美感。美的东西才吸引人，因此，说课美感的缺乏会令听说课者昏昏欲睡，交流与研究的效果自然难以达到。课要说得清楚、实在、生动，像磁石一样吸引听说课者，除了在说课内容上下功夫，还需要在"说"的形式上运用一些策略。

一、 说课要从整体入手， 符合听者认知——显现逻辑美感

说课首先要说清楚，唯有说清楚，听者才能听清楚，而说清楚的表现是思路清晰。说课者应该依照人们对事物的认知规律，按照一定的逻辑顺序说。逻辑就是人们认识客观事物时习惯的思维方式，是客观事物的内部规律和内部联系；逻辑顺序就是合乎人们认识客观事物的思维习惯③，合乎事物的内部规律和内部联系的结构顺序。例如，人们对事物的认知一般是从整体到部分，所以，说清楚课程设计的整体构思尤其是教学过程设计的整体思路，先给听说课者一个整体印象，才有利于听说课者更清楚地了解和理解说课者的意

① 引自北京蓝靛厂中学（今人大附中第二分校）地理教师李洪春的教学录像，1998 年。
② 林坚. 说课语言的艺术性［J］. 福建教育学院学报，2002（7）：111.
③ 刘伯君. 说明的逻辑顺序［J］. 中学语文教学参考，1998（6）：64.

图，达到更好的交流效果。以下是说课案例：

有位教师选择说课的内容是高中地理选择性必修 1 第二章第三节"河流地貌的发育"中的"河谷的演变"。教师进行课标分析、教材分析、学情分析，简介学习目标、教学重难点之后，提出其教学过程构思：首先是导入新课，激发兴趣。教师将利用两张人民币激发学生的学习兴趣，之后向学生提出问题，进而引导学生找出河流侵蚀地貌的定义和侵蚀的类型，从而进入本节课的教学。（过渡）在学生兴致盎然时，教师将通过以下三个环节来讲授新课。第一环节：自学展示，获得认知。教师将重点解释河流侵蚀地貌的定义，让学生对这个定义有个全面科学的认知（板书：一、定义）。第二环节：观察实验，加深理解。让学生带着问题，观察实验演示，从而直观地理解三种侵蚀形式的定义和对地貌的影响，充分调动学生的眼手脑口，加深学生理解，引导学生学会观察（板书：二、类型）。第三环节：合作探究，全面掌握。创设长江之旅，以小组讨论合作探究的形式，让学生结合课本内容观察图片，同时，教师板出中国轮廓图（画有长江及标出长江上的虎跳峡），协助学生全面、自主探究河谷在发育初期的形态特征。这样充分发挥学生的主体作用，将重难点层层突破（板书：三、河谷的演变）。

二、 说课要抓重点创新， 引发听者兴趣——凸显中心美感

说课要说好，就要围绕中心说，这个中心就是教学过程。教学过程最能展现课堂教学的可操作性，是判断学习目标是否达成、教法学法安排是否恰当、文本解读是否深入、学生活动设计是否合适的重要依据。教学过程也是听者最关注的内容，它最容易彰显个性特色，在众多说课内容中，应予以凸显。在规定的说课时间内，教学过程之前的内容一般控制在总时间的三分之一内，包括说教学目标、教学重难点、设计思路、课时安排、学情分析、教法选择等。也就是说，说教学过程约占说课时间的三分之二。说教学过程也要抓重点，即操作步骤及依据。操作步骤是教学的展开环节，属于具体实施阶段；操作依据即设计理由，不仅展现了教者的理论素养，也使课堂教学更具理性价值，是说课的灵魂。在操作步骤中，既有教师的活动，也有学生的活动。教学的最终目的是教会学生学习，只有学生动起来，教学才真正有效。因此，教师在说教学步骤的安排时，应该主要说学生活动的设计。以下是说课案例：

有位教师说课的内容是高中地理选择性必修1第三章"大气的运动"第一节"常见天气系统"中的"冷锋与天气"。首先导入新课。教师展示寒潮视频和几张寒潮给人们带来不便的图片，之后启发学生思考寒潮的成因，揭示寒潮与冷锋的关系，进而进入本部分内容的教学，达到激发学生学习兴趣，集中学生注意力的良好效果。（过渡）在学生兴致盎

然时，教师将通过以下四个环节来讲授这节新课。第一环节：教师主导，获得认知。在这个环节，重点解释冷锋的定义，让学生对冷锋有个全面科学的认知（板书：一、定义）。第二环节：模型展示，学会观察。通过模型展示，让学生直观、清楚地了解冷锋的形成，指出冷锋的天气符号和它与冷锋移动方向的关系。这样一环扣一环，不仅能加深学生理解，更有利于引导学生学会观察（板书：二、天气符号）。第三环节：直观教学，化难为易。通过观看动画、板图、模型演示三种手段，让学生自主理解冷锋过境前、过境时、过境后的含义，培养学生的自主学习能力。紧接着再以竞赛的形式让学生分析冷锋过境的天气变化，发挥学生的主体作用，将冷锋过境对天气影响这个重难点层层突破（板书：三、天气变化）。课堂在这一环节掀起高潮。环节四：解决问题，拓展知识。课本知识的掌握固然重要，但帮助学生拓宽知识面，培养他们从生活中发现地理的能力也不容落下。所以教师设计了这一环节，让学生分小组讨论寒潮的成因。在这个过程中首先由教师在黑板上板出中国轮廓图，接着让学生在画好的中国轮廓图上画出冬季风的南下路径，再分析寒潮的成因，使学生在轻松愉快的教学氛围中活跃思维、迁移知识，还能激发学生学习地理的兴趣，对课前的问题进行解答，可谓是一举多得（板书：四、天气实例）。

　　说课还要说出创新之处，说出见地，凸显个性特色。教育教学是一项创造性活动，可以体现在教学设计的各个方面，如对文本的理解、内容的选择、目标的确定、流程的设计，还可具体到导入、提问、板书等，甚至对所依据的教学理论的阐释，都可以创新。而这种创新，正是专家同行最感兴趣之处，也最易引起他们的共鸣。

　　比如，教师教学地理七年级上册第一章第二节"地图"中的"地图上的方向"时可进行如下创新。首先引导学生理解使用"一般定向法"辨别方向，也就是面向地图，"上北下南，左西右东"，这样画出的方向就像一个"十字架"。其次，在这四个方向的基础上，教师进一步启发学生思考，东与北之间是东北方向，西与北之间是西北方向，还有另外两个方向是东南方向和西南方南，这样就确定出了八个方向。再次，引导学生读图7-1，指出在一般定向法地图上，东、南、西、北四个方向有个交点，这个交点我们就叫作"中"。在我们判断方向的时候，"中"就是参照点。就像图7-2，我们要知道家在学校的什么方向，应该以什么为参照点？应以学校为参照点。确定了参照点之后，我们再利用一般定向法画出十字架，标出东、南、西、北四个方向（见图7-2），这样我们就可以轻松地进行判断了。寓教于乐，教学效果显著。

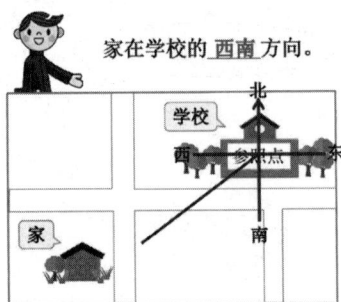

图 7 - 1   地平面方向示意图   图 7 - 2   家在学校的方位图

三、 说课要变换方式， 留住听者目光——展现演示美感

说课者常常重视说课的理论性而忽视其趣味性，陈述性语言一用到底，致使说课枯燥无味。若听者听得无心，交流的目的自然也难以达到。若能够在语言阐释中加入演示，效果会更好。比如，教师可以尽量展示一下所搜集的材料，包括图片、文字、实物等，图文并茂，同时合理利用课件展示功能，提高说课形式的直观性、生动形象性。事实上，听觉接收的信息是有限的，视听结合更有利于信息的有效吸收。

比如说地理七年级上册第一章第二节"地图"中的"地图上的方向"的教学过程时，说课教师不是用文字描述，而是运用多媒体一边讲授一边演示课件，给专家及同行留下深刻印象。图文并茂，课件精美，使说课有了美感，使听者不由自主、自觉自愿地跟着说课者的思路听下去。

说课还要变着说，以语言的变化感染听说课者。说课最大的弊端就是听说课者无法了解真实课堂教学的实际情况。说课者可在合适的时间将陈述语言变换为描述语言，选择一些具体的教学内容知识点，绘声绘色地描述具体教学过程的实施，如具体如何导入、如何突出重点等，甚至可以模拟教学现场，来一段声情并茂的朗读，或进行模拟真实课堂的讲解、分析表演，展示其中的一段惟妙惟肖的教学过程。这样，既能让听说课者更直观地了解课堂教学的情况，又能展示说课者的讲解能力、分析能力及表演能力，这些都会成为说课的亮点。

台上一分钟，台下十年功。地理教师只有无比热爱教育事业，并具备较强的文本解读能力及教育教学能力，通过朝夕不断地探索积累，不断反思、实践，说课艺术才能不断提高。①

---

① 李侠. 美感说课的策略 ［J］. 中学语文教学参考，2017（20）：75 - 77.

第三节 地理说课的内容美

一、 地理说课的理性美

说课的理性美是指说课者在说课过程中，进行概念、判断、推理等抽象的智力活动和质疑、批判、辩护等理性探险活动所共同创造的审美因素和美感效应综合而成的整体。说课的理性美是高度综合、统一的有机整体，是由各种美的潜因有机组合而形成的一种综合美。

逻辑性是说理艺术的重要特征，逻辑之美是说课理性美的主要表现。在说课中，说理艺术的逻辑之美不仅体现在说理的条理呈现、说理策略的恰当选择和说理环节的巧妙设计等功能属性中，更体现在为实现这些说课过程的辛劳付出所带来的审美愉悦中。在说理中，科学之美体现为说课者在解决教学问题、追求终极知识的理性探险历程中发疑问、立假设、求论证而体验到的幸福愉悦之感。教学真知总是隐藏的，因此，求证真知的过程充满艰辛，但发现真知那一刻，才更能体验到深沉的愉悦。正是科学之美的无穷魅力，促使地理教师"为了艺术而艺术，为了科学而科学"。而这种彻底的求索勇气和纯粹的非功利精神，正是我们这个社会所需要的。①

二、 地理说课的导入美

说课导语是说课的第一个环节。说课导入方法包括开门见山、巧设悬念、即景释题、讲述故事等。我们常把说课者导入课题的那段话称为说课的"导语"，也就是说课的"开场白"。于漪老师说："课的开始，其导语就好比提琴家上弦，歌唱家定调，第一个音定准了，就为演奏或者歌唱奠定了良好的基础。"好的导语犹如优秀的钢琴家弹出的第一个音符，散发出神秘的魅力，吸引着听众。好的导语追求的是"第一锤就敲在听众的心上"，像磁石一样把听众牢牢地吸引住。

（一）导课艺术的主要特点

1. 定向性

在导入环节，说课者应该清楚简洁地告知听说课者以下内容：课题的名称、章节，所用的教材版本，展示的技能等情况。听说课者尽管大都是教学同行，但可能所教授年级不同、所用教材版本不同，因此，说课者有必要把以上内容先交代清楚。

---

① 王长江，任新成. 说课中的说理艺术 [J]. 新课程研究，2012（2）：124－126.

2. 趣味性

众所周知，在课堂教学中缺乏趣味性，课堂就会显得枯燥、呆板、没有生气，学生学习的效率就会大打折扣。听说课者都是成人，从对象来看，说课应该属于成人教育。那么，在成人教育中，也需要趣味性吗？著名教育家巴班斯基认为："一堂课上之所以必须有趣味性，并非为了引起笑声或耗费精力，趣味性应该使课堂上掌握所学材料的认识活动积极化。"成人的学习同样需要趣味性，充满情趣的导课同样能有效地激发听说课者的兴趣，营造说课现场的融洽美好气氛，调控说课的节奏。富有趣味的导课往往会使听众在会心的笑声中达到默契的交流。

3. 新颖性

新奇对任何年龄的人都具有吸引力。新颖的导课往往别具一格，令人耳目一新，从而达到出奇制胜的效果。

4. 启发性

启发性是说课导语富有思想内涵的标志。苏霍姆林斯基说："如果教师不想办法使学生产生情绪高昂和智力振奋的内心状态，就急于传授知识，那么这种知识只能使人产生冷漠的态度，而使不动感情的脑力劳动带来疲劳。"说课导语如果缺乏启发性，就很难吸引熟悉教学内容的同行继续听下去。

5. 简洁性

简洁性是说课语言的特点。说课的导语更应该追求简洁。其一，说课时间一般只有短短的 5～15 分钟。说课导语要精心设计，力求用最精练的话语、最短暂的时间，迅速而巧妙地缩短与听众间的距离，将听众的注意力集中到说课内容上来。其二，说课导语是说课的"引子"，不能"喧宾夺主"，"重头戏"是后面的环节。正如语言大师莎士比亚说："简洁是智慧的灵魂，冗长是肤浅的藻饰。"①

（二）说课导入的方法

1. 开门见山，直接切入

这是目前评比型说课中最常见的形式。登上讲台后，自报家门，单刀直入，切入说课主题。请看下面的说课导语：

我今天说课的内容选自粤教版地理八年级上册第一章第一节"位置和疆域"中的"优越的地理位置"。下面我将从以下 6 个部分进行说课：说教材、说学情、说教法学法、说教学过程、说板书设计及说教学反思。

---

① 王长江.说课的导入艺术［J］.新课程研究，2010（11）：38－39.

上面的导语即属于开门见山。大家可以一目了然地看出它的妙处：入题有力，简洁凝练，朴实无华。

2. 巧设悬念，迂回出击

悬念作为一种学习心理机制，是指人对所学（或所见、所听）对象困惑不解而产生的一种"欲知不得，欲罢不能"的急切等待的心理状态，由未完成感和不满足感而产生，它能极大地激发听众的兴趣，使听众集中注意力，积极思考。在说课导入中，巧妙地设置悬念，是提升说课质量的重要方法，也是说课艺术的体现。说课导入设置悬念要注意：悬念要恰当，要巧妙，要富有趣味。设置悬念的方法主要有以下几种：

（1）设置疑难。说课导入中巧设疑难，可以使听众因疑生趣，由疑诱思。在说课导入中，教师若能结合实际，巧妙地设置悬念性问题，将听众置于"问题解决"的情境中，就可以使听众积极主动地参与到说课中来。请看下面的说课导入：

各位老师，新课程倡导自主学习、合作学习、探究性学习的学习方式，这个理念很先进，有不少地理教师在课堂上尝试采用小组合作学习的方式。但是，实际情况是：课堂秩序很混乱，学习效果很差。这是为什么呢？

这是一次关于"合作学习"的教研型说课。一般来说，大部分地理教师均会从正面讨论合作学习对学生发展的有利影响来导入，而这位教师却是从教学实际出发，独辟蹊径，提出了一个非常朴素而又严肃的问题：先进的教育理念就一定会提高教学质量吗？这个问题，是中学地理教师和地理教育研究专家均会感到困惑且需要认真思考的问题。

（2）违背常理。人的思维是有惯性的，常识的、惯例的东西往往会被人们不加思考地接受，而违背常理的东西则会引发人们的高度关注。巧用违背常理的方式引入说课，往往会收到很好的效果。例如，有位地理教师在授课过程中，由于学生在课堂上提出了一个问题，教师便引导学生分析问题、解决问题，结果耽误了教学时间，影响了教学进程，教学任务没有完成。一般来说，多数教师都是能在课堂上完成预设的教学任务的。于是大家形成了一个惯性：只要完不成教学任务，这节课就是失败的。但是，课堂上一定要完成既定的教学任务吗？下面是这位地理教师违背常理的课后说课导语：

这节课没有完成教学任务，只讲到一半就下课了，但是，每一节课都要定时定量地完成预设的教学任务吗？这个观点对吗？显然，这种基于惯性的认识是有问题的。课堂教学不仅要预设，还要生成。课堂教学是否有意义，要从多个方面去衡量，其中关键的一条是学生的收获。如果学生能有最大程度的收获，即便没有完成既定任务，也仍然是一节好课。

这位教师的说课导入同样引发了大家的深入思考，是一次很成功的说课导入。

（3）欲擒故纵。每个人都会犯错，教师也不例外。说课时，有意示错，然后分析产生错误的原因，再主动寻找正确方向，也是一种导入方式。比如一位地理教师在说课导入时，先演示一个操作错误的实验。这种错误大家常常会犯，接着说课教师再展示正确的操作，也起到了很好的效果。

3. 奇谈妙论，石破天惊

思维源于惊奇。说课中新颖、奇特、美妙的导语，往往给人耳目一新、精神为之一振的感觉。古人云：起句当如爆竹，骤响易彻。开卷之初，当以奇句夺目，使人一见而惊，不敢弃去。文章开头必须讲究落笔艺术，说课的导语也应如此。苏霍姆林斯基对课堂教学的心理因素作过生动的描述："所谓课上得有趣，这就是说，学生带着一种高涨的激动情绪从事学习和思考，对面前展示的真理感到惊奇甚至震惊，学生在学习中感受到自己的智慧力量，体验到创造的欢乐，为人类的智慧和意志的伟大而感到骄傲。"下面是一位地理教师所讲的题为"地理教师如何适应新课程"的说课导语：

当我们梦想教育事业成功的时候，我们有没有更刻苦地做好准备？当我们梦想成为一名优秀教师的时候，我们有没有从细微入手？当我们试图改变学生的时候，我们有没有想过要改变自己？当我们每天都在批评学生的时候，我们有没有想过反省自己？

这四个问题作为说课导语，对于现场听说课的教师来说还是挺有震撼力的，引发了大家内心对新一轮基础教育课程改革的反思。

4. 自嘲搭桥，幽默开路

自嘲就是"向自己开炮"，如果用在开场白里，就是用诙谐的语言巧妙地进行自我介绍，使听众倍感亲切，从而缩短与听众的距离。如何讲求自报家门的艺术？如胡适在一次演讲时这样开头："我今天不是来向诸君作报告的，我是来'胡说'的，因为我姓胡。"话音刚落，听众大笑。这个开场白既巧妙地介绍了自己，体现了演讲者谦逊的修养，提高了亲和力，拉近了与听众的距离，而且还活跃了气氛，为演讲成功奠定了良好基础。说课导入时也可以借鉴这种方式。

5. 即景释题，巧妙过渡

一上台就开始正正经经地说课，会给人生硬突兀的感觉，让听众难以接受。说课伊始不妨从切合情境的实例引申开去，把听众不知不觉地引入说课之中。请看下面的导入：

据新闻报道：今年第14号台风"剑鱼"不走寻常路，登陆越南后杀个"回马枪"，未来将趋向海南、广东。受其影响，海南、广东沿海等地本周或将"泡"在雨中，广州、深圳、三亚等机场或将受影响。台风就是热带气旋强烈发展的一种形式，而我今天说课的课题就是人教版高中地理选择性必修 1 第三章第一节 "常见天气系统" 中的 "低气压（气旋）"。

这种 "即景释题" 的说课引入，引起了听众的关注，调动了听众的热情，激发了听众的兴趣，为后续的内容作了很好的铺垫。

6. 讲述故事，水到渠成

讲故事是教师的基本功之一。课堂教学中经常要讲故事，说课的导入，也可以讲故事。因为，不论是中学生，还是教师，均是喜欢听故事的。下面是一位教师的说课导入：

说课之前，我想先给大家讲一个故事。请看以下一段视频（教师播放自己制作的泰坦尼克号豪华游轮与冰山相撞的动画，并在动画中插入电影《泰坦尼克号》的主题曲《我心永恒》。当动画结束时，教师关闭音乐，接着声情并茂地讲述）。泰坦尼克号是当时世界上体积最庞大、内部设施最豪华的客运轮船，有 "永不沉没" 的美誉。然而不幸的是，在它第一次也是最后一次航行中，却与南下的冰山碰撞而沉没。那么，到底这座万恶的冰山从何而来呢？科学研究发现，这座冰山是随洋流南下的。这给人类以警醒：一旦自然地理现象没有被人们了解，自然地理规律没有被人们发现或被人们忽视，就会给人类造成巨大的灾难！这座冰山的运动有什么自然地理规律呢？到底哪一股洋流是罪魁祸首呢？学生通过学习人教版高中地理选择性必修 1 第四章 "水的运动" 中的第二节 "洋流" 后便可以知晓答案。如何才能更好地提高本节课的教学效率呢？下面我对这节课的教学进行说课。

这种 "故事讲述" 的说课引入，激发了听说课者的听说兴趣。

三、地理说课的过程美

说课的过程一般是：第一步，说教材分析。包括教材的地位及作用、教学内容及其衔接、教学目标的定位及其依据、教学重难点的确定及其依据。第二步，说学情分析。包括学生已有的知识基础及掌握程度、学生的身心特点、学生的学习障碍及教学策略等，重点要评说对学生认知能力的把握。第三步，说教学方法。包括所采用的主要教法和学法名称（一般均不超过三种）及确定这些教法和学法的依据，重点要评说教育理论的支撑。第四步，说教学过程。一般包括导入新课、讲授新课、总结新课、复习巩固、布置作业等教学环节，重点要评说各个教学环节的设计意图。第五步，说板书设计。一个完整的教学过程是离不开板书设计的，包括板书的类型（纲目式、图表式、结构式、联系式或思维导图等）、内容、方式和呈现，重点要评说教师书面表达的基本功：板书要力求结构合理、简明扼要，文字准确、精练、醒目，板图板画科学、美观（板图板画的技术含量较高），图文并茂，重点突出，难点突破，力求为学生呈现一个完整而又清晰的知识脉络，有利于学生快速建立完整的知识框架体系；还要说板书设计的理论依据，板书设计需遵循科学性、针对性、启发性、美感性等原则，处理好板书与讲解的关系。第六步，说教学反思。包括对教学的感悟、困惑、创新、不足和改进等方面，重点要评说将采取的教学策略。

说课的灵魂在于交换思想。交换思想是为了丰富思想、提炼思想和创新思想。要做到真正意义上的说课，使说课成为地理教师愉快的旅行、思想的漫游、成长的阶梯和生命的涌动。①

第四节　美学视野下的地理说课评价标准的构建

要说好一节课或一项教学任务本身就不是一件容易的事情，而要对说课作出恰当的评价更是一件难以把握的事情。这是因为，受不同教育思想和教育理念的支配，必然产生不同的评价标准。② 为使说课活动对地理教学实践有一定的前瞻性和预测性，我们以教育美学为指导，制定了一份比较简单易评定的地理说课评价标准，共分为五个评价指标。

第一个评价指标是说课者对地理课程标准和地理教材的理解程度，这一指标又分为四个评价因素。首先，作为教学安排和教学保证的需要，教师应准确分析所授课教学内容在教材中的地位、作用及与前后知识点之间的联系。其次，教学目标，即地理核心素养的表述全面、明确，教学目标的确立依据恰当，符合课程标准的要求、教学内容和学生实际。再次，教学重点、教学难点把握准确，并能指出教学重点、教学难点确定的依据。最后，教师对课程标准的理解要正确，把握要准确。

第二个评价指标是说课者根据所教内容及对学情的了解程度，介绍其对学生学习方法的指导及其引导的方法环节。说清楚教师自己是如何引导学生由学会到会学的。能否正确引导学生自主学习、合作学习和探究学习，能否充分体现满足学生不同地理学习需求的教学新理念是本指标的评价重点。

第三个评价指标是对说课者所使用的具体教学方法恰当与否的考查评价。重点评价所用教学方法是否符合学生的认知规律，是否能够体现地理学科特点，是否注重对学生进行地理思想和方法的培养等。

第四个评价指标是对说课者所设计的教学程序的评价，这是对说课进行评价的重点指标。该指标共设置七个评价因素：教学过程中的新课引入及其情境设计是否能够全面调动学生积极参与学习活动的兴趣；教学内容的展开及层次的衔接转换是否科学合理，富有逻辑性；所确立的重、难点能否真正取得突破；能否讲练结合，实现教学互动；教学能否贴

---

① 杨忠. 说课的灵魂在于交换思想 [J]. 陕西学前师范学院学报，2016，32（5）：38 - 41.

② 周勇，赵先宇. 说课、听课与评课 [M]. 北京：教育科学出版社，2004.

近生产生活实际，坚持理论联系实际，教学生活中的地理、对学生终身发展有用的地理；能否重视即时反馈，倡导激励发展性评价，全面有效地落实教学目标；板书设计是否科学、精练、生动、新颖、和谐、美观。本指标是说课评价的重点部分。

第五个评价指标是对地理教师教学素养也就是教师基本功的考查和评价。一位好教师，必须有先进的教育理念、良好的师表形象、较强的语言应变能力和独特的教学风格，只有这样才能保证教学任务的圆满完成和教学质量的不断提高。

有了评价指标体系，通常要给每一项指标赋予一定的权重，也就是量化指标（见表7-1），但这种定量赋分在实际的操作中一般还是凭印象和经验去做。为此，在进行说课评价时，评价者要力求做到定量打分与定性分析紧密结合，只有这样才能发现教师教学设计的亮点和疑点，便于引发更为深入的研讨，寻求解决问题的方法和途径。

如果把对地理课程标准和教材的分析比作过河的话，那么对教法学法的分析以及教学程序设计的分析就是教师帮助学生"架桥"、引导学生"过桥"的过程，而教师的素养则是完成"架桥"、实现"过桥"目标的最为关键的因素。因此，评价者对说课者进行以上五个指标的考查，基本上可以使评价者对说课者把握教学资源的能力、设计教学过程的水平及其教学应变能力作出比较客观公正的评价。当然，说课评价是复杂的系统工程，任何评价模式都需要一个与时俱进、不断完善提高的过程。[①]

表7-1 说课评分标准表

评价内容		评定指标	分值	得分
说教材	教材分析	1. 准确分析所授课教学内容在教材中的地位、作用及与前后知识点之间的联系	5	
	说教学目标	2. 教学目标的表述全面、明确，教学目标的确立依据恰当，符合课程标准的要求、教学内容和学生实际	5	
	说教学重难点	3. 教学重点、难点把握准确，并能说出教学重点、难点确定的依据	5	
	说教学方法	4. 教法选择恰当，凸显学生的主体地位，具有启发性；所选学法能与教法有机结合，有利于突出教学重点，突破教学难点，实现教学目标 5. 正确分析学情，所选学法恰当，能培养学生自主、合作、探究的精神 6. 能说出教法及学法选择的理论依据	15	

---

① 王晔. 新课程理念下中学地理说课评价标准的构建 [J]. 教育与教学研究, 2009, 23 (6): 112-114.

（续上表）

评价内容	评定指标	分值	得分
说教学过程	7. 总体设计合理、新颖，能将教法、学法融入教学过程中，落实教学目标的要求 8. 教学思路清晰，教学导入、承转、过渡自然，前后衔接符合学生认知规律 9. 教学活动突出学生的主体地位，注重多向互动，教学重点突出，难点突破，教学时间分配恰当，重视教学信息反馈，及时评价指导 10. 能合理利用教学手段、课程资源 11. 教学无知识性错误，作业布置合理	40	
教学基本功	12. 仪表端庄大方、稳重得体 13. 普通话标准，语言表达流利、精练、逻辑性强、抑扬顿挫，富有启发性和感染力 14. "三板"设计合理，字迹工整，结构美观 15. 教学课件设计科学新颖、制作精美，演示符合现代教育理念，运用恰当 16. 在规定时间内完成说课任务，时间分配合理	30	
合计		100	

思考与探究

　　选择中学地理教材某一节课（45 分钟）的教学内容，说说在美学视野下地理教师如何对其进行说课。说课时间 5 ~ 10 分钟。

第八章　地理说题技能美学

　　说题是有效促进教师专业发展、减轻学生学业负担、有效提高学生学习成绩的一种创新教研教学活动形式。传统的例习题教学往往以教师讲题为主，而"说题"则是双边教学的理想模式。它是教学双方在精心做题的基础上，阐述例习题的解题思路、解题技巧、解题策略以及解题后的感想等。说题与说课相同，均需要艺术，需要情感，均要体现教师的教学风格和艺术魅力。地理教师在说题时，需注意加强自己说题的语言美、形式美。通过美学视野下的说题，学生科学解题方法的培养、综合思维能力的提升就能在例习题教学中得到充分体现，进而总结归纳出解题规律，提高发现问题、分析问题、解决问题的能力，以及发现美、欣赏美、体验美和创造美的能力。

　　希望同学们通过本章的学习，能对美学视野下的地理说题含义及意义有一个全面而深刻的了解，掌握地理教师和学生该如何进行说题。

第一节　美学视野下的地理说题

一、美学视野下的地理说题含义

　　"说课"已形成基本模式，但"说题"该如何说，还处于探索阶段，尤其是在美学视野下如何进行地理说题，更是鲜有人研究。其实，就一定程度上来说，说题是由"说课"演化而来的——"完整性说课"变"小"一点就是"专题性说课"，"专题性说课"再"小"一点就是"说题"了。当然，范围与形式上的"小"并不意味着内涵就少，相反，因切入点小，它能更直接、更清晰地反映一位地理教师所处的教学高度。[①]

　　地理说题的含义是什么？经过教研人员、一线教师等的不断探索，对说题的定义可谓是仁者见仁，智者见智。本书综合各方观点后认为地理说题是教师或学生在精心做题的基

[①]　王厚彪. 浅谈"说题课"[J]. 中学生数理化（学研版），2012（5）：72-73.

础上，对所选题目的命题意图，审题、分析、解答时所采用的思维方式，解题策略及依据，拓展延伸等方面进行阐述，并总结出同类型题目解题规律的教研教学活动形式。

地理教师和学生通过说题，会更加深刻地体会到：寻找地理题目答案的过程其实就是求真求善求美的过程，此过程能促使学生产生欢愉轻松的感觉。衡量地理题目的答案正确与否的标准，很大程度上取决于此答案是否体现人类在取得经济效益、社会效益、文化效益的同时，还能获得生态效益，实现人地和谐、可持续发展，使人类的生产生活变得更和谐，更合乎人们的审美观，使人们心情变得更愉悦。因此，学生通过说题，能够不断认识世界的真，弘扬世界的善，发现世界的美，提高自己发现美、欣赏美、体验美和创造美的能力。

二、美学视野下的地理说题类型

根据说题主体的不同，地理说题可以分为"地理教师说题""地理教师和学生互动说题"及"学生说题"三大类。[①]"地理教师说题"主要是在说题比赛或教研活动中进行的，"地理教师和学生互动说题"及"学生说题"均是地理复习课教学、例习题教学及试卷讲评中有效的教学活动形式。

第二节　美学视野下的地理教师说题

一、美学视野下的地理教师说题的含义

地理教师说题是类似于说课的一种教育教研展示和讨论活动，是说课的延续和创新，是一种深层次备课后的展示。地理教师说题时，不管是说题语言、仪表教态，还是说题内容，均要体现地理教师的教学风格和艺术魅力。以例习题为载体，把例习题内容的美加以提炼与升华，环环紧扣，重点突出，把例习题的命题立意和能力水平考查、考点和考纲要求、解题策略、错误答案剖析、例习题拓展价值、答题规律总结等按照一定的逻辑顺序艺术性地展现出来，即便是没有学生，也要尽其所能地把例习题说得如诗歌般美丽、生动、精彩，其优美与典雅，睿智与自信，会使听说题的领导、专家、教研人员与同行有如沐春风之感。[②]

---

①　陈泽峰.历史教师"说题"活动初探 [J].考试周刊，2012（16）：128，79.
②　徐健.地理说课设计研究——以"区域水土流失及其治理（第二课时）"为例 [J].地理教学，2014（8）：31-34.

二、 美学视野下的地理教师说题的意义

地理教师说题，是"说课"的延伸和创新，是新课程改革对教师的必然要求。新课程改革要求教师要用更少的时间、更高的水平引领学生自主学习、自主发展。[1] 地理教师说题是高质量深层次备课后的展示。说题前，地理教师要进行一系列的准备工作，如仔细查阅相关资料，认真学习相关教育教学理论，深刻研究地理学科知识结构与分类，掌握试题的来源、试题考查的目的、考查的知识点等，通过这些活动，促进教师对教材例习题或中高考试题的研究，从而更有效地把握教材内容和考试命题的趋势与方向，用以指导地理课堂教学，提高地理课堂教学的针对性和有效性。

地理课程标准的实施，为说题提供了广阔的空间。教师在说题时，体现的是教师先进的教育理念、深厚的教育理论功底、理论与实践相结合的能力、地理学科知识掌握程度、解题方法运用能力、教学重难点的把握能力等。说题者要努力寻求现代教育理论的指导，评价者也要努力寻求、分析说题教师的特色与成功经验的教育理论依据，说、评双方围绕着共同的课题达成共识，达到扬长避短或取长补短的效果。说题者得到反馈，进而改进、提高和完善自己的例习题教学方案；听说题者从中得到比较、鉴别和借鉴，得到案例示范和理论滋养两方面的收益。经过这样的历练和洗礼，教师的专业能力、教学能力、教研能力、表达与交流能力都会在无形中得到提升。[2]

三、 美学视野下的地理教师说题内容

到目前为止，地理教师的说题内容和步骤还没有统一的模式。本书主要从八大方面讨论如何说题：说试题来源、说命题背景、说命题立意、说解题策略、说错误答案剖析、说答题规律总结、说试题拓展价值及说教学启示。下面以 2018 年普通高等学校招生全国统一考试（全国卷Ⅰ）文科综合第 37 题为例，说说地理教师如何从八大方面进行"说题"。

（一） 说试题来源

1. 试题呈现

本次说题所选试题来自 2018 年普通高等学校招生全国统一考试（全国卷Ⅰ）文科综合第 37 题，具体表述如下：

37. 阅读图文资料，完成下列要求。（22 分）

乌裕尔河原为嫩江的支流。受嫩江西移、泥沙沉积等影响，乌裕尔河下游排水受阻，

① 陈泽峰. 历史教师"说题"活动初探 [J]. 考试周刊, 2012 (16)：128, 79.
② 蔡军喜. 说题，演好解题教学的优美前奏——记一次教师说题尝试 [J]. 中国数学教育, 2014 (4)：39 – 42.

成为内流河。河水泛滥，最终形成面积相对稳定的扎龙湿地（图10）。扎龙湿地面积广大，积水较浅。

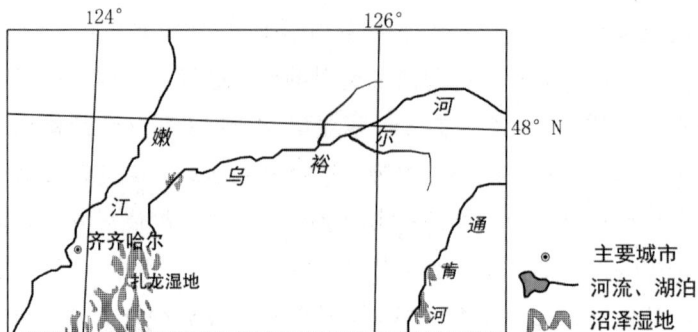

图 10

（1）河流排水受阻常形成堰塞湖，乌裕尔河排水受阻却形成沼泽湿地。据此推测扎龙湿地的地貌、气候特点。（6分）

（2）分析从乌裕尔河成为内流河至扎龙湿地面积稳定，乌裕尔河流域降水量、蒸发量数量关系的变化。（6分）

（3）指出未来扎龙湿地水中含盐量的变化，并说明原因。（6分）

（4）有人建议，通过工程措施恢复乌裕尔河为外流河。你是否同意，并说明理由。（4分）

［答案］（1）地势平坦、开阔；（3分）气候较为干旱（蒸发能力强）。（3分）

（2）降水量基本不变，蒸发量逐渐增大，二者数量关系由降水量大于蒸发量最终变为降水量等于蒸发量。（6分）

（3）变化：水中含盐量逐渐增加。（2分）原因：河水不断为湿地带来盐分（矿物质）；（2分）随着湿地水分蒸发，盐分（矿物质）富集（最终饱和）。（2分）

（4）同意，可防止盐分（矿物质）富集；减少泥沙淤积；扩大鱼类种群规模；减轻水体富营养化。不同意，应减少对自然的干扰；保持湿地水量稳定；保护生物多样性；维护食物链完整（保护丹顶鹤）；防止湿地环境变化。（4分）（其他合理答案酌情给分，但本小题总分不超过4分。所述理由需支持所持立场，否则不得分。）

2. 说选题理由

该题以乌裕尔河和扎龙湿地的形成为背景，考查了湿地的形成条件、河流水量的影响因素、湿地盐度的变化以及人为改造河流的利弊，选材视角新颖、独特，能使学生产生认知冲突，设问具体，探究有深度。① 本题的选择符合地理教师"说题"的选题原则：①试题尽量以图文并茂的方式呈现，而且图像、图表或者文字材料中承载的信息对阐释区域问题具有直接或间接的提示作用，能够充分考查学生获取和解读地理信息的能力。②试题所考查的地理事物或者地理现象能用地理基本概念、原理、规律加以解释，能够突出对地理学科主干知识的考查。③试题尽量体现地理学科的区域性和综合性，以不同区域为背景，呈现区域的自然地理环境特征和人文地理环境特征，能够体现人口、资源、环境的可持续发展问题。④试题中出现的情景应尽量和当今社会人们关注的重要事件、热点问题、生活经验接轨，体现地理学科的时代性和生活性，能满足学生不同的地理学习需要，提高学生的地理素养。⑤难度适中，有良好的区分度，能够充分考查学生的地理综合能力。②

本题第（1）问和第（3）问起点较低，注重考查学生的地理基础知识，突出基础性，不同层次的学生都有得分点；第（2）问和第（4）问充分体现了考纲"考查基础知识的同时，注重能力的考查"这一原则。本题充分体现了探究性和开放性，传递了人地和谐美的理念，突出了学科核心素养的要求，具有较好的信度、效度和区分度，体现一定的难度。本题可成为教与学的良好素材。

（二）说命题背景

社会背景：本题以扎龙湿地为区域载体，考查了湿地此类生态系统的形成机制、作用、发展变化与人类的关系，突出生态平衡的观念，这正契合了我国 21 世纪以来注重环境和生态保护，提出"绿水青山就是金山银山"发展理念的社会背景。

学科背景：命题的学科背景是区域可持续发展和区域环境的综合性，而且命题落脚的湿地、地形、气候（降水量和蒸发量）等也是地理学科的基础性要素。③

（三）说命题立意

命题立意就是地理教师要结合课程标准和考试大纲要求的四项基本能力和课程内容要点，说明命题的意图和初衷。

1. 知识立意

地理学科主干知识是高考考查的重要目标，也是能力考查的重要载体。本题没有考核学生课内死记硬背的知识，而是考核学生对地理基础知识的理解和运用，考核其迅速、准确地从题目中获取对解题有用的地理信息，合理调动和运用地理知识解决地理实际问题的能力，这也是高考地理试题命制的主要方法之一。本题考查的知识原理有：①湿地的形成

① 李忠倩. 基于地理核心素养培养的有效说题探析——以 2018 年全国文综 I 卷第 37 题为例 [J]. 中学教学参考，2019（7）：94 - 95.
② 张鑫，王向东. 浅谈高中地理"说题"中的注意事项 [J]. 地理教学，2014（11）：55 - 57，64.
③ 刘恭祥. 地理微格教学 [M]. 3 版. 厦门：厦门大学出版社，2019：247.

条件。②水循环和水平衡原理。③地理环境的整体性原理。④湿地的盐度变化。⑤人地关系等。

2. 能力立意

能力立意是高考试题命制的宗旨。高考的四项能力要求是：①获取和解读地理信息。②描述和阐释地理事物、基本原理与规律。③调动和运用地理基础知识、地理基本技能。④论证和探讨地理问题。本题从设问来看，对高考四项能力都有进行考查。

3. 素养立意

人地和谐观念是地理课程最为核心的价值观。在真实的情境中，运用所学的地理知识和地理技能去感悟、分析、理解人地关系状况，学以致用，是学生地理实践力的体现。本题以扎龙湿地的文字材料和区域地图为背景，提供了丰富的信息资料，创设了真实的问题情境，呈现了乌裕尔河的变化及影响，扎龙湿地的地貌和气候特征，流域内降水量、蒸发量、径流量数量关系的变化，扎龙湿地水中含盐量的变化及其成因分析，以及流域的综合开发与治理：是否要通过工程措施恢复乌裕尔河为外流河的意见等。通过提供乌裕尔河、扎龙湿地这些区域空间信息，围绕着当地地理环境的变迁，要求考生能运用沼泽的形成、水循环和水平衡的相关原理、湿地生态问题和生态保护的有关知识分析问题，突出了地理核心素养（人地协调观、综合思维、区域认知、地理实践力）的要求。本题将人与自然和谐共生的可持续发展理念巧妙地融入解决地理问题的过程中。试题以真实的地理事物和现象为载体，考查学生的探究能力和综合思维能力；以地理现象、地理过程和地理特征的描述与推测为主线，检测学生的区域认知和综合思维水平；用开放性问题考查学生的地理决策能力及对人地协调观的理解，对人地和谐发展进行探究。

（四）说解题策略

在讲解题方法的过程中，要注重指导学生阅读、获取图文有效解题信息的方法，结合命题背景，从图文信息获取、知识运用能力方面入手，运用所学知识，对实际问题进行分析，从而更好地理解和掌握地理知识。

第（1）题，主要考查沼泽湿地的成因及自然地理环境的整体性特征。从地形方面分析，山区的河流因河床低、河谷深，若下游排水受阻，成为内流河，被堵塞后往往形成堰塞湖。然而，乌裕尔河下游却形成了湿地，据此可判断，扎龙湿地的面积广大，地形平坦开阔，积水较浅。从图中信息可判断当地位于我国东北地区，属于温带季风气候，降水较少且季节变化较大，蒸发旺盛，地面积水量少，没有形成湖泊，但有利于沼泽的形成。气候特点的推测是该题的难点，因为与平时所学的"纬度愈高，气温愈低，蒸发愈弱，愈有利于湿地的形成"不同，该题答案是"气候较为干旱（蒸发能力强）"①。

第（2）题，主要考查水循环和水平衡的有关知识。乌裕尔河原为外流河，因此，从水循环和水平衡的角度分析，多年平均径流量＝多年平均降水量－多年平均蒸发量，其降水量大于蒸发量；乌裕尔河成为内流河和扎龙湿地面积稳定，说明其多年平均径流量变化不大，降水量几乎等于蒸发量，但气候较为干旱，蒸发旺盛，蒸发量逐渐增大。此题从扎龙湿地的角度，让考生描述、阐释扎龙湿地形成、演变的地理过程。乌裕尔河河水不断带来盐分，加上气候变干旱，水分蒸发，盐分便大量积聚在扎龙湿地，未来扎龙湿地水中含盐量将逐渐增加。

第（3）题，主要考查水体含盐量的变化。含盐量的大小主要取决于水量的变化和盐分的变化。湿地水量的变化可以从收入和支出两方面来分析，收入主要包括大气降水和径流注入，支出主要是蒸发。水中盐分的变化主要取决于河流的注入和流出，扎龙湿地没有河流流出，只有乌裕尔河的河水不断注入。蒸发量增加，水量减少，河流含盐量会增加。此题立足"预测未来"，让考生推测"未来扎龙湿地水中含盐量的变化"，辩证思维和逆向思维的考查意图明显，同时体现了对区域认知和综合思维能力的测评。

第（4）题，为开放性试题，可以选择同意或不同意进行分析，言之有理即可。选择同意，可从水体环境、生物多样性、泥沙淤积等方面进行分析：恢复外流河后，河流水文特征会向有利方向发展，可防止盐分富集，减少泥沙淤积，扩大鱼类种群，减轻水体富营养化。若选择不同意，则可从湿地的破坏和保护等方面进行分析：应减少对自然的干扰，保持湿地水量稳定，保护生物多样性，维护食物链完整。

（五）说错误答案剖析

学生答题时，容易出现以下不足：审题不仔细，不能正确全面作答；灵活运用知识解决实际问题的能力有待提高；思路欠清晰，表达欠规范。需特别提醒学生注意：第（1）题，有些学生不知道堰塞湖和沼泽湿地之间的成因差别，即堰塞湖形成于山地地形中，而湿地则形成于土质松软、易渗水、排水能力弱的平坦地形。沼泽植被的覆盖度越大，蒸发量也越大，堰塞湖则较少。第（2）题，有些学生对水平衡原理理解不透彻，搞不清楚外流区与内流区降水量、蒸发量及径流量的变化关系。第（3）题，考查含盐量的变化，个别学生不了解湿地流水只进不出，盐分逐渐堆积，蒸发量增大导致盐分析出，含盐量上升（结合内陆湖泊含盐量较高）的知识。第（4）题，学生地理知识储备不足，综合分析问题的能力还不够强。

① 李忠倩. 基于地理核心素养培养的有效说题探析——以2018年全国文综Ⅰ卷第37题为例［J］. 中学教学参考，2019（7）：94–95.

（六）说答题规律总结

引导学生掌握沼泽湿地的形成条件。沼泽湿地的形成条件一般从来水（降水、支流汇入等）和排水（地形、蒸发、冻土、凌汛等）两个方面进行分析。若地势低洼、排水不畅，则易积水；若蒸发弱，则土壤含水量大；若多冻土发育，则水分不易下渗；若有凌汛现象发生，则其导致的河水泛滥等都是湿地形成的有利条件。

（七）说试题拓展价值

可以启发引导学生进一步全面理解堰塞湖的形成原因：①堰塞湖形成区域内有江河流过，且河床宽度不是很大，尤其是山区的"V"形河谷更有利于堰塞湖的形成。②在地震、降雨、融雪及人类活动等因素的作用下，河岸旁的山体有发生大型滑坡、崩塌、泥石流等自然灾害的可能。③河道上游必须有充分的水源条件或极强降雨的汇流条件。①

（八）说教学启示

1. 地理教师要不断提高说题能力

（1）地理教师要紧密围绕主题进行说题。地理教师说题可以结合教材中典型案例进行案例迁移或者知识点迁移，但是讲解试题时要注意拓展适当，不要偏离主题太远。说题时要说与试题相关的知识点，有针对性地强调知识点之间的内在联系，知识联系网不能构建得太大，要抓住重点、抓住关键，要针对试题中某一突出问题讲清讲透。说题时要控制好节奏和时间，合理安排说题环节，前后衔接过渡自然，突出说题的主要内容，强调重点，时间最好控制在 5 ~ 15 分钟之内。

（2）地理教师要指导学生解题方法。立足地理学科核心素养开展中学地理说题教学，要注重立足学情，结合具体例习题做好针对性的引导，使学生掌握解题思路与方法，教给学生图文转换的方法，着重培养学生读图分析能力。提高学生获取文字、图表等材料中有用信息的能力，把握解题的关键点，从而对地理知识进行有效应用，以培养学生地理核心素养，提高学生析题、解题能力和发现美、创造美的能力。

2. 地理教师要不断提高教学能力

（1）渗透地理思想方法。学生只有掌握了地理思想方法，才能真正学会地理。人地协调观尤其是地理课程最为核心的价值观，教师在日常教学中应注重渗透可持续发展思想，促进人与自然和谐共生。

（2）注重回归教材。在地理教学过程中，要以课本为本，以地理课程标准和考纲为指

---

① 刘增利. 高考五年真题 [M]. 北京：开明出版社，2018：D_5.

导，这不仅能保证教学内容与教学目标不跑偏，而且还会起到事半功倍的效果。^① 部分学生在复习阶段容易陷入"题海战"，脱离地理教材，结果是事倍功半。教师可依据课标、考纲、教材构建知识体系，把握教学重难点，坚持将地理主干知识复习放在首要地位。而学生的主要抓手就是教材。学生只有透彻理解教材里的地理概念、地理原理、地理规律和地理过程等，不断提高读图分析能力、图文转换能力，才能灵活运用所学地理知识解决实际问题，培养综合思维能力。

第三节　美学视野下的地理教师和学生互动说题

一、　美学视野下的地理教师和学生互动说题的含义

地理教师和学生互动说题是一种教学研究活动，以试题为载体，通过对学生说命题立意和能力水平考查、说考点和考纲要求、说审题、说试题讲解过程、说错误答案剖析、说答题规律总结、说试题价值拓展等，指导学生如何从地理视角出发，获取试题图文资料中的有效信息，运用地理知识对地理事物、地理现象或地理规律等进行科学描述和阐释，促进学生地理思维的形成，提高学生运用所学地理知识分析、解决实际问题的能力^②，使学生在如饮醇醪、不觉自醉的佳境中顿悟提高。

二、　美学视野下的地理教师和学生互动说题的误区

为了更好地提高地理课堂教学效率和教学质量，更加有效地培养学生的地理核心素养，地理教师说题教学除了需要注意把握地理学科特点，关注学生学情，使地理说题教学更具有针对性外，还要避免陷入传统地理例习题教学时习惯性的讲题误区。

误区一：一讲到底，限制参与。课堂上唱独角戏，地理教师独自承担审题、解题、总结等任务，一讲到底，没有师生互动，学生的主体地位被忽视，地理教师的主导作用也未能充分发挥。

误区二：超前提示，遏制思考。在题目出示后，未等学生进行思考或学生的思考刚刚"起步"，便急于提示或抽出题中的关键语句，或提供适合本题的解题思路和方法，使题目很快得以解决。地理教师认为这种"一帆风顺"的解题方式，既节省了时间又避免了偏差，常常为此沾沾自喜。殊不知，这样讲题，是越俎代庖，以教师的思维替代学生的思维，扼杀了学生的独立思考能力，学生的综合思维能力难以培养。

① 宋刚．"说"得深，才能"做"得好——例谈"说题"[J]．课程教材教学研究，2017（3）：43-46．
② 张鑫，王向东．浅谈高中地理"说题"中的注意事项[J]．地理教学，2014（11）：55-57，64．

误区三：直线讲解，阻拦发散。长期受"以教师为中心"观念的影响，有些地理教师在讲题时，把工厂流水线作业模式用到讲题中来：对学生提出的异议、不同思路，往往采取"阻拦"的方式，固守自己事先备好的"思路"，不敢放开发散，一切按计划办，缺乏教育的敏感与机智。

误区四：着眼结果，放松过程。讲题时，地理教师始终把着眼点放在最后的答案上，而不是引导学生分析得到答案的过程上。殊不知过程比结果更重要，过程中有方法，过程中有能力，只有突出过程，才能潜移默化地培养能力。

误区五：就题论题，忽视归纳。讲题时，地理教师得出正确答案后，没有进行归纳总结，只停留于这个问题该怎样解决而不能升华为这类问题该怎样解决、与其他问题怎样联系，渗透不够。

为了避免讲题时出现上述误区，在例习题课教学中，要融入新课程理念，凸显"过程与方法"，变"地理教师讲题"为"地理教师和学生互动说题"。① 相比于讲题，说题要求更高，需要地理教师和学生从地理核心素养、地理课程标准、地理考试大纲、教法、学情等多维度审视题目。

三、 美学视野下的地理教师和学生互动说题应遵循的原则

为了使说题起到更好的作用，按照现代教学观和方法论，应该遵循如下几条原则：

1. 计划性原则

说题教学要有目的、有计划，要做好充分的准备才能有效地调控课堂。所选的题目、说题的内容均要符合尽可能多的学生的最近发展区，不能故弄玄虚。

2. 层次性原则

说题的主要目的是教师和学生通过说题的方式对题目进行研讨，从而提高解题能力。训练的题目要由易到难，由浅入深，层层递进。说题教学切忌急于求成，急则弄巧成拙，应由基础阶段向提高阶段逐步发展、完善，既不忽视基础，也不回避难题。

3. 学生主体性原则

说题要遵循"教师为主导，学生为主体"的原则。为了突出学生的主体地位，提高学生自主学习获取知识的能力，学生应学会自己与自己交流、自己评价自己、自己独立解决问题。教师要让学生真实地说出自己的解题思路和方法，引导学生积极思考，生生相互切磋，师生达成共识，进而完善解题思路、解题方法及解题内容。②

四、 美学视野下的地理教师和学生互动说题的内容

根据地理学科特点和学生的能力特征等，美学视野下的地理教师和学生互动说题主要

① 桂晓宇．从讲题到说题——数学例习题课教学新演绎［J］．数学教学通讯，2011（33）：33–34.
② 姜丽芳．教师与学生互动说题——提高解题能力的有效途径［J］．数学学习与研究，2011（23）：62，64.

包括以下内容：说命题意图；说解题策略；说错误答案剖析；说题目所涉及的是地理陈述性知识、地理程序性知识还是地理策略性知识等；说题目的条件和问题及其相互关系，特别要注意挖掘隐含条件[1]；说答题规律总结；说题目的拓展价值及对教学、考试的启示等。

地理教师和学生互动说题是一种教学教研活动，是一种有效的教学手段，也是一种促进教师专业发展和促进学生学习的有效途径。说题可加深教师对试题的认识和理解，提高备考的针对性和效率。说题的最主要目的是促使地理教师研究教材、研究题型、寻找题根，让地理教师从一个"讲题者"变成"研题者"，成为会解题、会命题、会研题、会说题的地理教师。同时，为了激发学生主动思维，教师应成为点火人。地理教师在上课时也可让学生自己编写地理习题，针对某个地理知识，启发学生思考可能会命哪些题，以此激发学生的积极思维。新课程强调教师要用较少的时间、较高的水平引领学生自主学习、自主发展[2]，通过说题，教师可以做到胸中有丘壑，高屋建瓴地指导学生形成自主学习的策略、科学的解题方法。在学生偏离学习方向时能及时地将其拉回既定轨道上来，提高学生分析问题、解决问题的能力。

第四节 美学视野下的学生说题

一、 美学视野下的学生说题的含义

"学生说题"的含义是什么？就目前而言，并没有一个公认的、令人满意的解释。综合各家观点，本书将"学生说题"定义为：是指学生在教师的引导下，经过认真、细致、严谨地审题，充分思考、分析、判断后认真做题，并说出对所解决问题题目的题意、命题意图、条件与结论、涉及的知识点、解题思路与方法、解题过程、解题错误及原因、问题的拓展价值、与学过的哪一类问题相似、解题后的感想等方面的思考，在以生生互动为主的交流中完成教学目标的教学方式。当然，学生说题并不要求以上各个方面都要面面俱到，只需从以上某几个角度积极思考，说出自己的思考结果就行。在学生说题的过程中，会不同程度地暴露学生的思维过程问题，便于教师立即诊断，适时引导。

学生说题教学与传统例习题教学的主要区别是：传统例习题教学的主角是教师，而学生说题教学的主角是学生。教师讲学生听的被动学习局面被学生说题所打破。学生说题并不是对"做题"的否定，恰恰相反，它是对"做题"的一种补充和拓展。学生说题能让课堂教学更有效。[3] 为了鼓励学生敢说、乐说，教师要努力营造民主、平等、和谐的课堂

① 沈育昌. 学生积极说题 教师捕捉精彩 [J]. 中国教师，2011（S1）：74-75.
② 游忠. 解题、说题、命题：教师教学成长"三步曲"[J]. 地理教育，2012（6）：47.
③ 苏建强. "说题"——让课堂教学更有效 [J]. 中学数学杂志，2011（12）：28-30.

教学氛围，让学生大胆地"说"，自觉地尝试失败和体验成功。通过学生的"说"，促进学生的"学"，充分挖掘学生的潜能①，构建灵动的地理课堂，使课堂教学更精彩。

二、 美学视野下的学生说题的意义

传统的习题讲解或试卷分析课可能是这样的：

教师"沉浸式"讲题："这道题的答案是这样的""第×题的解题思路是这样的""错误比较多的是以下几道"，师生缺少互动，教师自问自答，学生独立钻研试题的时间几乎为零。学生感觉课堂上老师所讲的内容基本上都能听懂，但自己做题时又无从下手。

美国学者埃德加·戴尔提出的"学习金字塔理论"表明：学生如果有机会教别人他正在学习的东西，那么他对这项学习的保持率可高达90%。而合作学习的积极倡导者美国学者约翰兄弟认为：学生在聆听同学的阐述时，更容易产生共鸣，从而利于知识的内化。实践表明，当学生置身于具体的问题情境之中，即使思索后暂时得不出结论，也会有所领悟，而这种领悟对思维能力的提高至关重要。由此可见，课堂上，教师适当引导学生说题是提高教学有效性的重要途径之一。"磨刀不误砍柴工"，在例习题教学中，放手让学生自己分析题意，思考解题的思路和方法，独自得出题目答案，变教师的"一言堂"为学生的"群言堂"，往往能达到事半功倍的效果。②

说题是地理例习题教学的有效方法。学生说题是教师的教与学生的学中间的一个平衡点，能充分发挥学生的主体作用。学生说题既可以说条件与结论，也可以说他们所理解的命题意图，还可以说解题思路和读题解题感悟，甚至说出一系列变式和知识点的关联，从而达到充分暴露思维过程，激发潜能，提升交流能力，增强学习自信的目的与价值。③

"说"的过程，是内部思维外部言语化的过程，能把内隐的思维过程中的问题显现出来，这些问题往往是学生学习的疑难之处，是真正需要在教学中解决的重难点。因此，教师在听学生"说"的过程中应注意了解他们的认知状况、思维症结，从而判断学生思考、解决问题的途径、方法、策略正确与否，及时诊断、纠正、调整教学，使教师的教建立在学生需求之上，提高教学的针对性和有效性。④

三、 美学视野下的学生说题内容

对不同的学生，说题的内容也应不同。学生说题教学一般分为五个步骤：说审题、说思路、说答案、说错因、说反思。

---

① 殷伟康. "数学说题"教学的原则与教育功能 ［J］. 教育理论与实践, 2011, 31（14）：54 – 55.
② 苏建强. "说题"——让课堂教学更有效 ［J］. 中学数学杂志, 2011（12）：28 – 30.
③ 王柳娟."学生说题"的基本要素与教育意义 ［J］. 中学数学月刊, 2022（1）：13 – 14, 42.
④ 郭钻钟. 学生"说"地理之有效教学的策略 ［J］. 文教资料, 2015（30）：172 – 175.

（一）说审题

获取和解读信息能力是高考考查的四大能力之一，即我们课堂上常说的审题。审题能力的高低直接影响学生答题分数的高低，为了更好地应用教材知识，描述和阐述地理问题，必须审清题目。在审清题目的基础上，能够说清题意，才能为后面的解题提供重要的依据。拿来一道题目，先要审题，审题就是审清题意的过程，它是解题的第一步。审题的目的，主要是为答案的组织提供依据，审题是一审背景，二审材料，说题教学中可依照此法，一说背景，二说材料。

1. 说背景

就是说试题考查的背景，把握好试题考查的意图及范围。在考试过程中，没有过多的时间作缜密的思考，如何在短时间内明确出题者的考查意图就是解题的重中之重。可以从题目的材料中获得有效的信息，也可以根据题目中的设问找出考查范围。

2. 说材料

地理试题材料的呈现方式很多，主要有两大类，一类是文字材料，一类是图表材料。学生要在有限的时间内从这些材料中提取有效信息，再根据相关地理原理等加以分析，然后再得出正确的结论。如何从地理试题中的文字和图表材料中提取对解题有效的信息，再利用这些信息创设解题情境，是地理解题的关键。因此，对地理试题材料的分析和解读尤为重要。说地理材料，就要从地理试题的两大呈现方式去入手。

（1）说文字材料。

说文字材料，主要是说文字材料中的关键词，如说文字材料中的地理数据（如时间、地理位置等）、地理概念、地理原理等，可以因题制宜，确定解题思路。说文字材料，是解题过程中一个重要环节，怎样理清楚各文字之间的关联性，如何把文字中的已有材料和知识储备联系起来，是训练学生说题的重要目标。更重要的是把题目中的文字材料归纳整理起来，为组织答案提供有力的依据。例如某题目叙述"下图为我国 2013 年 11 月 24 日 8 时天气形势图（单位：百帕）"，这则文字材料中时间为 11 月 24 日，说明是我国的冬半年，从而知道隐含的材料是亚欧大陆正常应该受到亚洲高压（蒙古—西伯利亚高压）的控制，如果受到亚洲高压的影响，该地一般是晴朗的天气。让学生多关注文字材料中的地理数据，说一说地理数据的应用，发散学生的地理思维，为解题提供必要的数据依据。学生通过自己说，能够加深对所学知识的理解和掌握。

（2）说图表材料。

①说区域地图材料。在地理试卷中，无论是命制选择题还是综合题，地图材料都是不可或缺的图表材料之一。尤其是从近几年的地理试卷来看，世界某区域或中国某区域的区域地图是必考内容。读图能力是学生必须掌握的地理能力之一。说地图材料，主要可从以下三方面进行：

第一，说空间定位。空间定位不准确，思维就难以展开，解题也就无法深入进行。因此准确的空间定位是说地图材料的第一步。判断空间定位，要求学生记住一些重要的经纬网，例如北京的地理坐标大约是（40°N，116°E），这要求在说题过程中对学生进行训练。

第二，说地图图例。引导学生认真读图例，这对于解题来说事半功倍。题目中的图例往往对解题具有提示作用，例如资源、河流、等高线、等温线、油气管道等这些图例信息往往与问题答案有联系，一般对解题无用的图例信息是不会在题目中出现的。

第三，说其他信息。除了空间定位涉及的经纬度和图例信息外，地图上的行政区域界线、交通线路、山脉的走向及海拔高度、河流的流程流向及流域面积等都是非常重要的解题信息，综合分析这些信息，就能找到解题的突破口。

②说坐标类图表。地理坐标图，首先要弄清楚横坐标和纵坐标各表示什么含义，再搞清楚横坐标和纵坐标之间的关系。说地理坐标图应分成几个步骤：第一，先说图名。说图名的目的是搞清该图要表达的主题，为解题提供方向。第二，说图例，图例一般能够给解题者提供思考的方向。第三，说横坐标和纵坐标各代表的含义及两者之间的关系，这一步，是解题的关键。在坐标图中还有一些题目涉及的是一个横坐标、若干个纵坐标的情况，这时候要逐个分析横坐标和若干个纵坐标的关系，再分析纵坐标和纵坐标之间的关系。还有一些是三角坐标图，这些则要掌握一般的读图方法。

③说等值线类图表。等值线类的地理图表，解题关键是要明确等值线的概念，即数值相等的点的连线形成等值线，相邻的等值线等值距相等。无论什么类型的等值线，搞清楚等值线的概念会使解题事半功倍。

（二）说思路

说思路，就是指用自己的语言有条理地叙述解题方案。如果遇到的是熟悉的地理题型，就可以根据以往的解题经验进行模仿；如果遇到的是不熟悉的地理题型，则可以先说说由题目的条件能得出哪些结论，这些结论能否解决设问中的问题。经过深入探索，学生解题思路就会越来越清晰，地理思维能力和地理表达与交流能力也会得到提高。

1. 说问题的指向

一般来讲题目的设问会清晰给出问题的指向，学生在解题过程中就要把关键词找到，找到这个关键词才能找到解题需要调取的信息。如2014年高考浙江卷的第36题第三问："简析图2区域围海造田有利的自然条件"，在这个设问中的关键词就是围海造田、自然条件。搞清楚问的是什么，就可以去材料中找信息，来解决这个问题。

2. 说信息的分析

从近几年高考地理试题来看，基本上不可能通过识记直接得出答案，而是需要进一步分析判断。这就要求一定要有效地从题目中获取和整理信息，来提高解题的指向性。因此信息的有效提取和筛选是分析问题的前提和核心。在具体说解题的过程中，应该针对试题设问，说说在材料中如何寻找相关的有效信息，并对各种信息进行综合分析、推理与判断。

3. 说知识的应用

只有系统地掌握地理知识，理解地理规律和地理原理，才可能对已有知识进行比较和分析，才可能灵活应用所学知识解决具体的问题。高考地理试题无论从取材、情境还是从立意、设问上看都是新颖的，往往用新情境、新原理等来考查学生临场的应变能力。从近年试题来看，对地理基本原理、基本规律的理解程度，对知识之间联系的掌握程度的要求越来越高，真正达到考查学生运用所学知识分析问题、解决问题的能力。明确解题思路是合理组织答案的基础，是衔接审题与答案的重要桥梁。

（三）说答案

即有效地组织试题答案。很多学生均能从试题所给材料中获取有效信息，也拥有足够的知识储备，能把信息和知识进行对接，但得分情况仍然不够理想。究其原因主要是答案欠缺科学性、逻辑性及全面性，没有用专业的地理术语表述地理问题。一般来说，地理答案的文字组织要注意以下两个方面：①能精准地组织答案：确定答案的方向，注意答案的逻辑性，注重答案的全面性。②能准确地表述答案：语言专业而精练，书写规范且条理清晰。①

（四）说错因

说题不仅要说"妙解"，更重要的是要说"错因"。试卷中错解典型的题目，也应该让学生说出来，引起学生高度注意，以防以后再出错。实践证明，有的错误很"顽固"，只有亲身体验了，或者经过多次纠正后才能改正过来。所以说，追究"错因"更具有实质意义。②

（五）说反思

说完地理题目后，还需进行说题反思。说一说整个解题过程的整体思路；理一理说题过程应用到了哪些地理知识点，哪些知识点是自己应用得比较好的，哪些知识点是自己还没有弄明白，需要进一步仔细研究的；说一说如果自己是命题者，在这个题目材料背景下还可以命制什么题目，等等。通过说题反思，可以使学生对学习过程进行及时总结、检验，进一步熟练掌握所学地理知识与地理试题的关系。③

① 靳凤．"说题"对高中学生学习有效性的提升［J］．西部素质教育，2015（2）：110-111．
② 汪志强，毛光寿．高三数学试卷分析课中的"说题"［J］．中学教学参考，2009（14）：4-5．
③ 靳凤．"说题"对高中学生学习有效性的提升［J］．西部素质教育，2015（2）：110-111．

四、 美学视野下的学生说题应注意的问题

为了使全体学生进行说题活动后，都能深受启发、有所提高，学生说题需注意以下问题：

（一）说题过程的循序渐进性

说题活动大致要经历三个阶段性的发展过程：教师示范（学生感悟）阶段→学生模仿（学生体验）阶段→学生正式说题（学生掌握运用）阶段。说题过程中关键要让学生清楚了解说题的目的、要求，明确说题在实践中的具体意义和在整个学习过程中的作用，引起学生的重视，为此，要做到四适：示范适中，点拨适时，启发适当，评价适度，切忌一蹴而就。

（二）说题内容选择的广泛性

题目的选择应具备四性：灵活性、代表性、典型性、综合性。过难、过易都是不恰当的。应坚持的原则是：难度上先易后难，程序上先课本后课外，知识上先点后面，数量上先单一后成批，广度上先封闭后开放，切忌以偏概全。

（三）说题主体参与的全面性

学生群体间有差别，个体能力中又有强弱之分，因而必须坚持因材施教的原则，既保证人人参与其中又各有侧重。如让优秀学生完成说题全部环节，后进生只说某一项或几项内容，或采取小组内分工与协作的形式，充分调动全体学生说题的积极性、主动性、参与性和创造性，激发求知欲，切忌顾此失彼或面面俱到。[①]

（四）说题主体错题说题

地理教师在讲课过程中经常会遇到令人头疼的情况：一些出错频率高的题目，其实学生已反复练习过或考测过，教师也曾作过多次重点讲解和分析，可一段时间后让学生重做一遍或重考一次，大多数学生仍会做错。学生仿佛面对的还是新题一样，解题时出现张冠李戴、生搬硬套、表达无序且不够严谨等情况。不少地理教师处理这类问题常用的教学模式为：教师讲授→学生被动接受→反复训练→学生"强记"。由于学生在这个过程中被当作装知识的容器，处于被动、强记的状态，对知识的理解是肤浅的，没有内化成自己的知识体系，更没有熟练运用迁移到能力层面，因此导致教学效果不好。但若能利用"错题说题"处理上述问题，反而能收到较好的教学效果。

"错题"即为学生做错的题目。所谓"错题说题"，就是让学生把自己所做错题的错

---

① 沈建军. 浅谈数学课堂中的说题教学［J］. 新课程研究（下旬刊），2011（1）：165－167.

误解题过程，即自己是如何审题、分析、解答和回顾的思维过程按一定规律、一定顺序说出来。其主要操作流程为：课前整理错题→课内说错题→课后交流整理，具体操作步骤如下：

1. 课前整理错题

课前，每位学生在订正错题的基础上，建立错题集，将同类问题编写在一起，教师适时地加入学生的讨论之中，从中精选出有代表性的典型的错误解法及答案等，让学生做好说题准备。

2. 课内说错题

上课的时候，教师可先让学生在学习小组内说错题，同组同学帮助、评议、完善；然后每组派一个代表在全班"话说"错题；最后经全班评议，达成共识。

（1）说错误原因。说错题的关键就是让学生说出错误原因。让学生自己去分析错误原因，自己去体会解题过程，自己去总结解题规律，这有利于地理教师发现学生解题的错误根源，提醒全班学生注意，以免再次出现同样的错误。学生的主体作用也才能得到有效发挥。

（2）说解题方法。当学生说出上述问题的错误原因和正确解法后，教师再适时地加以点拨和引导。① 地理教师要引导学生分析错因，避免一错再错。教师要想学生避免再犯同样的"病"，关键在于能否开出解题"良方"。对一份试卷，学生出错的原因可能很多，也会因人而异，但总的来说有以下几种：①综合运用知识的能力不强。对此，讲评时应重点讲解题思路、解题方法和技巧；加强思维和方法指导，避免随意答题的现象发生。②出现知识漏洞。教师讲评时应及时复习相关知识，进一步帮助学生补充、完善、建构完整的知识体系，亡羊补牢是减少下次失误的重要措施。③粗心大意。多为审题不慎造成，如对关键字眼、隐含条件、答题要求未弄清楚就草草作答，或是答题不规范、计算出错等，因此教会学生审题，养成良好习惯是减少失误的重要措施。④心理紧张。讲评时要提醒学生认真总结，吸取教训，考试前，可运用"超觉静思法"等缓解紧张情绪，培养学生良好的应试心理素质。②

3. 课后交流整理

课后，针对某些共同的"错解"，学生结成"纠错互助小组"，开展纠错活动。这是课内"错题说题"向课外的延伸，利用这种形式，开展合作学习，熟练利用"错题说题"方法，提升思维水平。

通过小组合作说错题，创设各抒己见的探究性学习环境。当学生自己说错题和对他人的错误解答进行评议时，思维得以激活，思考得以倾吐，问题得以发现，智能得以提高，

① 马进．"错题说题"的教学作用［J］．上海中学数学，2010（5）：31-33.
② 廖书庆．如何上好地理试卷讲评课［J］．地理教学，2003（2）：36.

合作精神得以培养。"错题说题"能使学生及时反思自己的错误，复习有关知识，从而实现再创造。"错题说题"是一种新型的互动教学模式，它可以帮助学生摆脱题海战术，学会归纳总结，真正达到减负增效的目的。[①]

在说题过程中，学生出现的思维偏差能得到教师及时纠正。学生说题锻炼了学生的逻辑思维能力、表达能力和解决地理问题的能力。通过面向全体学生的说，带动全体学生的学，实现全体学生的会。通过说题，学生能够举一反三，掌握同类型题的解法，解题的思维品质得到培养，解题能力得到提高。学生养成"说题、想题、做题、反思题"的良好学习习惯。听学生说题，也有利于转变教师的教育理念，培养学生的创新意识和创新思维、勇于探索和创新的精神。

但说题也不是万能的，因为说题重在"说"，"说"与"做"还是存在较大差距的。如果学生只重视"说"，而忽视"做"，效果可能会大打折扣。所以，"说"与"做"要相结合，任何一方都不能偏废，才能达到较好的教学效果。总的来说，学生说题是实现主动获取知识、培养良好思维习惯、提高审美能力的一种很有效的方法。[②]

思考与探究

1. 说说地理说题的含义及类型。
2. 选择一道或多道地理中考或高考试题，进行说题。

① 马进. "错题说题"的教学作用 [J]. 上海中学数学, 2010 (5): 31 - 33.
② 滕晓. "进出口贸易实务"复习课因"说题"而精彩 [J]. 职业教育（中旬刊）, 2013 (12): 68 - 72.

第九章　地理微课教学技能美学

本章导读

　　随着我国科学技术水平以及教育教学的发展，集形式"微"、内容"精"和效果"妙"于一体的微课，以其新型的教育教学方式逐渐走进教师和学生的视野，并在近几年得到了迅猛的发展。微课作为一种集声、色、画等多种元素于一体的新兴教学设计模式，具有短小、精练、针对性强等特点，已走进中学地理课堂，成为一种新型的地理教育教学模式。微视频具有传统教学媒体所不具备的诸多优点。为了打造高效的地理课堂，地理教师课前要精心设计微视频，将其合理地运用到地理课堂教学中，点燃课堂，激发学生地理学习的兴趣和热情；辅助课堂，化解学生地理学习的障碍；提升课堂，给地理教育注入生机与活力，让地理课堂异彩纷呈，魅力绽放。

　　希望同学们通过本章的学习，能全面了解美学视野下的地理微课教学含义、意义及地理微课的制作设计，不断提高自身的审美素养；注重学以致用，躬身实践，能够独自制作精美的、时长 5～15 分钟的中学地理课堂教学视频。并以此为起点，积极投身微时代，了解微课程，引领微潮流，开启地理审美教育新境界。

第一节　美学视野下的地理微课教学含义

一、　微课的起源与发展

　　微课是信息技术高度发展的产物。信息技术改变了人类学习和工作的方式方法，赋予教育新的内涵和要求，导致教学模式发生革命性变革。"微课"这个概念，最早是由被人们戏称为"一分钟教授"的美国新墨西哥州圣胡安学院高级教学设计师、社区学院在线服务经理戴维·彭罗斯于 2008 年秋提出来的，他把微课称为"知识脉冲"。其核心理念是要求教师把教学内容与教学目标紧密地联系起来，以产生一种"更加聚焦的学习体验"。国外越来越重视"微课""微视频"的研究。

　　随着以可汗学院与 TED—Ed 为代表的国外在线微视频（时长 5～15 分钟）学习资源

的出现与流行，以及大规模在线开放课程（MOOC，慕课）和"翻转课堂"等教学模式中使用微视频作为教学资源以供学生自主学习，教师们开始对微视频运用于课堂教学的可行性进行探索。

在国内，自 2011 年起，以"佛山市中小学优秀微课作品展播平台"为代表，以及 2012 年 9 月开展的由教育部教育管理信息中心主办的第一届中国微课大赛为标志，国内对微课程的探索与实践在中小学一线教师中广泛铺开，[①] 微课在全国发展起来，教学效果开始显现。随着微课在我国的不断发展和慕课媒介技术环境等的逐渐成熟，地理教育专家和地理教师逐渐认识到结合了实体课堂教学与在线学习的混合教学模式 SPOC，即小规模限制性在线课程，已成为当前中学地理教学改革的方向。在 SPOC 混合教学模式中，引入微课视频至"翻转课堂"开展地理教学活动已取得良好效果。[②]

微时代下地理教师的工作任务已经不仅仅是课堂教学那么简单了，他们还需要承担为学生收集、开发和创设教学信息资源，营造良好教学环境的责任，从而使得学生在学习过程中可以通过多元化的途径来获取教学信息资源。地理教师仅通过课堂教学进行传道、授业和解惑的传统课堂教学格局已发生改变，教师的权威性已被打破。地理微课能充分发挥现代信息技术的优势，将信息技术与地理课程全面深度融合，在实现优质教育资源共享、教育质量提高、课程理念更新、教学模式创新等方面具有重要作用。那么什么叫作地理微课？

二、　地理微课的含义

从 2013 年开始，随着高效课堂、可汗学院、"翻转课堂"等新概念的普及，微课已经悄然进入我们的视野，越来越多的地理教师开始加入地理微课建设的队伍，从逐渐关注、使用再到设计、开发和研究。国内包括高校学者、区域教育研究者、一线教师等对微课进行了研究或实施，在提法上有"微型课程""微课程""微课"等。而即使是名称相同，其界定的范围、资源组织模式也不尽相同。

对这一领域研究和实践最为系统的是广东省佛山市教育局教育信息网络中心的胡铁生老师。他于 2010 年率先提出了"微课"概念：微课是根据新课程标准和课堂教学实践，以教学视频为主要呈现方式，反映教师在针对某个知识点或环节的教学活动中所运用和生成的各种教学资源的有机结合体。微课具有主题突出、类型多样、情景真实、交互性强、生成性强、使用方便等诸多优点。他认为，微课最初是"微型教学视频课例"的简称，它以微型教学视频为核心，是由微教案、微课件、微练习、微反思等组成的一个资源应用生态环境。它强调的是资源的有机组成和可扩充性、开放性、生成性、发展性。而微课程是

---

①　蔡跃. 微课程设计与制作教程［M］. 上海：华东师范大学出版社，2014：1 - 2.

②　秦鹏，宗全利，金凯，等. "地理信息系统（GIS）"微课设计初探［J］. 教育教学论坛，2020（17）：258 - 260.

"微型网络课程"的简称，除了相关的资源外，还包括相应的教学活动，是某门学科知识点的教学内容及实施的教学活动的总和。微课的高级阶段或发展趋势，应该是走向微课程。有研究者认为，微课是国内研究者对微课程这一术语的新解读，使其更加本土化，更易为国内教育工作者所接受，同时，其资源组织方式也满足了随时、随地进行移动学习的需求。

关于"微课"的定义，最为广大一线教师所广泛接受的是：微课是一线教师自行开发，时间在5分钟左右的微小课程，源于教师的教育教学实际，为教师所需，为教师所用，解决了课堂教学中的棘手问题；微课不仅是一种工具，更是一种教师成长的新范式。这种理解体现了一线教师对这一概念理解的实践性一面，也是微课得到关注和广泛应用的重要原因。微课的核心组成内容是课堂教学视频（课例片段），同时还包含与该教学主题相关的教学设计、教学课件、教学反思、练习测试及学生反馈、教师点评等辅助性教学资源，它们以一定的组织关系和呈现方式共同"营造"了一个半结构化、主题式的资源单元应用"小环境"。因此，微课虽然有别于传统单一资源类型的教学课例、教学课件、教学设计、教学反思等教学资源，却是在其基础上继承和发展起来的一种新型教学资源。①

借鉴各家观点，结合地理学科特点，本书认为：地理微课，顾名思义就是微型或微小的地理教学授课模式，是地理教师自行开发的地理教学视频，此视频是按照地理新课程标准及地理教学实践要求，由多种教学资源有机构成的，记录教师在地理教学过程中，针对某个地理问题比较突出的知识点或教学环节而开展的精彩的教与学活动全过程，一般时长5～15分钟，最长不超过20分钟。② 其核心组成是利用相关的课件、测试、反馈、点评等辅助性资源，针对性地解决地理课堂教学中问题比较集中或者突出的一到两个知识点。话题单一，内容指向性明确，侧重于解决教学难点问题。地理微视频还可作为基于网络运行的、不受时空限制的、支持多种学习方式的微型网络课程资源。

地理微视频、地理微课、地理微课程是三个不同的概念：微视频是一种教学资源，是微课的核心资源；微课是一种基于移动互联网的有师生互动的教学活动；微课程是以微课为基本单元，实现移动互联网情境下教育目的的师生互动的课程。三者是资源、课与课程的关系，在开发与设计时具有完全不同的规律与要求，对其进行评价时，评价指标也完全不一样。例如，对微视频的评价，其本质是一种解决教学知识点的视频，由于目前制作微视频的方式很多，评价会涉及内容、画面、声音、重难点的呈现等；而对微课的评价则涉及教学目标、重难点解决、师生互动及教学效果等。厘清微视频、微课、微课程三个不同概念，会更有利于微课应用与推广。③

---

① 蔡跃. 微课程设计与制作教程［M］. 上海：华东师范大学出版社，2014：1－2.
② 张丹，包艳苏，张前林. "内力作用的'足迹'"微课教学设计和实践反思［J］. 地理教学，2015（19）：28－34.
③ 宋光辉. 微视频、微课、微课程的本质与定位分析［J］. 中国教育技术装备，2019（5）：7－9.

第二节　美学视野下的地理微课教学意义

对地理教师而言，微课将革新传统的教学与教研方式，能有效地辅助地理课堂，提升教学效果。对学生而言，微课能更好地满足学生个性化学习需求，既可查缺补漏，又能强化巩固所学知识，是传统课堂教学的一种重要补充及拓展资源，能激发学生的学习兴趣，多层次多角度地满足学生地理学习的需要。

一、　微课点燃地理课堂，激发学生地理学习热情

莎士比亚说过："学问必须合乎自己的兴趣，方才可以得益。"兴趣是最好的老师。微课作为一种集声、形、色、画等多种元素于一体的新的教学媒体，进入地理课堂能有机地调动学生的各种感官，让声、形、色、画等各种元素深深定格在学生的脑海里，激发学生的地理学习兴趣，点燃学生的地理学习热情。

使用微课教学，学生可以身临其境般地通过视频的观感享受，直接调动起学习兴趣。比如地理教学中的一些自然环境或人文环境，只要通过视频展现出来，学生就可以更直观地接受，更容易地被吸引到课堂教学中来。[①]

二、　微课辅助地理课堂，化解学生地理学习障碍

地理是一门综合性很强的学科。地理知识跨越时空广阔，包括许多抽象难理解的地理概念、地理现象、地理规律及地理成因等，都超出了学生的感知范围。在地理课堂教学中，每节课都会有教学难点。集微、精、妙于一体的微课灵动、直观、形象，能使教学内容中的地理事物、地理现象、地理规律或地理成因等由静态变为动态，无声变为有声，抽象变为具体，宏观变为微观，微观变为宏观，遥远变为咫尺，漫长变为短暂，使教学内容形象化、具体化，从而较轻松地化解教学难点，培养学生在较短时间内获取关键信息的能力。

三、　微课提升地理课堂，教给学生地理学习方法

俗话说："授人以鱼，不如授人以渔。"在地理课堂教学中，要对学生进行地理学习方法指导，这将使学生终身受益，有利于学生与时俱进，终身学习、进步。微课辅助课堂，能巧妙地搭建平台，借助简短的微视频，以学习方法为引导，不仅改变传统教学中教师说教的呆板、枯燥局面，而且还给地理教学注入了生机与活力，更重要的是能清晰地把学习

---

① 杨再香．"微课程"在初中地理教学中的应用［J］．教育现代化，2017，4（25）：242－243．

步骤有条不紊地展示在学生面前，提高学生的地理学习效率。①

四、 微课延伸地理课堂， 满足学生个性化学习需求

地理微课可作为地理教师的电子备课档案，方便储存和调用，若共享在校本区域网络平台上，既有利于地理教师间的交流、借鉴②，又有利于学生随时随地登录平台，点击学习，或下载拷贝到手机等设备进行学习。学生的学习时间和空间更加灵活机动，能较大程度地满足学生的个性化学习需要，对学生更好地理解掌握课堂教学内容起着很大的帮助作用。

随着科学技术的不断发展，教学方式也在不断改革。微博的普及与流行，无意中推动了一股"微"潮流，微信、微课等的出现，都是这股"微"潮流的产物。微课正成为一种新型的教学模式，更新了地理教师的教学理念，提高了地理课堂教学效率。

第三节　美学视野下的地理微课特点

相对于传统地理课堂，地理微课教学目标相对简单，教学内容更加精简，教学目的更加明确，力图在短时间内传递教学活动中的某个知识点。微课还可以把传统课堂先教后学的教学模式转变成先学后教的教学模式，把对知识的认识放在课堂之前，把知识的内化安排到课堂之中，改变了课堂的教学结构。地理微课教学视频方便学生从网络平台上观看或者下载。一般来说，微课具有以下几个特点：

（1）视频为主，短小精悍。教学视频是微课的核心组成内容。根据中学生的认知特点和学习规律，微课不是把所有的教学内容在一节课（40分钟或45分钟）内呈现出来，而是利用5～15分钟左右的时间（最长不宜超过20分钟）把教学的重点、难点等内容以视频的形式展示给学生。因此，相对于一节课的传统教学课例来说，地理微课可以称为"课例片段"或"微课例"，可以将传统的一节课设计成为包含3～5个微课的新型课堂。

（2）主题突出，内容精练。相对于较宽泛的传统地理课堂，地理微课讲解的问题比较集中，主题突出，更适合地理教学需要。地理微课主要是为了突出地理课堂教学中某个知识点（如教学重点、难点、关键点）的教学，或是反映地理课堂中某个教学环节、教学主题的教学活动，生动直观。相对于传统地理课程一节课要完成的复杂教学内容而言，地理微课的内容更加精简。

（3）资源容量小，方便教与学。地理微课教学视频及配套辅助资源的总容量一般在几

① 李艳秋.微课，让语文课堂异彩纷呈［J］.华夏教师，2017（2）：73.
② 张丹，包艳苏，张前林."内力作用的'足迹'"微课教学设计和实践反思［J］.地理教学，2015（19）：28－34.

十兆左右，视频格式必须是支持网络在线播放的流媒体格式（如.flv、.mp4等），师生可流畅地在线观摩地理课例，查看地理教案、课件等辅助资源；也可灵活方便地将其下载保存到终端设备（如笔记本电脑、手机、平板电脑等）上实现移动学习、泛在学习。既适合教师的观摩、交流、评课、反思和研究，也易于学生随时随地学习，反复观看，自行调节播放速度，使学习变得简单、自由而有趣。

（4）资源多样，情境再现。地理微课资源具有视频教学案例化的特征，是教师和学生重要的地理教学资源。其选取的教学内容一般要求主题突出、指向明确、相对完整①，这便构成了一个真实的地理微教学资源环境。学生在这种真实的、具体的、典型案例化的情境中易于实现高阶思维能力的学习，从而迅速提高学业水平，培养地理核心素养。②

（5）可难可易，各显神通。微课制作技术可难可易，地理教师可根据课程标准、教学内容、学生身心发展特点、教学环境、教师自身的微课制作水平等自行决定是制作技术较难或是较易的地理微课视频。

例如，可用手机或单反相机等直接录制简单的地理教学视频，此技术难度低、易操作，画面真实，易于分享和交流。还可用手机或单反相机录制以绿幕为背景的地理教学视频后，利用专业的视频剪辑软件，如 Final Cut Pro、Premiere、Edius 等，按照微课构思，对前期拍摄取得的素材进行选择、修剪、组接，并添加声音和字幕，最终得到体现教学意图的微课视频。这些视频剪辑软件功能强大，能剪辑制作效果复杂、要求较高的微课视频，只是学习掌握这些软件的使用方法需要一段时间。

综合来看，微课资源与传统的教学网络资源相比，其最大特点是形式多样，既可以是"短、小、精、美"的微视频，也可以是其他媒体形式的内容，如文本、音频和动画等，非常符合学生的视觉驻留规律和认知学习特点。微课视频资源容量小，适合网上运行且具有较大的开放性、生成性和可扩充性。地理微课是基于地理学科教学知识点或学生学习的重点、难点内容进行选题、设计、拍摄和制作的，因而主题突出，指向明确。微课设计与开发本身就是教研过程，对课前备课、课堂实施、课后反思、教学研究等各环节都能提供有针对性的优质资源支持，这不仅有效地提升了地理教师的专业发展水平，而且对学生的自主学习能力培养也起到了很大的促进作用，从而真正实现教是为了不教的目的。③

① 蔡跃. 微课程设计与制作教程［M］. 上海：华东师范大学出版社，2014：2 - 3.
② 吴疆. 微课程设计与制作教程［M］. 北京：人民邮电出版社，2017：195.
③ 蔡跃. 微课程设计与制作教程［M］. 上海：华东师范大学出版社，2014：4.

第四节　美学视野下的地理微课制作设计

为了提高地理微课教学效率，地理教师需对其进行精心设计。具体设计要求如下。

一、地理微课选题要求

微课的选题是微课制作最重要的前提。确定教学主题，需考虑以下选题标准：

（一）要选择适合应用多媒体展示的教学内容

地理教师要根据学生的接受能力和认知特点、教学重难点要求等，不断地丰富微课内容。要使教学内容有个性、有特色，能被广大学生认可和接受，需要地理教师不断学习、探索和创新，有扎实的微课制作基本功，熟悉和掌握微课制作的技巧和方法。地理微课教学中的微视频需融入具有一定视觉冲击力的元素：选择图形图像较多，有动态变化过程的地理教学内容[1]，如优美动听的音乐、活泼形象的动画、具有跳跃感的精美画面等，使复杂的知识点通过技术化处理，更加形象、生动而具体，活灵活现地展现给学生，更容易被学生理解和掌握，激发学生的地理学习兴趣[2]。

（二）要选择教学重难点作为微课展示的内容

知识点的选择关系到教学设计的结构，用教学重难点来制作微课符合微课教学的理念，即在短时间内用小文件高效传递精髓知识，师生共享教学资源。[3]微课一般只对 1~2 个知识点进行教学，时间上要有所控制，内容上不能繁杂。另外设计的教学方案要"麻雀虽小，五脏俱全"，导入环节、讲解环节、点拨关键点、归纳总结、巩固反馈等各个关键环节要条理清晰。制作前要准备丰富而实用、与本微课内容关联性紧密的素材，如选择的视频、音频、图片与文字等都要与教学重难点内容相匹配，能让学生形象直观地获取知识。

（三）要重视地理教学细节

细节决定成败。地理微课的设计要重视各个教学细节，要经过深思熟虑和实践的检验，通过设计者的辛勤制作，设计出的微课不仅有深度、有广度、有内涵、有特色，而且能让学生从中找到一种愉悦的观感享受；不仅能接受知识的熏陶，更能引起深层次的思

---

① 张丹，包艳苏，张前林. "内力作用的'足迹'"微课教学设计和实践反思［J］. 地理教学，2015（19）：28-34.
② 杨再香. "微课程"在初中地理教学中的应用［J］. 教育现代化，2017，4（25）：242-243.
③ 张丹，包艳苏，张前林. "内力作用的'足迹'"微课教学设计和实践反思［J］. 地理教学，2015（19）：28-34.

考。这就需要地理教师在设计微课时，实时加入一些引人思考的问题，要条理清晰、自然而然地把学生带入地理知识的探索和学习中，提升学生的学习效率，培养想象力和逻辑思维能力。①

二、 地理微课的教学结构设计要求②

微课的教学结构设计要体现教学设计的思路，符合学生的认知特点，做到思路清晰，循序渐进，松紧结合，知识点的衔接或过渡自然，切忌跳跃式进行，安排时间给学生自我思考，③从而有利于吸引学生的注意力，激发学生的学习热情，帮助学生理解知识点、掌握技能、培养能力。微课的教学结构设计一般应遵循从具象到抽象、从现象到本质、由简单到复杂的思路。微课的教学结构可以划分为开始、主体和结尾三个部分。

(一) 地理微课的导入要求

微课的开始部分包括片头和导入两部分内容。片头设计应力求简明扼要，画面和谐美观，让观者有赏心悦目的感觉，不要设计过于花哨复杂的片头。片头呈现微课名称，主讲教师的基本信息、联系方式即可，时间长度一般控制在 5 ~ 10 秒钟。

导入部分在微课中有着重要作用。由于微课教学时间短，切入课题要简洁迅速，总体要求是短小精悍、开门见山，要能在较短的时间内吸引学习者注意，激发学习兴趣，交代课程主题，明确学习任务。可以通过设置一个题目或问题引入课题，可以从以前的基本内容引入课题，也可以从生活现象、实际问题引入课题，还可以通过设置疑问、悬念等进入课题。新颖别致的开篇处理能极大地激发学习者的学习兴趣。正如美国导演阿伦·A. 阿莫尔所说："成功的教师懂得知识的药片经常需要用糖衣去刺激或保持学生的兴趣"，"糖衣就是指奇观、幽默、惊奇、矛盾、好奇心或戏剧化的个人参与等"。教师需要认真设计微课开始部分的形式，尽量做到新颖别致。

(二) 地理微课的核心讲授要求

微课讲授的教学内容为某一个完整的知识点，主体部分是微课中时间最长的内容，承担着重要的教学功能。这部分内容结构要求材料充实、层次清楚、段落分明、衔接流畅、视听手段多样。主体部分的内容应由浅入深，化难为易，启发思维。微课教学中教师一般面对摄像机授课，缺少课堂教学的现场氛围，为增强微课中的师生互动，建议在微课中使用任务驱动的启发式教学，以设问、解答等方式，与镜头外的学习者展开人性化的虚拟教学互动，引发学习者的学习兴趣。在微课讲授中，应注意以下几点：

---

① 杨再香．"微课程"在初中地理教学中的应用 [J]．教育现代化，2017，4（25）：242 – 243.
② 吴疆．微课程设计与制作教程 [M]．北京：人民邮电出版社，2017：219 – 221.
③ 杨再香．"微课程"在初中地理教学中的应用 [J]．教育现代化，2017，4（25）：242 – 243.

第一，讲授主线要清晰。应尽可能地沿着一条线索展开，在这条线索上突出重点内容，突破难点内容，抓住关键内容，着重进行主干知识的讲解与剖析。在课堂教学中，不同类型知识的传授过程是有区别的，有的适合讲授，有的适合启发提问，有的适合展开讨论[①]，力争在有限时间内完成本课所规定的教学任务。

第二，讲授语言要有力度。在微课讲授中，学生的某些活动被省略之后，教师的讲解水平更受关注。教师语言要求生动、富有感染力，更应做到准确、逻辑性强、简洁明了。微课由于时间短、节奏快，要求教师在备课的过程中用正常的语速在规定时间内讲完教学内容。正常语速，一般一分钟可以讲 200~250 字（播音员为 350 字），准备 10 分钟讲稿的文字就应控制在 2 500 字左右为宜。

第三，课堂板书要简约。在微课中，板书可与 PPT 课件共同使用，真正起到承上启下和画龙点睛的作用。

（三）地理微课的结课要求

地理微课同样要讲究结课艺术，要善始善终，切不可虎头蛇尾。在微课的结尾部分主要是对微课的主体内容加以概括总结，强化知识点，并可提出相关启发性的思考问题，与开始部分呼应，使学生在本次微课内容的基础上深入探究思考，活跃思维，开阔视野，在注重内容总结的同时更应注重相关地理知识学习方法的总结。对于系列微课，教师还可以在结尾部分为下一个微课内容作前期的铺垫处理，设下伏笔，为后续微课教学服务，使得各个微课间形成有机的整体。微课结课方式主要有：总结归纳式、练习巩固式、比较识记式、设疑伏笔式、启导预习式、首尾照应式、激发兴趣式等。

微课的开头、主体和结尾设计应当相互呼应，过渡巧妙，浑然一体。开头部分要在很短的时间内激发学生的学习兴趣，并开宗明义；主体部分要丰富饱满；结尾部分要概括有力，总结提高，引人深思。

例如，教师在设计"认识地球"这一微课视频的制作时，首先明确微课的具体时长为 10 分钟，教学的重点是掌握地球的大小、经纬度、南北半球的划分方法，难点则是经纬度大小及位置关系，再根据教学内容完成上课流程的设计，包括导入、知识点讲解、相关练习和相关提示。在此基础上还要根据课程教学内容准备好微课需要的音频、视频、相关图片和素材。最后才进行微课教学视频的录制。视频录制好后教师要及时检查内容是否有错误之处，并选择适合的视频制作软件进行微课视频的制作剪辑工作。[②]

三、　地理微课教学的双面性

地理微课正在成为一种新型的地理教学模式，给地理课堂教学带来无限的生机和活

① 姚多群. 微课程在小学语文教学中的应用 [J]. 山西教育（教学），2015（6）：48-49.
② 奉碧莹. "互联网＋"时代的初中地理教学探索与实践 [J]. 数码设计，2017（9）：295-296.

力。但地理微课的教学设计、制作和实践工作量会较大，且再好的教学设计和微课制作终究须接受课堂上学生的检验。在微课课堂教学实践中，教学预想和课堂实践总是会存在一定差距的，如请学生观看微视频完成相应练习时，一些学生会有懒惰懈怠现象，自主学习习惯还有待进一步培养和提高。因此，地理教师不能完全依赖微课技术的应用，要继续发挥教师在课堂教学中的主导作用，组织学生自主学习、合作学习，对学生进行学法指导。微课教学具有双面性，设计者不应只看到其优势而忽略其存在的问题，它虽是一种先进高效的教学模式，但它不可能完全替代课堂教学。教师在利用微课服务于地理教学时，需考虑其教学内容、教学方式是否符合微课教学设计和制作的条件，应因内容制宜，因对象制宜，在教学实践中不断总结反思以提高其教学效率。①

四、　地理微课制作对教师素质的要求

一般情况下，教师在微课的制作中需要承担前期编稿、现场导演和后期制作三项工作。在前期编稿阶段，教师需要按照地理课程标准、教材内容、学生情况等确定微课选题，编写微课文字稿本和分镜头稿本；在现场导演阶段，教师按照微课分镜头稿本组织、实施现场视频素材拍摄和计算机屏幕录制；在后期制作阶段，教师需要对原始素材做深入的加工处理。在微课制作中，教师一人需要承担上述三项工作，这就要求教师既要具有编稿的专业学识水平，又要具备视频导演的艺术水平以及制作的基本技术水平。概括下来，微课制作需要教师具备以下素质：

（1）地理学科专业知识。

教师首先应具备地理学科领域的前瞻性视点，地理学科专业基础知识扎实牢固，了解地理教育的现状与未来发展趋势，了解地理学科课程在社会生活中的应用现状，了解社会发展对自己讲授地理课程的现实需求。

（2）地理微课教学设计能力。

教师应具备教育学、心理学知识，具有较为丰富的地理教育教学经验，能够分析现有教学模式中存在的问题，理解微课在教学活动中的特殊作用，具备依据地理课程标准将教学内容以微课形式进行呈现的设计、制作能力，以及以微课开发为基础，改革现有教学模式与教学方法的能力。

（3）地理微课文字稿本和分镜头稿本编写的能力。

教师需要了解微课的表现形式与表现特点，具备微课文字稿本的写作能力，能够将微课的设计以微课文字稿本的形式表达出来。同时要掌握影视艺术的基本理论知识，具备具象化、时空自由、视听结合的影视蒙太奇思维能力，了解影视视听语言叙事表意的基本方

---

① 张丹，包艳苏，张前林．"内力作用的'足迹'"微课教学设计和实践反思［J］．地理教学，2015（19）：28-34.

法，能够在微课文字稿本的基础上，编写出具有视听语言特色，可用于指导拍摄、录屏和后期编辑的微课分镜头稿本。

（4）地理微课录制能力。

拍摄微课视频时，教师需要身兼数职，如导演、摄像、表演等，这就对教师的个人素养提出了较高要求。教师需要具备条理清晰的拍摄现场组织、协调能力。微课摄制前，教师需要事先结合分镜头稿本，向参与拍摄的摄像、出镜人员等说明每个镜头的拍摄内容与要求，并组织排练。

教师需要了解微课的制作过程，熟悉拍摄设备的基本操作方法（如白平衡、色温、感光度等参数的设定），熟练使用摄像机、单反相机或手机等器材拍摄需要的镜头素材，具备基本的画面构图、摄像用光以及同期录音的知识与技能。拍摄画面要求主体突出，构图合理，镜头运动流畅，没有抖动与晃动，同期录音声音清晰。教师还要能够熟练使用屏幕录制软件（如 Camtasia Studio、Axeslide、Screencast – O – Matic、Focusky）录制精美的 PPT 课件视频和其他软件操作视频。要求录制环境安静、背景干净、声音大小合适。

PPT、Flash 等课件的设计是微课制作的核心载体，它既是教学设计的体现又是微课录制的中转站，PPT、Flash 等的设计需考虑：版面和背景设计，首页作为其封面，在封面中呈现微课标题、作者等信息，尾页中可加入感谢语或作者联系方式等；背景尽量淡雅，能衬托出文字和图片即可，文字和图片大小合适，有一定的美感；PPT 中涉及嵌入图片和Flash 动画的，要考虑图片在 PPT 中放置的位置和图片的清晰度，Flash 插入路径要正确。

（5）地理微课视频编辑制作能力。

地理教师应掌握镜头组接的基本原则与技巧，能够利用屏幕录制软件的视、音频编辑功能，将前期拍摄、录制的视、音频素材组接为逻辑清晰、视听流畅的教学视频；善于利用视频编辑软件提供的视频特效功能突出教学重点与难点；善于利用解说、音效、音乐等声音形式进一步增强微课的听觉感染力；了解基本的微课视频文件格式类型，掌握微课的发布方法。[①]

思考与探究

1. 说说地理微课的含义及特点。

2. 选择初中或高中地理教材内容，制作 5～8 分钟的地理微课视频。

[①] 吴疆. 微课程和多媒体课件设计与制作规范［M］. 2 版. 北京：人民邮电出版社，2016：138－139.

第十章 地理校本课程开发技能美学

本章导读

中学地理教师需以培养全面和谐发展的"美的人"为校本课程开发的价值取向。以美学理论为指导，融合社会主义核心价值观，以美的哲学观照校本课程的发展，创建科学民主、自由愉悦、和谐美丽的地理校本课程。尽可能地保障学生在校本课程教学中的参与性、教育性和愉悦性，让地理校本课程成为中学生从审美走向审智、创美、和谐的载体，为塑造一个美的自我奠定基石。随着地理校本课程日趋臻美，将逐步实现以美的法则建构基础教育，以美的教育塑造"美的人"的教育理念与实践。

希望同学们通过本章的学习，能够全面了解美学视野下的地理校本课程开发原则，深刻认识到地理校本课程开发需要加强对真、善、美的追求。

第一节 美学视野下的地理校本课程开发原则

陶行知先生认为生活力有五个方面：健康的体魄（体）、农夫的身手（劳）、科学的头脑（智）、艺术的兴味（美）、改造社会的精神（德）。[①] 美学视野下的地理校本课程开发是学校对提升学生"艺术的兴味"生活力的重要回应。地理校本课程开发是构建新型动态课程体系的重要组成部分。但就目前而言，地理校本课程开发仍存在理念多、实践少、缺乏与美学融合的现象。因此本书认为，在地理校本课程的开发实践中，应把握好以下八项原则。

一、 主体性原则

地理校本课程的开发，应体现学校主体、学生主体、以生为本的主体性原则。

首先，学校在地理校本课程开发中应有一定的自主决策权。要开发科学的地理校本课程，就必须以学校作为地理课程开发基地，以地理教师为课程开发主体，由学校自主规

---

① 江苏省苏州科技城实验小学校 [J]. 中小学校长，2021（4）：2-3。

划、设计、实施和评价课程，从而增强地理课程体系的灵活性、适应性和实践性。

其次，地理校本课程开发必须最大程度地尊重每位学生的需要和选择。地理校本课程设计和开发的每个环节都应体现以生为本的价值观，达到课程主客体之间互动互馈的理想效果。地理校本课程设计的目标和内容应定位于学生的健康成长和全面发展、和谐发展、自主发展；突出学生的主体地位，根据学生的成长规律、生活实际和发展需要，引导学生树立人与自然和谐发展观念，培养学生的实践精神和创新意识。只有这样，地理校本课程的开发才能真正补充国家课程和地方课程中过分侧重学科知识本位之不足，真正对学生进行分析问题、解决问题能力及创新能力的培养，提高学生发现美、感悟美、创造美的能力。①

二、　特色性原则

地理校本课程的开发应突出地方特色及学校特色。

首先，地理校本课程的开发应体现地方特色。新课改倡导学生学习生活中的地理，学习对终身发展有用的地理。因此，应尽量开发乡土地理材料作为地理校本课程。乡土地理材料在空间上离学生较近，这有利于地理教学过程中解决地理事项空间的广阔性与学生视野的有限性这一矛盾，符合学生由已知到未知这一认识事物规律的要求。因此，广泛应用乡土地理材料进行教学，是地理教学的重要特点。在开发校本课程时，应注意全面了解学校所在地的自然环境（如位置、面积、地形、气候）和人文环境（如人口、物产、产业、交通、风俗习惯、风景名胜）等内容，重视地理学科内容的生活实例和生活应用②，选取最能体现本地区的地方风俗、乡土文化、科技产品等的某一类或几类，进行深入挖掘、合理开发，以突出地方特色。要鼓励、指导学生到课堂以外进行地理观察，如进行星象观测、天气现象分析等。教学气候时，可结合当地的气候特点、类型和成因进行分析，把课堂知识和生产生活实际结合起来。例如，某校开发的校本课程"走进三峡"，就是立足于学校的地域特色和区位优势，让生在三峡、长在三峡的学生充分认识三峡、了解三峡、热爱三峡，从而培养和增强学生爱家乡、爱祖国的情感，长大后能积极投身于家乡、祖国的经济建设中。

其次，地理校本课程更应反映学校特色，体现学校的办学方向。应在校长的指导下，科学规划，充分调动地理教师、学生、学生家长等的积极性和主动性，充分利用校内外资源，形成教育合力，开发出体现学校本位特色、科学实用、易操作、富于探究性的地理校本课程。

---

① 望开巧. 开发校本课程的原则 [J]. 语文教学与研究，2006（20）：17.
② 傅京慧. 地理校本课程的开发与实施 [J]. 教学与管理，2012（4）：70-72.

三、 适度原则

考虑学生负担，校本课程不能开发多少就开设多少，一定要把握一个度，不然就会加重学生的负担，导致开发结果与开发初衷的南辕北辙。这就要求我们恰当地处理好国家课程、地方课程与校本课程之间的关系。地理校本课程应根据年级差异按一定比例合理安排课时，这些比例就是开设校本课程数量上的一个度，必须准确地把握好这个度。①

四、 个性化原则

每个中学生尤其是高中生都是具有独立思维能力的个体，但在学习过程中每个学生的理解能力及接受能力是不同的，具有个体差异。这就要求地理校本课程的开发和教学要兼顾个性化，除了要求学生达到基本的学习要求外，教师还要根据特定学生群体的特点及实际情况有针对性地设计不一样的教学内容。对于能力稍强的学生，教师就可以设计一些能力提升的教学内容；对于基础比较薄弱的学生，在内容的设计上就应该注重基础知识，在巩固基础的前提下再去考虑能力的提升。另外，在作业的布置上也应该遵循因材施教的原则，可以布置不同难度的作业，让学生有选择地完成，根据自身能力的不同，选择适合自己的作业类型，适当地进行能力上的挑战和提升。这不仅能够给学生留出更多的自主学习的机会，还能够提高学生地理学习的自信心和热情，促使每位学生都能最大限度地取得不同程度的进步。②

五、 求真原则

地理校本课程开发过程中的求真，主要是通过探究性教学实现的。它通过对地理现象的科学探究，揭示自然的奥秘，把握自然规律，从而达到认识自然、改造自然、人与自然和谐共处之目的。探究性教学本质上是一种模拟性的科学探究活动。何谓科学探究？《美国国家科学教育标准》是这样表述的："科学探究指的是科学家们用来研究自然界，并根据研究所获事实证据，做出解释的各种方式。科学探究也指的是学生构建知识、形成科学观念、领悟科学研究方法的各种活动。"③ 教育家施瓦布认为："探究学习是指这样一种学习活动：儿童通过自主地参与知识的获得过程，掌握研究自然所必需的探究能力；同时，形成认识自然的基础——科学概念；进而培养探索世界的积极态度。"探究性教学是师生共同探究来促进学生掌握科学知识、技能与方法，培养学生的科学精神和科学素养，减轻学生负担，体验探究的快乐，提升学生的幸福感的一种教学方式。例如，地理教师可组织学生动手做河流侵蚀地貌的形成实验，探究河流的发育过程；还可以专门布置观测实验：

① 李红. 地理教学论［M］. 广州：暨南大学出版社，2017：40.

② 夏旭云. 地理校本课程开发与实施［J］. 教育，2015（25）：33.

③ 国家研究理事会. 美国国家科学教育标准［M］. 北京：科学技术文献出版社，1999.

"连续一个月每天在同一地点、同一时刻观测、记录月相变化情况，并总结月相的变化规律。探究月球与太阳、地球的位置关系及其运动规律。"并要求学生把观测结果记录在表10-1中。

表10-1　观测月相变化记录表（观测地点：＿＿＿＿＿＿＿＿＿＿＿　观测时刻：＿＿＿＿＿＿）

观测日期 （农历日）	夜晚所见月球形状 （不可见的部分用铅笔涂黑）	月球水平方位	月球高度角	月相判断 （名称）
	◯			
	◯			
	◯			

六、　求善原则

求善是指人类为了维持自己的生存与发展，为了在社会生活中完善自我、完善他人、完善社会和改善环境，逐渐形成风俗习惯和规范，进而产生伦理道德。在我国，"伦理"一词最早记载在《礼记·乐记》中："伦，犹类也；理，犹分也。"《说文解字》是这样解释的："伦，从人，辈也，明道也；理，从玉，治玉也。"其含义逐渐发展为处理人们相互关系应遵循的道理和规范。而道德的含义比较广泛，简而言之，道德就是人们在社会实践活动中形成的完善人格和调整人与自我、人与人、人与社会、人与自然之间关系的行为准则、规范的总和。在西方，"伦理学"一词源出古希腊文，意为风俗、习惯、性格等。直到公元前4世纪，在亚里士多德建立的伦理学中，才使之具有道德品性和道德行为规范的含义。"道德"一词起源于拉丁语，意思是风尚、习惯、性格、行为等，引申为规则和规范的意思。直至公元前4世纪拉丁语产生了专指道德的 moralitas 一词（英语为"morality"），才具有现代意义上的比较注重人性的完善，强调人生准则和人生修养的含义。[①] 如何从求善的角度开发地理校本课程，可主要从以下三个方面进行：

（1）建立一套普适性的伦理道德观。这是地理校本课程开发的理念追求。比如5世纪的希腊人拥有这样一套被普遍接受的德性词汇和德性观念：友谊、勇敢、自制、智慧、正义等。新加坡政府在《共同价值观白皮书》中提出五大共同价值观：①国家至上，社会为先；②家庭为根，社会为本；③关怀扶持，同舟共济；④求同存异，协商共识；⑤种族和

---

① 王梓坤. 科学发现纵横谈 [M]. 上海：上海人民出版社，1982：32.

谐，宗教宽容。[①] 2013 年 12 月，中共中央办公厅印发了《关于培育和践行社会主义核心价值观的意见》。该《意见》指出，富强、民主、文明、和谐，自由、平等、公正、法治、爱国、敬业、诚信、友善，是社会主义核心价值观的基本内容。要把培育和践行社会主义核心价值观融入国民教育全过程，落实到经济发展实践和社会治理中。核心价值观是一个民族赖以维系的精神纽带，是一个国家共同的思想道德基础。因此，地理校本课程的开发，应坚持育人为本、德育为先，围绕立德树人的根本任务，把社会主义核心价值观纳入地理校本课程开发总体规划之中。

（2）体现道德作为。这是地理校本课程开发的现实追求。当今社会道德不作为现象比比皆是，如，破坏、污染环境，环境意识缺失，丧失环境责任感等。因此，要教育学生保护环境，善待自然，与自然和谐共处。[②] 地理教师引导学生分析人地不和谐现象及其原因，探究实现人地和谐、可持续发展策略，就可以成为地理校本课程开发的重要内容。

（3）凸显关怀。这是地理校本课程开发的人文追求。关怀是一种"投注或全身心投入"的状态，即在精神上有某种责任感，对某事或某人抱有担心和牵挂感。[③] 内尔·诺丁斯的关怀道德教育理论闪耀着人性的光辉。内尔·诺丁斯建议以关怀为主题重新组合课程，她把关于人类生存的核心问题作为课程的中心，围绕关怀这个主题来组织课程——关怀自我、关怀熟人、关怀陌生人、关怀所有人、关怀自然世界、关怀人类以外的生物、关怀人造世界和关怀各种观点。[④] 关怀同样是对生命的理解、善待和关照。每一个人的生命都有自己的独特性，有自己独立的人格和精神世界。教育者应该走进并洞察不同学生的生命世界，理解生命的生成性。人是非特定化的存在，这意味着人具有无限发展的可能性。因此，教育者应为学生创设一个有助于其生命充分成长的情境，激发学生的生命力，充分发挥其积极性、主动性、创造性，允许学生自身自由自主地实现带有个性的人生理想，让关怀的光辉洒满教育的每个角落。[⑤] 内尔·诺丁斯的关怀道德教育理论为地理校本课程开发开启了一扇智慧之门。

七、 美学原则

在地理课堂教学中，美的潜因不仅存在于教学内容，也体现在各种教学手段之中。地理教师在地理教学过程中，要善于运用形象教育、愉快教育、情感教育等艺术手段，使抽象的地理知识具体化，深奥的地理知识通俗化，枯燥的地理知识趣味化，让学生在接受地理知识的同时，也受到美的熏陶。

① 李怀珍. 伦理学基础［M］. 北京：科学出版社，2003：3.
② 唐代兴. "我→你"存在关系中的道德作为论［J］. 湖南师范大学学报（社会科学版），2005（1）：11－14, 19.
③ 侯晶晶，朱小蔓. 诺丁斯以关怀为核心的道德教育理论及其启示［J］. 教育研究，2004（3）：36－43.
④ 孟万金. 美国道德教育 50 年的演进历程及其启示［J］. 教育研究，2006（2）：78－83.
⑤ 肖炬元，肖南. 校本课程开发中的真、善、美追求［J］. 衡阳师范学院学报，2006，27（5）：153－156.

（一）地理教师要善于开发利用各种直观地理教学手段

在地理校本课程开发中，教师要善于开发和使用地图、地理图片、地理挂图、地理模型、地理标本等教具以直观地反映某些抽象的地理事物，使其具体化，从而使学生体会到直观美。应用多媒体计算机、投影仪、录像设备等现代化电教手段反映地理现象、地理规律、地理成因等内容，通过声音、图形、动画的有机结合，创设出图文并茂、声色俱全、生动逼真的教学情境，突破黑板的局限，给学生无边的想象，化抽象为具体；使各种教学内容立体化，化静态美为动态美，更真切、流畅，给学生一种超越时空、身临其境的体验。

（二）地理教师要善于开发建设校外地理教育基地

采用野外开放式教学，走出课堂、走进大自然、走向社会，进行地理课外教学活动，从小课堂到大课堂，从而促进学生地理思维能力的发展，锻炼身体、愉悦心情、增长知识，发现大自然的美，欣赏大自然的美。地理教师要充分运用地理易实践于社会的特点，让学生身临其境，躬身实践，既接受地理之道，又感受地理之美。①

（三）地理教师要善于开发美的地理校本课程

人作为社会生活的主体，既有求真求善的需要，又有求美的需求。爱美之心人皆有之，这是人性的自然流露。在学校生活中，地理校本美育课程的开发，主要通过自然美、艺术美、社会生活美和自我美的美育途径和方法来实现。

（1）自然美是地理校本课程开发的自然追求。自然用物质和能量养育人类，庄子指出"天地有大美"，人要使自己"备于天地之美"，就要"观于天地""原天地之美""判天地之美"。大自然是美的源泉，自然美千姿百态，鬼斧神工、绚丽多彩，又和谐统一。大到浩浩宇宙，小到花草鱼虫，无不给人以美的感受。自然美是客观的，它需要人类去发现、去欣赏、去感悟、去体验。② 因此，自然美是取之不尽、多姿多彩的地理校本课程资源，是地理校本课程的课堂和教科书。在地理校本课程开发过程中，要努力实现课程与自然融为一体。因此，要让师生走进自然、亲近自然、感受自然、认识自然、探索自然。谋求人对自然的求真意识、审美情趣、伦理精神的有机结合，进而成为自然的关爱者、保护者，真正让自然美成为地理校本课程的一部分。

（2）艺术美是地理校本课程开发的艺术追求。自然美与艺术美是相通的。郁达夫说："自然景物以及山水，对于人生，对于艺术，都有绝大的影响，绝大的威力，却是一件千

① 吕美德. 地理教学中的美学教育 [J]. 福建教育, 2004, 19 (1): 61 - 63.
② 周玉明. 中小学环境教育校本课程的内容构建 [J]. 衡阳师范学院学报, 2005 (5): 137 - 140.

真万确的事情；所以欣赏山水以及自然景物的心情，就是欣赏艺术与人生的心情。"① 艺术即课程，意味着学生通过课内外的艺术活动，获得人类的审美知识，感受艺术美的震撼力和潜移默化的作用，使审美能力得以提高，美的创造力得到提升。只有这样，艺术美才真正成为地理校本课程不可或缺的一部分。

（3）社会生活美是地理校本课程开发的生活追求。只要用心去发现，社会生活中处处充满美。这正印证了车尔尼雪夫斯基的那句名言："美是生活。""引导学生学习生活中的地理"是新一轮地理课程改革的重要理念。这意味着，在地理校本课程开发的过程中，社会生活是丰富多彩的课程资源，课程应与社会生活融为一体，与学生生活和社会生活之间保持密切的联系，要使生活和实践成为学生发展的"源头活水"和不竭动力，真正让生活美与校本课程融为一体。

（4）自我美是地理校本课程开发的自我追求。地理校本课程开发让自我美真正融入地理校本课程之中。人在按照美的规律建造世界的同时，也按照美的规律塑造自己。马克思认为："人也是按照美的规律来塑造。"地理校本课程开发要充分发掘人之美，使人的身心得到全面、充分、自由、和谐的发展，使人性得到观照，使人格得到完善，使个性得到张扬，使美在人的身上得到充分体现。在地理校本课程开发过程中，自我美是一种课程资源，意味着课程向自我开放。通过地理校本美育课程的开发，从审美水平（对"他美"的感知，包括审美知识、审美能力和审美心理）和立美水平（对"己美"的塑造，包括形象美、语言美、行为美和心灵美）两个方面②提升学生"美"的素质，并使二者有机结合，培养学生成为外在美与内在美和谐统一的完"美"之人。

总之，在地理校本课程开发过程中，地理教师引导学生在求真、求善、求美的学习探究过程中，在弘扬人性、张扬个性、激扬生命的同时，要让学生获得识别真、善、美与假、恶、丑之法宝，掌握求真、求善、求美之方法，体验求真、求善、求美之苦乐，培养求真、求善、求美之精神，实现健全、和谐、自由发展的完美之人生。③

八、 媒体融合原则

在地理课堂教学中，要根据教学目标、学生实际、教学内容的特点及不同媒体的功能等进行教学媒体的优选和组合，选择那些对学习成果贡献程度大，且低成本高效能的媒体，而不是根据地理教师使用媒体的个人喜好或偏见、便利性或容易度来选择。没有一种教学媒体是可以适用于所有的教学情境的，地理教师要努力掌握各种教学媒体的使用技能。只有根据不同的教学要求，结合各种媒体的特点，扬长避短、取长补短，才能充分利用多种媒体教学的优势，提高教学效率，实现教学效益最大化。所以，在开发地理校本课

---

① 王道俊，王汉澜. 教育学（新编本）[M]. 3 版. 北京：人民教育出版社，1999：438.
② 周庆元，胡绪阳. 走向美育的完整 [J]. 教育研究，2006 (3)：39 – 43，49.
③ 肖炬元，肖南. 校本课程开发中的真、善、美追求 [J]. 衡阳师范学院学报，2006，27 (5)：153 – 156.

程时，也应考虑到这一点，使课程教学与媒体应用有机结合。[①]

21世纪是互联网的时代，网络已经逐步渗透到人们生产生活的方方面面。中学地理教学与互联网的深度融合发展已经成为不可阻挡的时代潮流。因此，在进行地理校本课程的开发建设时，一定要遵循与互联网深度融合的原则。"互联网+教育"视域下，互联网技术和信息技术在教育领域得到广泛应用，催生出了许多新的教学理念和教学方法：①可以在地理教学中引入"翻转课堂"。"翻转课堂"是线上线下混合式教学的有效方式，颠覆了传统课堂教学流程，以教师"教"为中心转变为以学生"学"为中心。学生可以通过相关的教学视频进行自主预习，然后在教师的引导下完成知识的内化、构建，这样的教学模式更加灵活有趣。②可以在地理教学中引入微课。首先是课程设计。借助互联网的优势，即便是理论课程，也能够将教学内容制作成相应的微课视频，提供给学生进行自主学习、探究学习，将学生的学习能动性切实发挥出来。其次是教学应用。可以借助微课视频，对教学中的重点和难点进行直观展示，在提升课堂教学趣味性的同时，也方便学生进行探究性学习。最后是课后辅导。课堂时间有限，地理教师在进行教学的过程中很难做到面面俱到，加上学生理解和模仿能力存在差异性，会出现部分学生已经完全掌握，而另一部分学生依然似懂非懂的情况。因此，可以借助微课视频，让没有完全掌握知识的学生课后自行观看学习。

地理校本课程的开发应与时俱进，便于这些新理念和新方法的实施。"互联网+美学教育"是当前教育事业发展的一种新形势。借助互联网在信息传递方面的优势，能够进一步推动优质教育资源的共享，逐步实现教育公平。地理教师应积极引入信息化教学模式和教学方法，注重地理教育与美学的融合，提升地理校本课程开发应用的整体效果，提高地理教学的质量和水平。[②]

第二节　基于研学旅行的地理校本课程开发技能美学

"莫春者，春服既成，冠者五六人，童子六七人，浴乎沂，风乎舞雩，咏而归。"（《论语·先进》）这是孔子的教育理想，是自古以来中国读书人一直坚持和践行的方式，也是世界各国一直以来非常重视的教育形式。中国研学旅行的鼻祖孔子，经常率领众弟子周游列国，目的就在于增进弟子的学识，培养弟子的品质，开阔弟子的眼界。读万卷书，行万里路，知行合一。2016年11月30日，教育部等11部门印发的《关于推进中小学生

---

① 张瑛. 初中地理课堂中情境教学的研究与实践——以"因地制宜发展农业"为例［J］. 中学地理教学参考，2021（24）：35－37.

② 康誉昌. "互联网+教育"视域下藏族传统体育校本课程的开发及应用研究——以甘南州夏河县博拉中学为例［J］. 当代体育科技，2020，10（1）：124－125.

研学旅行的意见》明确指出："中小学生研学旅行是由教育部门和学校有计划地组织安排，通过集体旅行、集中食宿方式开展的研究性学习和旅行体验相结合的校外教育活动，是学校教育和校外教育衔接的创新形式，是教育教学的重要内容，是综合实践育人的有效途径。开展研学旅行，有利于促进学生培育和践行社会主义核心价值观，激发学生对党、对国家、对人民的热爱之情；有利于推动全面实施素质教育，创新人才培养模式，引导学生主动适应社会，促进书本知识和生活经验的深度融合……"研学旅行作为一种新型教育形式，一经提出立刻引起全国各地中小学校的广泛关注，有不少学校已轰轰烈烈地开展起来，很快成为教育热点话题以及基础教育课程改革新的立足点。开发研学旅行地理校本课程，科学有效开展研学旅行，需要注意以下几个问题：

一、 研学旅行的 "育人思考"

与课堂教学模式相比，研学旅行对于"强化实践动手能力、合作能力、创新能力的培养""创新人才培养方式，推行启发式、探究式、参与式、合作式等教学方式"等，有着独特功效。作为一种新的地理校本课程形态和教育组织形式，各学校在落实研学旅行教育要求时，却存在着各种各样的问题。例如，把"教育＋"产品变成了"旅游＋"产品；大多数研学产品缺少专业化的地理校本课程设计和系统的规划调研，没有"育人"内涵；与实际生活场景相去甚远，切断了与生活的联系，失去了实践性学习的意义。为了实现研学旅行的育人目标，需要结合国内外的成功经验，系统研究研学旅行的"育人"问题。

（一）研学机构应以教育为导向

《关于推进中小学生研学旅行的意见》明确规定："研学旅行不得开展以营利为目的的经营性创收，对贫困家庭学生要减免费用。"这是基于育人为本原则的重要决定，是对从事该项事业所有机构及部门责任担当的根本要求。不管是平台型研学机构还是专业型研学机构，在做研学产品时都应以"教育"为导向，而不是以"利润"为导向，学校相关校本课程的研发也当如此。应充分开发研学的"教育"功能，坚决反对以"利润"为导向而扰乱研学领域的企业。

（二）研学产品应进行专业的课程化建构

研学旅行地理校本课程应根据学生的年龄特征及认知水平进行设计。

（1）要明确课程设计的目标体系，加强课程的针对性、实效性。课程设计应在明确课程目标的前提下，按照教育部门的相关要求，着力培养学生各项能力，促进学生形成正确的世界观、人生观、价值观。充分尊重参与研学旅行不同年龄对象的认知规律及其身心发展特征，努力开发能够遵循学生主体性、自主性、体验性、实践性、探究性原则，且可操作、可量化、可评价的高水平课程模块。

（2）要选择合适的研学旅行课程资源。要让教育回归社会，让学生拥抱大自然，享受阳光，呼吸新鲜空气。充分利用研学旅行涉及的特定资源，深度挖掘其所蕴含的自然地理、人文地理等丰富知识的育人价值，力求在地理学科教师、地理研学教师以及学生的共同参与下，设计生成成熟的、符合目标的研学旅行地理校本课程。

（3）注重多学科融合和多形式交替，突破学科分离的弊端，既可以融合地理实地考察、天文气象观测，还可以融合物理、化学、生物、历史、环境等多学科知识进行深度探究，有选择性地运用文献研究、信息查询、走访调研、主题研讨、特征绘画、观察记录、标本收集、数据分析、设计制作、实际体验、创意物化等方式，让研学真正能够提高学生的深度学习能力。

（三）研学旅行应与真实场景深度链接

研学旅行最终的目的是综合实践育人，落实"立德树人"的根本任务，是课堂到生活的互动迁移，是发现、思考与研究真实情境中存在的问题的创生性学习。因此，研学旅行应让学生在真实的生活世界中去体验、去发现，积累各种生活经验，从而更好地理解自己、理解他人、理解社会。例如，可以将地理教材与研学旅行的内容有机整合起来，构建与教材内容相关联的学习场景，让学生在真实场景中去理解地理学科知识。

研学和产业的结合使研学旅行更深入地走入生活，让学生在真实的世界中思考和解决问题，从而让研学在助力学生探究能力、实践能力、创新能力提升特别是"五育并举"等方面显现出巨大的价值，有效落实立德树人根本任务。[①]

二、 美学视野下的研学旅行[②]

研学旅行以"研学"为定语，强调"研学"，但本质上仍是一种旅行。社会上对旅行项目的认知往往过于商业化，缺乏充分而必要的审美属性，导致研学旅行这一立意高远的教育形态一旦进入市场，便很容易失去育人的本质，而被异化为商家牟利的工具。因此，有必要澄清研学旅行的审美教育意义，并以此为切入点，扭转人们对研学旅行的认识偏差，还原其作为一种休闲形态的美学属性。那么，美育意义上的研学旅行又是如何的呢？

（一）研学旅行的美育本质：一个核心

《关于推进中小学生研学旅行的意见》明确规定："中小学生研学旅行是由教育部门和学校有计划地组织安排，通过集体旅行、集中食宿方式开展的研究性学习和旅行体验相结合的校外教育活动……"这一规定在教育学意义上的关键点在于"集体旅行、集中食

---

① 杨柳．研学旅行的"育人思考"［J］．基础教育论坛（下旬刊），2020（9）：42.

② 林玮．像艺术家一样看待世界——美育视野中的研学旅行［J］．基础教育参考，2020（1）：3-6.

宿"和"研究性学习和旅行体验相结合"。

"集体旅行、集中食宿"强调研学旅行的集体性和生活性。这种集体的校外生活，对中小学生来说乃是一种不同于日常校园或家庭的"异质"生活。它不但要集中食宿，还要离开熟悉的生活环境，去体会一种异质的生存经验。这在美学理论上可以被认为是"陌生化"的生活，它对应人的趋新、好奇心理，可以让学生对生活本身产生反思。[①]

"研究性学习和旅行体验相结合"强调研学旅行的教育特征，就是要让学生在集体旅行的过程中，去体验并研究生活的异质性。譬如所到之处的人文传说、自然环境的地质变迁、生产劳动的工艺流程等，这些都具有不同于学生日常校园与家庭生活的异质性特征，蕴含着研学旅行不同于普通旅行的教育属性。

异质生活的核心就是"异质情境"，就是把学生带离熟悉的生活现场，使其进入一个相对疏离的、陌生的情境之中，让他们自然地产生探究和体验的冲动。因此，研学旅行必须把握住"异质生活的情境性"这一审美体验的本质，才能找到其审美教育生成的可能。只要校外的研学旅行活动能创设足够的"异质性"，那么其美育效果的发挥，并不由地域远近所决定。例如，有些省市教育局要求研学旅行必须坚持"三为主三不出"，即小学以县内为主，初中以市内为主，高中以省内为主；且明确提出"小学不出市，初中不出省，高中不出国"。其实，作为审美对象的异质生活并不拘泥于地域，只要是异质的，都有激发学生审美兴味和探究反思的可能。例如，对小学生来说，短期地换一所学校，或换一位教师，或换一间教室，都能达到"异质"的目的；而对中学生来说，跳蚤市场、校园商业节、校园美食广场等活动课程，也可以给他们带来异质生活的体验。

（二）研学旅行的美育资源：两个传统

中西方古代的"游学"或"壮游"，都产生了艺术创作的"衍生品"，大量游记文学即是证明。特别是中国古代的"壮游"，至少形成了两个特殊的传统。

一是以"曾点之乐"为代表的精神传统。《论语·先进》篇中有关于"子路、曾皙、冉有、公西华侍坐"的著名故事：孔子与四位弟子闲聊，问他们的志向，其中三位都以入世的建功立业为愿景，唯独一直站着弹琴的曾皙（曾点）说自己的志向是"莫春者，春服既成，冠者五六人，童子六七人，浴乎沂，风乎舞雩，咏而归"。而孔子最赞成的也恰是这一观点。在曾点的春游描述中，古代的"研学旅行"已颇具雏形，在美育效果上已达到人与自然"同其流"的极高境界。

二是以"经世致用"为特征的事功传统。与曾点并无特定目的的旅行不同，中国古代的"壮游"多半以增长见闻、激发志向为目的。如司马迁"二十壮游，奉使西征"；王阳明十五岁"出游居庸三关，即慨然有经略四方之志"；李白的《少年行》（二首）和《结

① 杨建刚.陌生化理论的旅行与变异［J］.江海学刊，2012（4）：205－213，239.

客少年场行》等。欧洲（尤其英国）自 16 世纪起出现的作为其男性公民成年礼的"壮游"（Grand Tour），多半是出于宗教目的的朝圣，迄今仍有衍兴。以上出游都带有某种功利性的目的。

古代游学的上述两个传统，一则超越，一则功利，看似矛盾，实则在美学层面上有其内在的一致性。这种一致性表现在两个方面。一方面，旅行为主体带来的人生经验，在记忆中会历久弥新，从而自然生发出深厚悠远的美学效果，上升为一种生命体验。如朱熹在《远游篇》中回忆其旅行经历的"悲风来远壑，执手空徊徨"，就是一个例证。因此，只要是异质性的生活，主体又有足够的思想准备去经历和反思，其本身就具有美育的功能。另一方面，上述两个游学传统都着眼于激励青少年扩大心胸、提升自我、视天下为一体、融四海成一家，鼓励他们通过旅行而产生自我判断，形成强大的主体性，以更好地面对世界。

（三）研学旅行的美育意涵：三个特征

古代游学人群中的佼佼者，往往都有诗词等文学作品或美术作品传世。因此，提倡在旅行中"像艺术家一样看待世界"有其合理性。但古代"游学"与今天的"研学旅行"在情境上有着极大的不同。当代生活存在两个独有的特征：①当代社会比古代复杂，人类已经进入了全球化时代，各种文化之间的相互交流与共生已是常态，知识的爆炸式增长与传媒的飞速发展，使现代人接触的信息远远超过古人。对此，美国学者戴维斯等倡导"复杂性学习"，认定学习者是参与者，学习是对世界的一种参与，是所有学习者的共同演化[①]。而对于这种学习来说，研学旅行无疑是一种典范。②当代社会比古代灵活，当代社会的流动性极大，人往往是一种"移动中的存在"。飞机、高铁、海底隧道等交通工具的诞生，助推了人们的移动生存体验，而要适应这种生活，也需要有关旅行的学习。

基于以上，研学旅行必定呈现出与古代"远游""壮游"或"游学"极不相同的美育属性，否则就可能沦为一般意义上的旅游。而"研学旅行"与"一般旅游"的不同，至少需要在审美意蕴上呈现出以下三个特征：

一是要彰显教育本义。许多社会批评指出不少研学旅行产品"只旅不学"。除了商业因素，这种美育手段还受到了近年来十分流行的"消极教育学"或"静待花开论"的影响。有些教育观点特别强调要少干预青少年成长，这使某些教育者以此为借口走向了另一个极端，即放弃了自己应尽的教育责任。面对复杂的世界，如果教育者不能提供必要的"路线图"，青少年学生很可能会"误入歧途"。因此，研学旅行必须在课程设计上高度重视价值诉求，明确教学目的和达成方法。

---

① DAVIS B, SUMARA D, LUCE - KAPLER, R. Engaging minds: learning and teaching in a complex world [M]. Mahwah: Lawrence Erlbaum, 2000: 52.

二是要聚焦审美体验。异质性是研学旅行作为美育手段的核心，而对异质性的体认固然可以通过知识来获得，比如研学旅行中导师以讲解、考察等方式向学生传授具体的知识信息，但更重要的是带学生到现场，让他们参与其中，只有这样，才算得上是"审美教育"。学生在实际情境中，对异质生活的认识不再只局限于知识，而是有了体验的经历，这不但会促发学生在旅行过程的当下即产生移情（如爱上某个地方、某种生活方式），更重要的是通过时光积淀，这段研学的经历会变成一种充满情感的回忆，从而使主体产生前文讨论古代"游学"时提出的那种生命体验式的审美效果。

三是要鼓励情感交往。当代的研学旅行是一种"集体旅行、集中食宿"，这与古代的"少年行"大不相同。我国的研学旅行更带有社会主义教育的特殊性，即突显集体性，而这正是对现代社会过分重视个人主义的反驳。集体生活本身对中小学生来说就是一种异质生活，它在促使学生反思生活本身的同时，也为同伴之间的情感交往打开了广阔的空间。而情感交往本就是美育的题中之意。研学旅行必须高度重视在旅行过程中人和人之间的情感关系，鼓励学生多交朋友、交好朋友，引导学生形成同情、怜悯、分享、利他等正向情感体验。

（四）研学旅行的美育效果：四条路径

具有深厚、丰富美育意味的研学旅行，需要把整个异质生活都看作一件艺术品，让生活本身呈现出审美效果。这才是真正的美育。而要抵达这样的美育世界，研学旅行有以下四条路径可供选择：

一是博物论。艺术具有认识世界的功能。在《论语·阳货》篇中，孔子认为读《诗经》有诸多意义，其中一条就是"多识于鸟兽草木之名"，而"诗经名物研究"自汉代以来就是一门比较专业的学问。博物学也曾经是中国教育体系的一部分，如《幼学琼林》就有很强的博物色彩。[①] 今天的自然爱好者对观鸟、观潮、观云、观星等兴趣之高，也可以认为是博物论的一种复兴。如"形色"App、"识花君"微信小程序等新媒体手段，也让研学旅行能够更好地继承博物学传统。

二是意象论。朱光潜提出的"美在意象说"已成为当代美学的一个共识，它提倡欣赏者用无功利的心态来看待审美对象（可以是艺术品，也可以是自然风光）。不过，这种"无功利的心态"是需要练习的，包括移情、内模仿、沉浸性体验等在内的一系列"欣赏姿态"，都需要通过敏锐的感官和丰盈的情感来实现，有时候还需要广博的知识。而这些都可以在研学旅行的过程中得到训练。

三是情感论。通过研学旅行的集体生活和异质生活，帮助学生在与他人（老师、同学和陌生人）的交往过程中体会情绪感染、情绪放大、情绪沟通、情绪收敛，降低放肆、粗

---

① 刘华杰. 理解世界的博物学进路 [J]. 安徽大学学报（哲学社会科学版），2010（6）：17-23.

野、虚伪、冷酷的情感作用，提升谦卑、信任、荣誉、责任的情感水平①，以此来提高共情力和同理心，这是研学旅行所特有或所擅长的一种教育功能。

四是生活论。若常人想要从"沉沦"中超拔出来，旅行无疑是一条捷径。虽然"教育即生活"的说法流行于一百年前的中国教育学界②，但能够把生活直接变成美育手段的，恐怕只有今天的研学旅行。因为异质生活最易产生美感（陌生化效果）③。当然，这只是审美教育的第一步，真正的美育应该使学习者在不出门的情况下或熟悉的日常生活情境中也能感受到美的存在，这才是人的审美能力得到充分发展的结果。这样，在美育意义上，我们才能够理解马克思在《关于费尔巴哈的提纲》开篇中的名言："从前的一切唯物主义——包括费尔巴哈的唯物主义——的主要缺点是：对于对象、现实、感性，只是从客体的或者直观的形式去理解，而不是把它们当作人的感性活动，当作实践去理解，不是从主体方面去理解。"④ 在这里，无论"人的感性活动"还是"实践"，抑或"主体方面"，都是生活，或称艺术家眼中的生活，就是要从人的立场和眼光，把生活世界视为一个足堪把握、体认与鉴赏的艺术品，其自有教育意义。

三、 地理研学旅行美学的教育案例⑤

普通高中各学科课程标准（2017 年版）于 2018 年 1 月正式发布，此轮升级版的课改肇始于教育"立德树人"根本任务的提出，强调"全科育人，全员育人"。新的课程实践必然基于教师个体精准的课程理解，以课内外新的教学行为为主要载体，以提高学科育人的质量为终极目标，从各个环节落实学科核心素养的培养。⑥

随着国家经济的高速发展，学生走出校门，甚至走出国门看世界已经成为一种生活常态。如何在学生体验生活、享受生活中落实地理学科核心素养，给地理教师提出了更高的要求。

（一）地理研学，具备美育的条件

地理研学，是地理课堂的延伸及深化，也是地理学科实践美育的重要途径。地理教师根据本学科核心素养的培养要求，在假期组织学生进行研学或为学生设置行之有效的研学线路和研学主题，将大大提高本学科的魅力。地理研学，重在于旅行过程中引导学生进行研究性、探讨性学习。出发前，教师要利用自身的专业知识及经验，与学生一起规划好研

① 朱小蔓. 情感德育论［M］. 北京：人民教育出版社，2005：53.
② 陈元晖. 中国教育学史遗稿［M］. 北京：北京师范大学出版社，2001：7.
③ 彭锋. 日常生活的审美变容［J］. 文艺争鸣，2010（9）：46－50.
④ 中共中央马克思恩格斯列宁斯大林著作编译局. 马克思恩格斯选集：第一卷［M］. 北京：人民出版社，1995：58.
⑤ 林旭丽，李红. 浅谈地理研学中的美育教育——以埃及研学为例［J］. 中国校外教育，2019（11）：145－146.
⑥ 丁生军. 课改新时代，我们再出发［J］. 中学地理教学参考，2018（3）：1.

学的主题及具体细节、步骤，估测达到的预期效果。研学前准备充分，设计合理，研学过程中学生就会利用"地理眼"看待地理事物，学生就能在愉悦轻松的旅途中感受美、获得美的体验的同时，把地理知识内化为解决地理问题的能力，研学过程也符合学生的心理认同。可以说，研学的美育感受对于学生的学习兴趣和健康成长都具有很大的推动作用。

（二）研学过程中的美育探究

以下是某所中学一位教师及其学生的研学旅行经历。2017年的暑假，这位教师和其三位八年级学生，踏上那块令他们向往的神奇土地——埃及。

1. 利用感官美来设计研学主题和线路

因为研学地域的特殊原因，这次旅行采取参加旅行团的形式开展。本次研学的主题是：纬度位置大约相同的大陆东西两侧的地理特征差异探讨。埃及和广州同是北回归线穿过的地方，但两者在气候、地表景观、人文环境等方面却有很大的差异。研学实践的路线是：北部的开罗—红海边的洪加达—卢克索—南部的阿斯旺，从北到南跨越整个埃及。

2. 自然景观的差异美

研学旅行路上，处处引导学生用地理眼光看研学地的一切。在飞机上俯瞰地表，到达埃及之前的几个小时，学生通过地表的景色单调、人烟稀少，确定所经地区是沙漠地貌。飞机起飞时间在深圳是早上7点，因两地之间的时差问题，飞行12个小时后到达埃及约为下午1点。

学生置身于当地的地形、气候、植被等自然环境中，真正感受到尼罗河就是埃及的生命线，感悟到在沙漠地带，有水才可能有生命的铁律。目睹了撒哈拉沙漠并非想象中的一望无际，而是地表高低起伏，光秃秃的石山颜色略有不同，细沙难得一见。学生通过取样分析，结合与导游和途中游客教授的探讨，得出了石山颜色不同是由于所含的矿物质差异导致。

教师适时补充，非洲由于特殊的海陆位置，加上全球气压带和风带的影响，形成了高原沙漠大陆的景观。沿着尼罗河从北到南，学生欣喜地感受到美无处不在，植物形状的美，建筑用材及造型的美，居民衣着的美，等等，都大大刺激了视觉。

在经历埃及阿斯旺大坝午后48℃高温的环境后，学生能深切理解到建立阿斯旺大坝的重要意义。

3. 人文景观的差异美

地表景观的特殊，加上埃及人民的智慧，造就出令世人惊叹的人文景观。学生通过研学，对这些人文景观蕴含的地理知识产生探索的兴趣，如像哭泣的孟农神像，学生分析可能是地震和风蚀所致。人文景观的美，令人感触最深的还是埃及胡夫金字塔内部和最南部的努比亚村。

（1）帝王陵墓之——胡夫金字塔。

初见金字塔，学生都被这雄伟的建筑所折服，为埃及劳动人民的智慧惊叹不已。在感受视觉美之余，学生也分析得出金字塔的建筑材料彰显了当地的气候特征和发展经济的因地制宜原则。

古代埃及人相信灵魂不灭，保住尸体能复活永生，因此统治者都重视陵墓建设，并且死后把毕生所积累的各种贵重物品带进陵墓。古埃及国王也称法老，拥有至高无上的权力。他们被看作是神的化身。所以每位法老从登基之日起，即着手为自己修建巨大的陵墓——金字塔，以求死后超度为神。

金字塔是法老权力的象征。最著名的是埃及首都开罗近郊的吉萨三座金字塔。大金字塔是胡夫金字塔，建于埃及第四王朝第二位法老胡夫统治时期（约公元前 26 世纪前中期）。高约 146.6 米，底座每边长约 230 米，4 个斜面正对东、南、西、北四方，三角面斜度 51 度 52 分；塔身由 230 万块淡黄色石灰石砌筑，每块石头平均重 2.5 吨。据说，10 万人用了 30 年的时间才建成它。

埃及是热带沙漠气候，属于撒哈拉沙漠的一部分。气候炎热，在金字塔周围也一样，但进入金字塔，通道里的空气很凉爽，通道狭窄，仅能容两个人并列进入，触摸通道内的石壁，感觉冰凉，有些湿润。金字塔内没有壁画，有一些各国字体的涂鸦，记载着各国游客们的素质。

金字塔只开通一条通道供游客们参观，顺着通道往里走，内部有一些通往不同方向的通道是堵住的，沿着通道，有的路段很低矮，只能弯腰半爬着通过。有的路段较高，最高的通道由七层光滑的石灰石向内堆垒而成，每上一层的石灰石石块向内凸出几厘米，形成下宽上窄的结构。通道的最里面，是国王墓室。国王墓室内侧西侧是国王石棺，国王石棺经过几个世纪的洗礼，石棺缺了一角，还有一个小的石槽，据说是装国王内脏的（因为死后要制作木乃伊，必须先取出内脏）。参观完国王墓室，游客只能沿着原路返回。

回程路上，学生感叹这一建筑的伟大，教师顺势引导学生思考并讨论：为何金字塔地处炎热环境，里面却是凉快的？通过学生的思考、讨论结果，延伸到沙漠地带的民居建筑特点。

（2）少数民族聚集地——努比亚村。

努比亚村是埃及最值得留恋的地方，属于埃及最南端的城市阿斯旺。努比亚是埃及两个主要少数民族之一（另一个为贝都因），该民族有着自身独特的民俗习惯。研学团从乘坐游船沿着尼罗河上游方向前进开始就激动不已，因为沿途可以看到河的两岸：山丘断断续续，河里的岩石形态各异，热带植物充满生命力，河道时宽时窄，窄的刚好容纳游船经过，所有这些，随手一拍，都可成为明信片，周围的一切，构成了绝妙的风景。

船靠岸后一排骆驼趴在岸边列队迎候客人，主管骆驼队的是一位老者，带领几个几岁到十多岁的孩子。游客派糖果给小孩，小孩则很自觉地交给老者，因此可看出这个民族民风淳朴，等级观念强，具有长者地位至高的民族特色。

努比亚村是座安静、颜色鲜艳、神庙众多的村子。这里的房屋涂成了各种不同的颜色，农田种植农作物，枣椰树因高大而突出，枣椰树底下到处是椰枣，这里的村民习惯早餐吃几个椰枣作为营养品。当地居民使用努比亚语言，个别懂点英语，跟游客沟通存在困难，没有相关的文字，小孩也很少接受正式教育。学生在叹惜当地孩子的境况时，纷纷表达第一次感受到自己满满的幸福感及作为中国人的自豪感，爱国之情油然而生。

（三）研学的美育效果初显

游完努比亚村，学生为当地孩子没有接受正式教育感到惋惜，但对几岁的孩子就能指挥那么大的骆驼感到特别惊讶。而当地孩子对游客给的糖果的渴望反映出当地食物缺乏、人民生活困苦的现状。一路上各个关卡都有警察架着机关枪在维持治安，每辆车都要接受检查，可看出埃及治安混乱，人民无法安居乐业。联系到我们国家，早已实现了九年义务教育，众多国人还可以到世界各地观光考察，彰显出国家的强大富强，学生深深感触到国强民安的大好形势，更加深刻理解到科技强国的重要意义，坚定地把对国家的爱转化为努力读书，为国家的富强尽一份责任的决心。

地理研学路线的选择和问题的设置，都需要经过全方位的考虑，这有利于提高教师的专业素养。在研学过程中，既提升了学生的实践能力、观察能力和逻辑思维能力，也让学生感受到地理学科的魅力和地理改变生活的价值，从而形成自觉学习地理的习惯。

四、 地理研学旅行需要注意的几个理念问题①

美育不仅影响一个人的情感、趣味、胸襟、气质，还影响其潜在意识。懂得美的人，从一花一叶、一草一木、一粥一饭中，都能感受到美好。可有些学校、有些教师单纯依靠知识教育和说理教育，对实用性的追求，对美的麻木及美学教育的缺失，使学生渐渐失去了审美能力。不知从何时起，中小学生的一些活动被禁锢在校园里，"两耳不闻窗外事，一心只读圣贤书"，他们的活动范围越发变窄。课外研学旅行让孩子们从小接触美，学会发现美和欣赏美，这正是打开学校美育工作的一把钥匙。② 但研学旅行课程目前还在探索之中，科学有效开展研学旅行，还需要注意以下几个理念问题：

（一）研学旅行必须充分调动全社会广泛参与

尽管研学旅行是针对基础教育中的诸多问题，比如学校教育与社会教育严重割裂、学校课程体系学科化倾向过重、学生综合实践活动能力严重不足等问题提出来的，但研学旅

---

① 吴颖惠. 研学旅行需要注意的几个问题［J］. 中国教师，2017（17）：9-11.

② 何利华，欧志鸿. 研学旅行：打开学校美育的一把钥匙［J］. 湖南教育（A版），2019（8）：28.

行活动不是一项教育内部的改革，单独依靠教育系统自身的力量是远远不够的。研学旅行的顺利开展，不仅需要教育系统内部的研究机构、学校、教师、学生参与进来，而且还需要教育系统外面的公安部门、文化场馆、实践基地、旅游公司、交通部门等的支持。学校要充分整合校内外资源，合理分工，共同做好研学旅行的组织实施工作。

（二）研学旅行要尽可能地让学生体验感受真实的社会生活

研学旅行，顾名思义，有"研究"的内容，有"学习"的内容，还有"旅行"的内容，可它又不完全是一种旅行，学生需要在旅途中不断地领悟、不断地学习。过去片面地认为，学习就是教师在台上，学生在台下；教师讲课，学生听课；学生做实验、自主探究，但这些教学活动都还是在一个教室里进行的。研学旅行突破了原有的学习空间与时间，把学生从课堂带到真实的社会生活中，让学生在一个真实的社会环境中，解放他的耳朵、解放他的眼睛、解放他的双手，甚至解放他的时间、解放他的空间，全感官地、广泛地开展学习。在研学旅行中，学生"用自己的眼睛观察社会、用自己的心灵感受社会、用自己的方式探究社会"。学校是社会的一部分，但只是有限真实的社会。学校里可以发生哪些事情，不可以发生哪些事情，都是由校长和教师们规定好的。在学校里，教师总要告诉学生该做什么、不该做什么，什么是对的、什么是错的。社会却是复杂多样、善恶美丑兼容的。研学旅行活动的根本目的就是让学生回到真实的社会中学习，在社会情境中辨别美丑善恶。比如，许多学校会组织学生在暑假去青岛开展研学旅行，这有利于学生全面了解青岛的气候特征、植被特点、近现代城市规划的合理性及城市发展历程、建筑风格、交通运输；从地理角度综合分析青岛港发展的原因，认识该港的重要性；观察岸滩形态及颗粒物大小，结合资料分析其特点及成因，认识海岸堆积地貌及海岸侵蚀地貌特点；测量沙滩及海水温度，加深对海陆热力性质差异的认识。学生感受辽阔的大海、宽广的沙滩的同时，开阔视野、陶冶情操、提高审美能力；同时，学生也会感受到青岛海滩人满为患、垃圾成堆的社会问题，这就是一个真实的社会。再比如，组织学生去农村研学旅行，了解农耕文化，分析村落布局特点，是否体现了人与自然的和谐统一，让学生感受农村生活质朴清新美好的同时，也要让学生体验收割水稻等的辛苦和不易，进一步理解"锄禾日当午，汗滴禾下土。谁知盘中餐，粒粒皆辛苦"。总之，研学旅行一定要让学生回到真实的生活中来，体验生命的丰盈和生活美好的同时，还要体验生活的酸甜苦辣、艰辛和劳累，让学生体会不同地方的人的思想情感，了解社会的多样性，感受生活的丰富多彩，在研学旅行的过程中力求学有所思、学有所得、学有所获。

（三）研学旅行的路线设计应该是学校课程的课外延伸

从一定意义上说，研学旅行的路线设计也是一种学校课程建设，是一种更为多样、更重视实践的课程类型。研学旅行的路线主要应是在本地本城，在身边旅行，让学生深刻了解生活学习的地方。如果条件允许的话，学校也可以带领学生离开本地，去更远的地方研学旅行，设计更有文化和教育价值的研学旅行线路。例如，徐霞客路线、红军路线、茶香路线、地貌路线等。这些路线设计需要学校结合实际，便于组织实施。无论是哪一条路线，都要牢牢地把握研学旅行的本质，那就是让学生走出教室、走出校门，回到真实的社会生活中学习。在研学旅行的过程中，让学生体验中国的社会发展变化，感受中国的美丽，感受自己身上的时代责任和历史使命。

（四）研学旅行应该是一种综合类的实践学习

研学旅行不是单纯的某一学科内容的学习，它应是一个综合实践内容的学习，它的教育价值是多元的、综合的。在研学旅行中，学生的学科知识学习可以与做人、做事学习和审美学习有机结合起来，学生的人际交往能力、体验感悟能力、观察能力以及集体团队意识等，都能够得到培养和提高。在研学旅行过程中，通过观察、体验、思考，学生可以进一步加深对生活艺术、文化历史、自然环境等方面的理解，这对学生的人格成长具有重要意义。研学旅行的教育目的是多元化的、综合性的，是学校单一的学科教育所无法达到的。在研学旅行的实施过程中，要尝试以文化主题或综合项目的形式将多种教育目标整合起来，充分发挥研学旅行课程跨学科、生活化、综合性、实践性的特点，实现各学科和综合实践活动课程之间的相互促进、相互融通。

研学旅行不同于传统的春、秋游活动，也不同于面向少数学生的"精英活动"。研学旅行能够让学生了解国情、热爱祖国、融入自然、走向社会、增长知识、拓宽视野、感受时代、强健体魄、锤炼意志；促使学生学会动手动脑，学会生存生活，学会做人做事，促进身心健康；帮助中小学生着力提高他们的社会责任感、创新精神和实践能力；体验不同地域的风土人情，感受中华传统美德，感受革命光荣历史，感受改革开放伟大成就，增强对坚定"四个自信"的理解与认同；激发学生对党、对国家、对人民的热爱之情；树立远大理想，增强奋发向上的斗志；促进形成正确的世界观、人生观、价值观，培养他们成为德智体美劳全面发展的社会主义建设者和接班人。

（五）研学旅行的路线规划要保证安全可行

安全问题是重中之重，安全的路线规划是研学旅行课程开展的重要保障。学校应对学生的安全负责，由于户外教学场所的不确定性，在选择研学旅行地点时，应尽量避免危险性高、交通医疗食宿等条件不便的地点，路线规划过程中需注意避开陡崖、沟谷、河岸等危险地带，并做好安全预案，以应对突发事件。

研学旅行课程不同于课堂教学，其具体实施需要更多的时间成本和经济成本。因此，在路线规划时需要：因生制宜，考虑到全体学生的消费能力，需将费用成本控制在学生家长能接受的范围内；因校制宜，查看学校的课程安排，尽量减少对日常课程进度的影响。①

愿能有越来越多的地理教师带领学生推开封闭的校门，感受世界广阔，领略山河壮美，追随先辈足迹，体会风雨艰难，奏响时代强音。通过地理研学旅行，促进学生培育和践行社会主义核心价值观，推动全面实施素质教育，创新人才培养模式，培养学生"且走且思""且思且研"的思维习惯，引导学生主动适应社会，促进书本知识和生活经验的深度融合。就目前而言，中小学校教师有条件研发研学旅行课程。特别是旅游公司等一些企业单位介入后，研学旅行得到了进一步的发展。但因研学旅行才刚刚起步，一些体制机制还不够成熟，还需要进一步深入研究和实践。中小学校及教师要尽可能地与社会机构建立起良好的合作关系，较好地利用社会资源，精心设计适合学生身心发展特点的、丰富多彩的教育活动形式，不断深入挖掘研学旅行的社会教育价值。愿研学旅行能够更快更好地在中小学校落地、生根、繁茂，成为一片生机勃勃、光彩夺目的育人新景象。让中小学生在最美的路上"研"有所思、"学"有所获、"旅"有所感、"行"有所成！②

第三节　美学视野下的地理校本课程开发评价

地理校本课程的开发具有持续性、过程性及创新性特点，美学视野下的地理校本课程开发的评价机制是促进地理校本课程不断完善、进入良性发展的指路明灯及驱动力。评价机制需要关注过程与结果。

（1）对地理校本课程本身的评价。如地理校本课程开发的理念是否与学校办学理念相融共生，是否体现学校的办学特色；是否符合学生美育发展的需求，是否有助于提高学生的审美能力；是否促进地理教师的专业化发展。

（2）对地理教师教学行为的评价。如地理教师是否积极主动地参与地理校本课程的开发与实施，在实践中是否发挥教师自身的艺术专长与教育智慧，在参与地理校本课程开发中是否发展了专业能力、取得了美育的教研科研成果等。

（3）对学生审美发展的评价。如地理校本课程是否得到学生的喜爱，学生通过地理校本课程的学习，审美能力是否得到提高，对美育的需求是否得到满足等。

---

① 周怡. 地理实践力视角下研学旅行课程的设计与实施——以"雪窦山研学"为例［J］. 地理教学，2022（6）：58－59，35.

② 罗亚玲. 最美的教育在路上——研学旅行活动课程体系实践研究［J］. 教育科学论坛，2018（3）：38－41.

　　基于学校办学特色进行科学规划、逐步推进、合理评价，可以使地理校本课程的开发者、管理者及时发现问题，并在开发与实施过程中寻求有效策略，使课程更好地切合学校实际，在提升地理校本课程开发价值的同时，真正促进学生个性发展、教师专业发展和学校特色发展。[①]

思考与探究

1. 说说美学视野下的地理校本课程开发的原则。
2. 请设计一次地理研学旅行方案。

---

① 陈华. 基于学校特色的美育校本课程开发 ［J］. 福建教育学院学报，2018（6）：48 - 50.

第十一章　地理教育美学研究

本章导读

为了更好地进行地理教学技能美学研究，需将其放在一个更广阔的研究领域——地理教育美学学科内进行研究。地理教育美学涵括地理教学技能美学，是一门由地理学、教育学、美学、心理学、伦理学、系统科学及传播学等多学科彼此融合、相互渗透而形成的边缘学科。它着力探究让地理教育按照美的规律来运作与发展，从而通向至美纯美的境地。地理教育美学研究是从美学视野观照中学地理教育的复杂的、新兴的学术研究领域，其研究方法、研究内容及理论体系构建等，均需要地理教育研究专家及地理教师进行不懈的思考、探索和创新。就目前而言，系统的地理教育美学研究尚未出现，均是一些局部的、零散的研究。美学与地理教育的关系问题，是一个深具研究价值且迫切需要解决的研究问题。

希望同学们通过本章的学习，能较全面地了解地理教育美学研究的现状，重视地理教学实践改革活动，拥有较强的地理教研科研意识，掌握一定的地理教育美学研究方法，具备一定的地理教育美学研究能力。

第一节　地理教育美学的研究现状[①]

到目前为止，国内外对地理教育美学的研究均比较零散，不够系统，基本附属于综合研究或其他研究。因此，对地理教育美学的系统综合研究将开辟地理教育新的研究领域和研究方向，是创立新学科的研究课题。而本书的研究则主要是建立在有着深厚理论与实践基础的地理教学论、教育美学及充满研究潜力的地理教学技能美学等基础上的。

国外教育美学研究起步较早，涉及学科教学法的美学意义、学科教学内容的审美改造、学科审美教育的教学理论等方面，开创了从审美视角研究教学的先河。[②] 西方对教育美学的研究可上溯到古希腊，其教育美学思想是在古希腊苏格拉底、柏拉图等人的教育艺

---

① 李红.地理教育美学理论体系构建研究［J］.中学地理教学参考，2018（7）：8－10.
② 李如密.国内外教学美学研究状况及存在问题［J］.教育学术月刊，2008（1）：3－7.

术实践中逐步发展起来的。[1] 1750 年，德国哲学家鲍姆加登正式提出了美学学科的名称 Aesthetica。此后，德国古典美学家康德、黑格尔、席勒等赋予美学更丰富的内涵。恩格斯在《反杜林论》中指出，普通学校学科教育要进行"关于美学方面的教育"。美国学者对教育美学的研究，是在反对科学主义至上思潮的背景下发展起来的，他们思想活跃、观点纷呈、成果丰富。苏联学者有重视美育的传统，对教学美也给予了一定程度的关注。苏霍姆林斯基是个特别重视教学美的教育家，他指出，"美是一种敏感的良知的教育手段"，"没有一条富有诗意的、感情的和审美的清泉，就不可能有学生全面的智力发展"。20 世纪以来的美学发展使美学研究突破了美的本体领域，如与教育学融合，形成教育美学。20 世纪 90 年代，《地理教育国际宪章》指出地理课程得以在政治、社会、道德、人道、审美和环境教育上发挥实质性的作用。

在我国，教育美学的思想早已有之，如孔子的"兴于诗，立于礼，成于乐"。在近代中国，梁启超、蔡元培等教育家提出"审美教育"的新思想。蔡元培就曾深刻指出："凡是学校所有的课程，都没有与美育无关的。"在我国，对教育美学进行的系统论述当首推范寿康 1923 年发表的《教育哲学大纲》。随后，不少教育家如叶学良等对教育美学进行研究，并出版了相关著作。国内教育美学研究大致经历了三个阶段：教学与美学的初步嫁接阶段（1985—1990 年）、教学与美学的相互融合阶段（1991—2000 年）、教育美学研究的深入发展阶段（2001 年至今）。[2] 地理新课程标准中也已列入了美育的维度，对中学生审美能力的培养提出了新的要求。

近年来，地理教育与美学的融合研究和实践探索得到不少地理教育专家和地理教师的高度重视，地理教育审美方面的论文不断公开发表。从发表的论文看，主要集中于地理教育美学方法的功能及实践应用等方面，而缺乏对地理教育美学理论和实践体系的总体把握。专门研究地理美育的著作——《中学地理教育中的美育》，分八大章对中学地理美育做了全面系统的阐释，重点研究地理学科美育价值、美育目标确定、美育内容选择及审美化地理教育的基本原理与操作等，这对地理教师更新地理教育理念，提高审美化地理教学能力均有很大的帮助作用，但关于地理教育的审美观、地理美育的本源问题及美育渗透和促进作用等问题还有待进一步深入研究。[3]

地理教育美学正是顺应探寻如何成为美的地理教师、美的地理学生、美的地理教学环境、美的地理教学内容以及美的地理教学活动等真善美相融合的美的地理教育这一要求而产生的。其研究的是美学与地理教育的关系问题。通过对该课题的研究，将构建地理教育美学全新的理论与实践综合体系，使师生深切感受地理课堂的美和幸福，充分开发生命潜力。

---

① 逄金一，庄新红. 关于教育美学学科建设的初步构想 [J]. 中国成人教育，2005（2）：58 – 59.
② 李如密. 国内外教学美学研究状况及存在问题 [J]. 教育学术月刊，2008（1）：3 – 7.
③ 褚亚平. 欣读地理美育创新之作——评介《中学地理教育中的美育》一书 [J]. 地理教育，2002（3）：60 – 61.

第二节　地理教育美学的研究意义[①]

一、　成为地理教育理论新的生长点

地理教育美学是地理师范生学习地理教学论，掌握地理教学基本技能后，进一步提升其地理教学审美能力、掌握地理教学艺术、形成个性化教学风格的突破口，是地理教学理论与实践课程体系的重要组成部分，从而构建地理教师教育课程新体系。地理教育美学研究能够改变地理学与教研相脱节的现象，推进地理教育理论学术研究的深入，提高地理教师的教育理论和专业学术水平。

二、　铸造学生完整而和谐的人格

地理教育美学是在审美观照下以人为本位的教育展开，能提高地理师范生的审美素质，形成其自觉爱美、护美的行动意识；唤醒地理教师在教学过程中对美学重要性的认识，为其在教学过程中表现与表达美学提供理论与实践依据；指导地理教师在地理教育实践中，运用美学法则，把传授地理知识的"真"和渗透思想情感教育的"善"统一起来，引导学生"崇美"，更好地促进学生德智体美劳全面发展，塑造学生成为"求真""向善""崇美"的创造性人才；注重对学生的终极关怀与生命发展，着眼学生人生境界的提升，铸造学生完整和谐的人格。

三、　使师生感受地理教育的美和幸福

地理学是一门综合性学科，地理教育美学研究能充分发掘蕴藏在地理学科中的丰富的美育资源，有意识地把美育教育渗透到地理教学中，让学生在学习地理知识的同时得到美的熏陶。在美学视野下，使师生认识、感受到地理教学活动并非只有辛苦与劳累，更有欢乐与满足，从中感受到地理教育的美和幸福。

四、　提高师范院校的人才培养质量

在美学观照下，既注重对地理教育规律的理论研究，又注重实践探索，诸如对地理教师教育课程体系的改造与构建，教学内容、方法、手段的更新，技能训练与实践教学有效性的加强，等等。在美学视野下，改变地理教师教育课程的教学内容、教学方法、教学手段的滞后性、封闭性，改善教学内容与教学实践脱节的问题，加强地理教师教育课程教学与教育美学及基础教育课程改革的联系，探究培养地理师范生专业素养，特别是现代教育

[①]　李红. 地理教育美学理论体系构建研究［J］. 中学地理教学参考，2018（7）：8－10.

理念和教学技能的有效方法和途径。

开展地理教育美学研究，将有力地推进学科教师教育课程的整体改革，进一步提升高等师范院校学科教师教育课程授课教师的学术研究水平和教学水平，推动学科教师教育课程的理论建设和教学改革，从而提高师范院校的人才培养质量。

五、 促进地理教师教育课程理论与基础教育课程改革的互动与融合

地理教育美学既是美学在地理教育中的应用，又是地理教育向美学的升华，强调地理教学理论对基础教育不仅有适应、服务功能，而且还具有影响、推进、引导基础教育地理课程改革的功能，丰富并提升地理教师教育课程理论的功能定位，有利于形成与基础教育地理课程改革的良性互动，从而对基础教育地理课程改革产生积极的影响和促进作用。

六、 研究成果具有一定的推广价值

地理教育美学的研究实践与成果不仅有助于全面提升高等师范院校地理师范生的实践能力和综合竞争力，而且对中学地理教师更新教育理念、提升自身职业综合素质也具有较大的帮助作用，因此，其相关研究成果具有一定的推广价值。

第三节　地理教育美学的研究内容

地理教育美学研究者应在教师教育变革和基础教育课程改革的广阔视野中，在深入分析地理教师教育课程研究现状的基础上，以教育学、心理学、教育美学理论和系统论等为指导，密切联系中学地理教育改革实践，以高等师范院校地理教育、中学地理美育科研成果为素材，以"真善美融合"为核心教育理念，在美学视野下改革高等师范院校地理教师教育课程体系。构建体现新世纪地理教师专业发展理念，且与我国基础教育地理课程改革相适应，具有互动关系的新型地理教师教育课程体系——地理教育美学课程体系。这一体系主要包括三个系统：地理教育美学基本理论系统、教学技能美学训练系统、师范生教育实践系统，更加突出课程结构的整体性、实践性、开放性和选择性。更新地理教学内容，广泛吸收当代世界教师教育改革的最新理论成果，吸收我国基础教育课程改革的新理念、新经验，使本课程的教学内容更具先进性、时代性。从地理教师的教育理念美、师生的形象美、地理教材的内容形式美、地理教学过程环节美、地理教学方法手段合适美、地理教学环境美、地理教学评价准确及启迪引领美等方面，全面而系统地阐释地理教育美学现象，揭示地理教育美学规律，构建地理教育美学的主体结构，拓展地理教育的理论视野，探寻提高地理教学效率的最佳方法和途径，充分发挥地理教育美学在人才培养方面不可替代的作用。[①]

---

① 李红. 地理教育美学理论体系构建研究［J］. 中学地理教学参考，2018（7）：8－10.

第四节　地理教育美学的研究方法

"工欲善其事，必先利其器。"地理教师要想提高地理教育美学的研究效率，就需以大规模的教育调研为基础，从美学视野即东方美学真善美合一的理念、西方美学真善美统一的理念和马克思主义美学真善美同一的理念观照地理教育。① 以马克思主义审美观和教育观为指导，按照马克思主义关于人的全面发展理论、系统论、美学理论、地理课程与教学论、辩证唯物主义原理，用对立统一、理论联系实际、具体问题具体分析的观点，采用理论研究法、观察—调查法、文献资料分析法、比较研究法、实验法、经验总结法等，将文献研究与问卷调查相结合、综合分析与比较研究相结合、理论研究与实证研究相结合、定性分析与定量分析相结合，并借助现代信息技术与互联网技术等进行综合研究。用教育美学观点探索在地理课堂教学中师生如何共同发现美、感知美、理解美、创造美，从而更好地培养地理师范生现代教育理念和教学技能等专业素养的有效方法和途径。② 下面对地理教育美学研究的主要方法进行较详细的分析。

一、哲学思辨方法

哲学思辨方法，就是从哲学的角度研究地理教育审美活动的方法。首先，美学属于哲学的二级学科。美学自诞生之日起就从属于哲学，美学成为独立学科后，也一直没有脱离过哲学。当代各种有影响的美学思潮和流派都有相应的哲学思想为背景。其次，由于审美活动是人类最高级、最复杂的一种精神活动，需要主体的全身心投入，尤其需要主体在观念世界中尽情游历，以洞悉审美的真谛，这是科学和实验等任何方法都力所不能及的。再次，美学涉及人生在世、人的生存实践、无限意义等整体深层的本源问题，只有靠理性指引下体验、感悟、冥想、领会的哲学方法才能掌握。最后，美学虽是一门感性学科，但也是一门思辨学科，不仅包括在理性潜在指导下对现象的辨析、鉴赏的体验、本质的审查、灵感的沟通，还必须在此基础上进行思想实验、逻辑推演、抽象思辨和理论提升，这也离不开哲学思考。

二、"新实践美学"的研究方法

研究地理教育美学必须运用逻辑的、历史的、辩证唯物主义的方法。通过对中西方两种美学的发生、发展及运动规律加以比较、整合后发现：西方美学史和中国美学史的发展

---

① 杨道麟．"真善美融合"的语文教育观摭谈［J］．焦作大学学报，2010（2）：4-6.
② 李红．地理教育美学理论体系构建研究［J］．中学地理教学参考，2018（7）：8-10.

整体呈现出共同规律："从客体转向主体"，从而诞生了近代著名的美学体系"新实践美学"。"新实践美学"的研究方法在"美的情感"方面比其他体系先进。"新实践美学"以马克思主义实践论作为哲学基础和理论根据，发现人的存在与世界的存在、人的审美感觉与现实的审美对象都是在实践中双向建构、同步发展的。"新实践美学"兼顾了"人的本质力量对象化"与"自然的人化"，第一次将这两种不同的概念结合起来，同时着重从美学史来看美学的研究方法，影响了后来者对美学的研究，[①]这对地理教育美学的研究具有巨大的启迪作用和深远意义。

三、观察法

（一）语言描述表达能力——实现地理教育美学养育的第一项技能

当代英国著名艺术批评家约翰·伯格（John Berger）在《观看之道》开篇中写道："观看始终先于语言，小孩子总是先看到事物，识别它们，而后才会讲话。"一切都从看到开始。

其实，我们看见每一件物体，如，植物、动物、景色——天然之物，或是建筑、雕像、"三板"——人类智慧与创造力的产物，都在进入大脑之后将其翻译成为不一样的意义。我们看到的不仅仅是物体本身，还是物体与我们的关联。著名美学大师朱光潜在《谈美》中举例：看到一棵古松，木匠想到该如何用这棵松树打造一件合适的家具以实现它的实用价值；植物学家会去调查它的根、树干、生存环境等以研究它的科学价值；艺术家则会集中注意力去观察这棵松树本身，将它当成一幅画、一座雕塑以体会它的美学价值。地理学家则可能会更多地思考这棵古树的水土保持作用，吸收二氧化碳、放出氧气方面的作用以及美化、净化作用等生态价值、经济价值、美学价值等。由此可见，一件物体的价值其实从来都不是固定的，是观者依据自己过往的经验和体会赋予它价值，又通过语言的描述，交流自己所看到的，从而一定程度上达到对于一件事物的价值认可的共识。从看到什么开始说，开始表达——绞尽脑汁地去思考，哪些词汇语言能够精准地表达自己想要表达的意思，但"三句不离本行"。这样的语言描述表达能力正是我们在地理教育美学养育中培养的第一项技能。

（二）观察能力——实现地理教育美学养育的第二项技能

朱光潜举例的古松，不管是木匠的实用角度，还是地理学家的科学角度，其实都离不开美感的角度。专注地去观察这棵松树：它的树干有多粗，树皮表面是怎样的质感，松枝趋向于哪个方向，松针有多长，等等。我们在生活中，时时刻刻都在观察着周围的世界，只不过有时候我们还没有意识到，大脑就已经在实施下一步去延伸思考其实用价值和科学

---

① 黄融融. 浅析美学研究方法［J］. 艺术科技，2017（11）：242.

价值了。美的感知，其实只是要让大脑多停顿一下，在进行下一步思考之前，去体会"无所为而为"的价值。在一棵松树变成一件家具、一个地理学研究对象之前，抛开所有利害关系，抛开它可以助我们实现某些目的，它首先是一棵松树，是大自然的产物，是一棵经历风吹日晒雨淋，仍然顽强生长的树。正如黄山上的著名迎客松，向阳生长或许又被风吹歪，它的形态是特别的，它是美的。

（三）以开放的态度去聆听去包容——实现地理教育美学养育的第三项技能

在观察到一棵松树的本质，并通过表达与人交流后，我们方能理解彼此。这样的理解，让我们能够知晓，对待同一事物，原来每一个人都有可能会关注到不一样的特点，用不一样的词汇语言去形容，去表达。这样的沟通，能够促使我们尊重不同声音、不同观点，同时，我们通过与持有不同观点的人沟通，将更能理解一件事物多样的美。

（四）联想的结果——实现地理教育美学养育的第四项技能

若我们看过赵孟頫的《松荫会琴图》，在心里留下了印记，以后再看见松树，便不再仅有一种看法，而是会联想到赵孟頫的松树。随着我们领略过越来越多松树的美，见过千变万化的松树，它的美感在我们心中也会更加丰富。我们不会再被自己眼睛所见而局限，也不会被我们自己的情绪所困扰，我们可以联想至其他。

（五）同理心——实现地理教育美学养育的第五项技能

例如，面对某一地理"三板"的美，因每个地理教师具有不一样的文化教育背景和情感经历，就会有不一样的理解。那该如何体会其美感呢？我们需要试图设身处地去体会制作这一地理"三板"的教师的心境。在欣赏中，我们能体会到地理"三板"中的美，我们想象自己成为那个教师，我们不再仅仅是自己，也体会到不一样的情感，这样的同理心让抽象的情感具体化。它会唤起我们对过往经历的记忆，具体的物体和我们的心灵由此产生联结，美学养育渐渐地从观看落实到了心里。在感悟美学的时候，我们更加理解自己，也更易理解他人。

（六）好奇心和考究的态度——实现地理教育美学养育的第六项技能

同理心的基础又是什么呢？例如人们不认识福建土楼的美，又何谈理解建设福建土楼、居住在福建土楼的人们的情感呢？建土楼当时的政治历史背景是什么？于是便有了艺术历史考据的重要性。艺术的美学欣赏从表面开始，进而去深究其历史与背景，去研究艺术和一切与之相关的资料，试图窥见当时的社会。通过考究，人们会从多个角度批判地看待一件事。用眼睛发现美，从而对它产生好奇，再下功夫去探其究竟，才能学习新知识，拓展认知边界。

美学的养育让人可以偶尔跳出自己，理解自己，客观地审视自己作为一个本体是怎样的，再从身边寻找情感联结，获得力量和解脱。以开放的态度去面对挑战带来的种种机遇与突破的可能，也对他人的种种处境与困难怀有理解与感知能力。

好奇心与考究的态度让人在终身学习中保持兴趣，主动学习源自好奇心与考究的态度，让人永远不会感到无聊，而且总能从生活中的点滴现象发现惊喜。生涯教育旨在全面发展各项技能为终身学习提供支持，美学养育仍有巨大的潜在意义等待被发掘和利用。[①]

四、 社会归纳方法

社会归纳方法是从社会学角度研究审美现象的方法。审美现象是一种社会现象，分布在社会生活中的各个方面。人们研究审美现象，首先需要做的工作，就是把这些分散在社会各个方面的现象选择出来，然后对选择的这些审美现象进行归类比较，从而总结出审美活动普遍性的规律。这种研究方法就称为美学研究的社会归纳方法。根据归纳比较对象的性质，在实践中社会归纳方法分为三种类型：一是归纳比较审美对象，二是归纳比较相同审美现象，三是归纳比较相异审美现象。社会归纳方法除了用于总结一般审美规律，更重要的还在于为美学的深入研究提供素材，因而是美学研究的基本方法。[②]

五、 科学臻美方法

科学技术作为教育的重要内容，多少年来被人们习惯地看成一种超越文化的纯粹的知识体系，因此往往强调科学技术的物质力量而忽视其精神力量。在教育实践中，传播知识和技术受到了重视，而科学精神以及由此引申出的更高层次上的美的意识，却往往被忽略。科学永远是生机盎然的，可不适当的地理教学却有可能枯燥乏味，使学生失去思维的兴致。地理教师不但要教学生学会，更要教学生会学，掌握科学的地理学习方法，唤起其探索真理的自觉性，培养学生的科学精神，提高学生的审美情趣。

许多科学家在探求客观世界的"真"中，感到了一种"美"的享受。那么科学美究竟表现在哪里呢？可归纳成如下三点：①美在简明性。"简明"是一条很重要的美学标准，如地理板图以"简"为"尽境"。②美在和谐性。大自然是有序的、和谐的，所以反映大自然规律的科学也必然是和谐的。波兰天文学家哥白尼发现天体的轨道及其运动是一种和谐的美，他这样描述自己对宇宙理论的探索："宇宙里有一种奇妙的对称，轨道的大小与运动都有一定的和谐关系，这样的情形是用别的方法达不到的。"③美在新奇性。所谓新奇，既在意料之外，又在情理之中。科学中的新奇，体现在科学思想、研究方法的独到之处。数以亿计的生命信息，只由64个密码构成，64个密码竟是由4种脱氧核苷酸通过三

① 张惠雯. 从看到开始——美学养育培养的终身学习技能 [C]//第二届行知生涯教育论坛论文集,2020：6－9.
② 赵惠霞. 美学研究方法及其表现形式阐释 [J]. 西安石油大学学报（社会科学版）,2013,21（3）：71－76.

联体组成，4 种脱氧核苷酸竟构成了地球上绚丽多彩的生命世界，这种难以想象的科学简洁性，怎不叫人感到新奇、美妙。①

六、　地理教育的综合研究方法

综合研究方法是地理教育研究方法的发展趋势，也是地理教育美学的研究方法。地理教育美学的研究方法多种多样，但它们之间并非相互独立的，在地理教育美学现象及其规律的研究上，每一种研究方法都有其特定的功能和局限性，若仅采用某一种研究方法，往往难以得出全面、准确的研究结论。在研究中学地理教育美学问题时，需要经过深入的、实事求是的观察、调查研究和全面的科学分析，有些问题还需要经过一系列的实验和验证，才能逐步得出比较符合实际的正确结论。在某一项具体研究中，应综合采用观察法、调查法、实验法、文献研究法、理论演绎法和教学经验总结法等，强调研究方法的整合，并注重将定性分析与定量分析方法相结合，对不同的结果进行相互比较，从而提高研究结果的可靠性。②

随着时代的不断发展，科学技术的不断进步，每一种地理教育美学的研究方法都是会不断发展变化的，都是需要与时俱进的。

第五节　地理教育美学理论体系的构建

地理教育美学建设应在全面了解当代世界教师教育改革的最新理论成果、地理教育美学研究现状综述、中学地理教育新课程实施情况及地理师资队伍建设情况等的基础上，吸收我国基础教育地理课程改革的新理念、新经验，在教育美学的视野下对地理教师教育课程体系进行改造与重构。更加关注科学体系，构建包括地理教育美学基本理论、基本知识、基本技能在内的新型课程体系。就地理教育美学的教学内容、教学模式、教学手段、教学技能训练与实践教学改革等课题开展专题性研究，包括总结教改经验、设计教改方案、提出教改构想等，并在教学实践中进行操作性试验，及时进行反思、调整、修正，并注重教育理念的更新。

注重探索加强地理师范生技能训练与实践教学有效性的方法与途径，积极探索案例教学、专题性教学、研究性学习的教学模式，积极探索指导地理师范生开展观摩教学与评教活动的方法，探索制定地理师范生教学技能的考核标准、考核方法，探索科学合理的地理教师职责评估体系。促使地理教育美学体系向科学性、开放性发展，研究方法趋向多样综

① 石磊．教育美学的几个问题 [J]．高等教育研究，1990 (4)：61-65.
② 李红．地理教学论 [M]．广州：暨南大学出版社，2017：237.

合，努力在基础理论支撑、理论和实践应用体系总体构建等方面加强创新。

　　美是一种人生境界，审美是一种人生实践。但在中学教育中，美育却是德智体美"四育"中的短板。大量的研究和实践证明，学科美育是破解美育工作瓶颈的良方。因此，地理教育美学的研究和构建将是创新地理师范生培养模式，全面提升高等师范院校地理师范生为师从教能力的又一个突破口。

思考与探究

1. 说说地理教育美学的研究内容。
2. 说说地理教育美学的研究方法主要有哪些。

参考文献

一、著作

[1] 李红. 地理教学论 [M]. 广州：暨南大学出版社，2017.

[2] 黄京鸿. 中学地理教育中的美育 [M]. 重庆：西南师范大学出版社，2001.

[3] 杨道麟. 语文教育美学研究 [M]. 北京：现代教育出版社，2011.

[4] 刘叔成，夏之放，楼昔勇，等. 美学基本原理 [M]. 上海：上海人民出版社，2010.

[5] 吴家荣. 美学与美育 [M]. 合肥：安徽大学出版社，2012.

[6] 北京大学哲学系外国哲学史教研室. 古希腊罗马哲学 [M]. 北京：商务印书馆，1982.

[7] 邱明正，朱立元. 美学小辞典：增订本 [M]. 上海：上海辞书出版社，2007.

[8] 王一川. 美学与美育 [M]. 北京：中央广播电视大学出版社，2008.

[9] 陈望衡. 当代美学原理 [M]. 北京：人民出版社，2003.

[10] 朱光潜. 朱光潜美学文集 [M]. 上海：上海文艺出版社，1984.

[11] 李泽厚. 美学四讲 [M]. 北京：生活·读书·新知三联书店，1989.

[12] 宗白华. 宗白华全集：第二卷 [M]. 合肥：安徽教育出版社，1994.

[13] 彭吉象. 艺术学概论 [M]. 3版. 北京：北京大学出版社，2006.

[14] 北京大学哲学系美学教研室. 西方美学家论美和美感 [M]. 北京：商务印书馆，1980.

[15] 柏克. 关于崇高和美的观念的根源的哲学探讨 [M]//古典文艺理论译丛（五）. 北京：人民文学出版社，1963.

[16] 时蓉华. 社会心理学词典 [M]. 成都：四川人民出版社，1988.

[17] 习培荨，吴也显，等. 智慧型教师素质探新 [M]. 北京：教育科学出版社，2005.

[18] 郭元祥. 教师的20项修炼 [M]. 上海：华东师范大学出版社，2007.

[19] 中华人民共和国教育部. 普通高中地理课程标准（2017年版2020年修订）[M]. 北京：人民教育出版社，2020.

[20] 阎承利. 教学最优化艺术 [M]. 北京：教育科学出版社，1995.

[21] 巴班斯基. 论教学过程的最优化 [M]. 吴文侃，等译. 北京：教育科学出版社，1982.

[22] 袁书琪. 地理教育学 [M]. 北京：高等教育出版社，2010.

[23] 中共中央马克思恩格斯列宁斯大林著作编译局. 马克思恩格斯全集：第二十卷 [M]. 北京：人民出版社，2016.

[24] 狄德罗. 狄德罗美学论文选 [M]. 2版. 张冠尧，桂裕芳，等译. 北京：人民文学出版社，2008.

[25] 郭成，赵伶俐. 美育心理学 [M]. 北京：警官教育出版社，1998.

[26] 彭修银. 东方美学 [M]. 北京：人民出版社，2008.

[27] 王杰. 马克思主义美学研究 [M]. 北京：中央编译出版社，2013.

[28] 李泽厚. 李泽厚学术文化随笔 [M]. 北京：中国青年出版社，1998.

[29] 刘恭祥. 地理微格教学 [M]. 3版. 厦门：厦门大学出版社，2019.

[30] KORTHAGEN F. Practice, theory, and person in life-long professional learning [M] // Teacher professional development in changing conditions. Dordrecht：Springer，2005.

[31] 埃里奥特·W. 艾斯纳. 教育想象：学校课程设计与评价 [M]. 李雁冰，等译. 北京：教育科学出版社，2008.

[32] 曹利华. 美学基础理论 [M]. 北京：首都师范大学出版社，1992.

[33] 杨辛，甘霖. 美学原理 [M]. 北京：北京大学出版社，1993.

[34] 周勇，赵先宇. 说课、听课与评课 [M]. 北京：教育科学出版社，2004.

[35] 刘增利. 高考五年真题 [M]. 北京：开明出版社，2018.

[36] 蔡跃. 微课程设计与制作教程 [M]. 上海：华东师范大学出版社，2014.

[37] 吴疆. 微课程设计与制作教程 [M]. 北京：人民邮电出版社，2017.

[38] 吴疆. 微课程和多媒体课件设计与制作规范 [M]. 2版. 北京：人民邮电出版社，2016.

[39] 国家研究理事会. 美国国家科学教育标准 [M]. 北京：科学技术文献出版社，1999.

[40] 王梓坤. 科学发现纵横谈 [M]. 上海：上海人民出版社，1982.

[41] 李怀珍. 伦理学基础 [M]. 北京：科学出版社，2003.

[42] 丁锦宏. 教育学 [M]. 南京：南京大学出版社，2002.

[43] 王道俊，王汉澜. 教育学（新编本）[M]. 3版. 北京：人民教育出版社，1999.

[44] DAVIS B, SUMARA D, LUCE – KAPLER R. Engaging minds：learning and teaching in a complex world [M]. Mahwah：Lawrence Erlbaum，2000.

[45] 朱小蔓. 情感德育论 [M]. 北京：人民教育出版社，2005.

[46] 陈元晖. 中国教育学史遗稿 [M]. 北京：北京师范大学出版社，2001.

[47] 中共中央马克思恩格斯列宁斯大林著作编译局. 马克思恩格斯选集：第一卷 [M]. 北京：人民出版社，1995.

二、论文

[1] 李红. 以美育人——地理师范生教学技能培养模式创新研究 [J]. 地理教育，2018 (3).

[2] 冉铁星. 20世纪中国教育美学的走向及其意义 [J]. 教育评论，1997 (2).

[3] 褚亚平. 欣读地理美育创新之作——评介《中学地理教育中的美育》一书 [J]. 地理教育，2002 (3).

[4] 逄金一，庄新红. 关于教育美学学科建设的初步构想 [J]. 中国成人教育，2005 (2).

[5] 赵魏. 西方美学史对美的本质的探讨 [J]. 理论导刊，1993 (11).

[6] 王文哲. 西方美学史上关于美的本质问题的各种探索 [J]. 河南师范大学学报（哲学社会科学版），1994 (1).

[7] 钟以俊. 教育美学简论 [J]. 教育研究，1991 (6).

[8] 何齐宗. 中国教育美学研究三十年：回顾与反思 [J]. 教育研究，2014 (9).

[9] 张建珍. 创新，让地理教师教育更具专业水准——记2010年全国高师地理课程与教学论学术研讨会 [J]. 地理教学，2010 (17).

[10] 李红. 地理师范生教学技能培养对策新探 [J]. 地理教育，2014 (9).

[11] 霍明宝. 学校管理中如何优化教师心境 [J]. 教学与管理，2003 (4).

[12] 曹新美. 寻找教师职业幸福的魔方 [J]. 人民教育，2014 (18).

[13] 林元龙，叶克鹏. 且行且思且感且悟——从温州市首届地理学科素养比赛谈教师素养提升 [J]. 地理教育，2013 (9).

[14] 李卫. 板画"遇上"多媒体 [J]. 中学地理教学参考，2016 (8).

[15] 霍志达. 澳门基础教育中地理室的发展回顾 [J]. 中学地理教学参考，2009 (9).

[16] 刁锡恩. 化学实验教学中的美学与美育 [J]. 现代中小学教育，2011 (11).

[17] 李海燕. 多媒体课件设计与制作的美学思考 [J]. 教学与管理，2009 (4).

[18] 陈理宣，刘炎欣. 劳动教育与德智体美教育的基础关联和价值彰显 [J]. 中国教育学刊，2017 (11).

[19] 陈育德. 第一部美育的宣言书——席勒的《美育书简》[J]. 江淮论坛，1998 (1).

[20] 李红. 发掘地理学科之美　提升学生审美能力 [J]. 地理教育，2019 (6).

[21] 彭修银，张子程. 东方美学中的泛生态意识及其特征 [J]. 中南民族大学学报（人文社会科学版），2008 (1).

[22] 王甦奕. 地理教学中人文精神体现刍议 [J]. 地理教育，2008 (6).

[23] 黄景，陈中凯，曾影. 《美丽中国》纪录片的地理教学价值探析 [J]. 地理教学，2013 (24).

[24] 刘国谱. 试论地理美 [J]. 中学地理教学参考，2003 (11).

[25] 孙嘉琛，皇甫守先. 把握数学美的特征　发挥数学美育功能 [J]. 课程·教材·教法，1993 (12).

[26] 傅伯杰，冷疏影，宋长青. 新时期地理学的特征与任务 [J]. 地理科学，2015，35 (8).

[27] 汪长明，王晓华. 基础教育阶段数学教学的美育功能析论 [J]. 内蒙古师范大学学报（教育科学版），2010，23 (2).

[28] 邵洁. 设置精彩导入　激发学习热情 [J]. 地理教学，2010 (21).

[29] 肖春燕. 课堂教学的组织艺术管见 [J]. 教育探索，2000 (3).

[30] 卢大亮. 新课导入"九法" [J]. 地理教学，2000 (S1).

[31] 王立舜. 超我——教师教学水平的最高境界——从角色定位看教师教学能力的提高 [J]. 教学与管理，2004 (18).

[32] 廖书庆. 创造美丽地理课堂 [J]. 地理教学，2009 (6).

[33] 宋明钧. 反思：教师专业发展的应有之举 [J]. 课程·教材·教法，2006 (7).

[34] 廖名良，赫兴无. 中学地理教师该如何进行教学反思 [J]. 中学地理教学参考，2018 (9).

[35] 王发昌. 体育课堂教学方法探析 [J]. 教育与职业，2014 (6).

[36] 余明友. 论和谐课堂教学的审美视角评价 [J]. 中国成人教育，2009 (23).

[37] 徐健. 地理说课设计研究——以"区域水土流失及其治理（第二课时）"为例 [J]. 地理教学，2014 (8).

[38] 殷伟康. "数学说题"教学的原则与教育功能 [J]. 教育理论与实践，2011，31 (14).

[39] 傅京慧. 地理校本课程的开发与实施 [J]. 教学与管理，2012 (4).

[40] 侯晶晶，朱小蔓. 诺丁斯以关怀为核心的道德教育理论及其启示 [J]. 教育研究，2004 (3).

[41] 孟万金. 美国道德教育50年的演进历程及其启示 [J]. 教育研究，2006 (2).

[42] 周庆元，胡绪阳. 走向美育的完整 [J]. 教育研究，2006 (3).

[43] 彭锋. 日常生活的审美变容 [J]. 文艺争鸣，2010 (9).

[44] 吴颖惠. 研学旅行需要注意的几个问题 [J]. 中国教师，2017 (17).

[45] 周怡. 地理实践力视角下研学旅行课程的设计与实施——以"雪窦山研学"为例 [J]. 地理教学，2022 (6).

[46] 李红. 地理教育美学理论体系构建研究 [J]. 中学地理教学参考，2018 (7).

[47] 李如密. 国内外教学美学研究状况及存在问题 [J]. 教育学术月刊，2008 (1).

[48] 石磊. 教育美学的几个问题 [J]. 高等教育研究，1990 (4).

三、其他

［1］钟太英.“登山则情满于山，观海则意溢于海”——在语文教学中感悟美［C］//邢
改萍.中华教育理论与实践科研论文成果选编：第2卷.北京：学苑出版社，2010.

［2］朱广文.教师成长的三重境界［N］.中国教师报，2012-12-15（13）.

［3］赵智鑫.地理教学反思的研究［D］.石家庄：河北师范大学，2014.

［4］安昰.让课堂评价美起来［C］//国家教师科研专项基金科研成果（十三），2017.

［5］张惠雯.从看到开始——美学养育培养的终身学习技能［C］//第二届行知生涯教育
论坛论文集，2020.